우리에게는 또 다른 영토가 있다

우리에게는
또 다른 영토가 있다

대 안 의 영 토 를 찾 아 가 는 한 국 의 사 회 혁 신 가 들

송화준 · 한솔
기획/엮음

강보라 · 강성태 · 고건혁 · 김정태 · 김종휘 · 김형수 · 도현명 · 박인 · 서현주 · 송주희 · 전하상
전효관 · 정선희 · 조한혜정 · 진은아 · 최장순 · 한동헌 · 한상엽
인터뷰

알렙

새로운 사회적 모험가를 찾는 열린 초대장

원래 땅 위에는 길이란 게 없었다

"나는 생각했다. 희망이란 것은 있다고도 할 수 없고, 없다고도 할 수 없다. 그 것은 마치 땅 위의 길이나 마찬가지다. 원래 땅 위에는 길이란 게 없었다. 걸어 가는 사람이 많아지면 그게 곧 길이 되는 것이다." ——루쉰, 「고향」 중에서

두 청년이 있습니다. 한 청년이 다른 청년에게 말합니다.
"하고 싶은 게 없어서 걱정이야. 넌 그래도 좋겠다. 하고 싶은 게 있잖아."
다른 청년이 대꾸합니다.
"무슨 소리? 내가 하고 싶은걸 계속 할 수 있을지 모르겠어."

무수히 많은, 저희와 같은 이 땅의 청년들에게서 들었던 이야기입니다. 이들의 눈앞에는 사회가 제시한 양 갈래 길이 펼쳐져 있습니다. 첫 번째 길 은 어디로 갈지 몰라서, 그냥 그저 남들 가는 대로 따라가야 하는 길입니다. 그리고 두 번째 길은 내가 가고 싶은 길, 그러나 언제 끊어질지 확신할 수 없

는 길입니다. 물론 이 책을 집필한 필자 앞에도 펼쳐진 길이기도 합니다. 회피할 수 없습니다.

하지만 필자는 '희한한' 사람들을 만났습니다. 물론 이 사람들도 처음에는 사회가 그들 앞에 제시한 길에 맞닥뜨렸습니다. 하지만 이들은 '선택'을 하지 않았습니다. 왜냐하면, 눈앞에 닦여진 길이 없을지라도, 자신만의 길을 걷기로 결심했고, 그 길을 걸음으로써 동시에 새로운 길을 뚫어내는 중이기 때문입니다.

그런 면에서, 이들은 경주마가 아닌 야생마와 같습니다. 이들에게 중요한 것은 '1번 레일'에서 뛰고 있는지, '2번 레일'에서 뛰고 있는지의 문제가 아닙니다. 왜냐하면 야생마는 레일을 뛰쳐나와 광활한 대지를 뛰어다니며 자신만의 영토를 개척하는 중이기 때문입니다.

새로운 영토는 우리 사회에서 주어진 길을 거부하는 것

이들은 새로운 영토를 개척하면서 만나게 될 수많은 종류의 양 갈래 길들의 유혹을 거부합니다. 우선 이들은 자신의 앞만 보면서 사회에서 살아남는 이기적인 길, 그리고 타인만을 위하는 '숭고한 삶'의 양 갈래 길에서 선택을 하지 않습니다. 대신 세상을 넓게 바라보고, 세상의 문제를 '내 문제'로 바라보는 사람들입니다. '아동 문제', '노인 문제', '장애인 문제', '공동체 문제' 등, 우리 사회가 임의적으로 나눠놓은 문제들이 각각 따로, 타인의 문제로 존재하는 것이 아니라는 사실을 알기 때문입니다. 누구든지 어린이가 아니었던 사람이 없고, 늙지 않을 사람은 없으며, 아프지 않을 사람이 없고, 타인과 함께 살지 않고 혼자 살 수 있는 사람이 없다는 사실을 알고 있습니다.

그렇기 때문에 '내 안'의 결핍을 찾으며, 그 결핍이 어떤 사회적 맥락에서 나왔으며, 어떻게 지속가능하고, 그 결핍을 자신의 직업/사업으로 해결할지에 대한 비전까지 가지고 있습니다.

게다가 이들은 새로운 비전으로 새로운 영토를 개척하는 일들이 결코 자신들만의 고집과 역량만으로 이루어질 수 없다는 사실을 잘 알고 있습니다. 아무리 좋은 일을 하려고 하더라도 지속가능한, 그리고 영향력 있는 변화는 자신이 지지하는 가치에 공감하는 사람들을 설득하고, 그런 사람들과 연대하지 않으면 이루어질 수 없기 때문입니다. 그렇기 때문에 이들은 '고객'을 이끌든, '지지자'를 끌어 모으든 간에 자신이 원하는 변화는 함께 만들어가야 한다고 생각합니다. 그리고 그 과정에서 독선적이진 않지만 그렇다고 집단의 목소리에 매몰되지도 않으며 사람들과 연대합니다.

서로 다른 이름, 그러나 같은 의미의 도전

구체적으로 이들이 일궈내고 있는 영토의 '이름'은 미묘하게 다를 수 있습니다. 어떤 이들은 사회적 문제를 지속가능한 비즈니스 모델로 해결해 나가는 '사회적 기업'에 도전하고 있습니다. 다른 이들은 소유 중심으로 재편된 우리 사회가 잃어버린 공동체, 협력, 그리고 관계의 가치를 복원하기 위해 '공유 경제(그리고 공유 기업)'라는 영토를 개척하고 있습니다. 심지어는 이 둘을 동시에 하고 있는 사람도 있으며, 아직 사회에서 이름을 짓지도 못한 영역을 새로 창출해 내고 있는 사람도 있습니다.

하지만 이 책을 통해서 필자가 던지고자 하는 메시지는 구체적으로 '사회적 기업을 해봐라', '공유 경제에 뛰어들어봐라'와 같은 조언이 아닙니다.

그런 조언은 독자를 경주마 이상으로, 이하로도 보지 않고 단순히 또 하나의 레일(3번 레일)을 제시해 주는 것에 지나지 않을 것입니다.

오히려 필자는 '열린' 초대장을 보내려고 합니다. 당신도 이 책을 읽고 나서 새로운 영토에 뛰어들 새로운 사회적 모험가가 되었으면 좋겠습니다. 우리 사회가 잃어버린 가치에서 내 상실감을 찾으며, 지속가능한 사회 변화의 길을 함께 모색해 나갔으면 좋겠습니다.

당신도 동참하실 건가요? 선택은 당신의 몫이지만, 필자와 이 책에 실린 인터뷰이는 항상 손을 뻗고 있을 것입니다. 그리고 또 다른 영토로 가는 길에는 당신의 힘이 필요합니다.

멋진 이야기를 풀어준 17명의 인터뷰이, 저자의 글쓰기 선생님이었던 소풍가는 고양이 박진숙 대표님, 지난 2년 동안 인터뷰 자리에 함께하고 인터뷰한 내용을 밤새워 정리하며 도왔던 친구들까지 수많은 분들의 도움으로 이 책이 나오게 되었습니다. 한분 한분과 맺었던 사연을 적자면 별도로 책 한 권을 써도 모자를 듯하여 아쉽지만 이렇게나마 감사 인사를 전하는 것으로 갈음합니다.

강경환, 고예슬, 김란영, 김명식, 김명준, 김민지, 김석훈, 김설, 김정호, 나영광, 류민수, 민동은, 박진숙, 손원빈, 손희정, 신성국, 신현지, 심산하, 양용희, 오지선, 유서영, 유영호, 윤솔지, 이범식, 이준형, 임대근, 정우성, 정유나, 정청, 최정금, 최지환, 최현지, 한세은, 한유미, 황승하, 황진욱(가나다순) 그 외에 인터뷰를 진행한 지난 2년간 함께 해 주셨던 모든 분들.

송화준, 한솔 드림

또 다른 영토에서
새로운 게임의
규칙을 만들다

또 다른 영토에서 새로운 게임의 규칙을 만들다

새로운 영토 위에 지어지는 새로운 비즈니스를 찾아서

김정태 MYSC 이사 / 『스토리가 스펙을 이긴다』 저자

송화준 사회적 기업가 포럼 대표

한솔 사회적 탐험가 네트워크 운영자

김정태

사회 혁신 전문 투자 컨설팅 MYSC의 이사이며, 헐트 국제경영대학원에서 사회적 기업가 정신을 공부했다. 적정 기술 및 디자인 총서 시리즈를 기획했고, 현재 적정 기술 기반 비즈니스 모델로 진행 중인 햇빛 Lab 프로젝트를 총괄하고 있다. 또한 특허청 및 한국국제협력단 등의 적정 기술 자문위원으로 활동 중이며, 저서로는 『적정기술이란 무엇인가?』(공저), 『스토리가 스펙을 이긴다』 등이 있다.

또 다른 청춘의 영토를 찾아 떠나며

한솔　책 제목이『우리에게는 또 다른 영토가 있다』예요. 우선 여기서 말하는 '또 다른 영토'가 무엇인지에 대해 얘기를 나눠보는 게 좋을 것 같아요. 새로운 청년들만의 영역이 있다고 생각했기 때문에 우리가 이런 제목을 내놓게 되었잖아요?

송화준 씨와 저는 각자 우리 세대들을 인터뷰하면서 느꼈던 점이 있을 테고, 김정태 이사님은 새로운 영역의 전선에서 뛰는 많은 청년들을 보셨을 텐데, 각자가 생각하는 '또 다른 영토'는 무엇인가요?

김정태　'우리에게는 또 다른 영토가 있다'라! 제목의 의미가 색다른 것 같아요. 여기서 말하는 '또 다른 영토'라는 단어는 이 책에 나온 여러 인터뷰 이분들의 다양한 이야기를 포괄하고 있죠. 저는 그 의미를 간단히 말해서 이렇게 표현하고 싶어요. 경제/사회 구조를 변화시키는 기존의 '게임의 규칙'이 변화하고 있다고 말이죠. 그것도 너무나 당연하게 여겨졌던 규칙들 말이에요.

대표적인 기존의 규칙은 이런 거죠. 돈을 버는 일은 '영리'의 영역에만 머물러라. 그리고 좋은 일을 하는 것은 '비영리' 영역에만 머무르라는 규칙 말입니다. 영리와 비영리가 철저히 구분되었거든요. 이렇게 기존의 사회가 강요하고 있는 게임의 규칙과는 전혀 다른 규칙을 만들어가면서 활동을 하시는 분들에게서 저는 새로운 '영토'를 보게 됩니다. 물론 새로운 게임의 규칙이라는 게 형성 단계이기 때문에 아직 뚜렷하게 윤곽을 드러낸 것은 아니지만, 희미하게나마 드러나고 있지요. 이 책을 읽다 보면 독자들이 그 영토의 윤곽을 함께 추적해 나가는 모험을 할 수 있을 거예요.

송화준　저는 개인적인 얘기로 시작하고 싶어요. 사회에 나와서 본격적으로 활동할 때가 되니까 뭔가 답답하고 막혀 있는 느낌이 있었어요. 기존에 구축되어 있는 사회는 어떤 모습인가라는 질문도 진지하게 던져보게 되었고요. 그러다 보니 우리가 살아갈 세상이 '기존의 영토'로 충분한 것인가라는 문제의식을 가지게 되었지요. 그러면서 우리가 만들어갈 세상은 어떤 세상이 되어야 우리가 행복할 수 있을지를 머릿속에 그려보게 되었어요.

'왜, 세상의 수많은 불합리를 주체적으로 바꾸려는 사람은 없지' 이런 생각도 들었고요. 다른 한편으로는 '아니야, 분명히 있을 거야'라고 희망을 품었죠. 없으면 너무 절망스럽잖아요. (웃음) 나와 비슷한 생각을 하면서 세상을 바꾸려는 그런 노력을 하는 사람들을 찾아봐야겠다고 생각하게 되어서 인터뷰 작업을 시작했어요.

제가 만났던 청년들이 주로 활동하는 영역을 굳이 말해 보자면, '사회 혁신', '사회적 기업', '공동체', '공유 경제' 등의 키워드와 만나겠죠. 이런 영역의 사람들이 결국은 제가 찾게 되는 사람들이었어요.

한솔　저는 인터뷰를 진행하면서, 우리 사회가 잃어버린 가치가 무엇인지 많이 고민해 보게 되었어요. 저도 송화준 씨처럼 처음부터 그 질문에 대한 답의 윤곽이 완벽히 드러난 것은 아니었어요. 하지만 사람들을 만나보면서 점점 뼈저리게 느끼게 되는 것은, 우리 사회가 함께 사는 삶, 공존하는 데 있어서 필요한 태도 등을 많이 잃어버렸다는 사실이었어요.

그런데 인터뷰를 통해 재밌게 느낀 점은요, 똑같은 사회적 문제도 어떤 사람들에겐 '위기'로만 보이고, 어떤 사람들에겐 '기회'로 보인다는 사실이었어요. 인터뷰를 통해 만나게 된 분들은 기회로 보는 분들이었죠. 사실 사회적 문제가 많은 상황에서는 수많은 사람들이 위기의식을 공유하고 있고, 이를 해결하려고 나선 사람들의 가치에 공감할 수 있잖아요. 그러니까 다른 관점으로 보면 '선한 영향력'이 거대한 임팩트를 발휘할 수 있는 토양이라는 거죠. 그런 토양을 조금 외롭지만 뚜벅뚜벅 걷는 사람들이 새로운 영토를 개척하는 사람들이 아닐까 하는 생각을 가지게 되었어요.

김정태　저는 여기에 나온 인터뷰이들을 '나무'로 표현해 보고 싶어요. 이 사람들의 스토리로써 우리는 열일곱 그루의 나무를 확인했다고 봐요. 모습과 크기는 다르지만, 아무도 뿌리내려 볼 생각을 못했던 땅('또 다른 영토')에서 자라고 있다는 사실은 같죠. 이 점에서 그 나무의 스토리를 확인하는 것도 우리에게 엄청난 힘을 주죠. 전혀 뿌리내릴 수 없을 것 같은 땅에 나무들이 살고 있다는 것을 이 책이 보여주잖아요?

한국이 전 세계적으로 각광을 받는 여러 가지 사례들이 있는데요. 그중에 하나는 빠른 시간에 회복한 삼림녹화예요. 한국은 1950년대에 한국전쟁으로 인해 산들이 황폐화되고 벌거숭이가 되었거든요. 벌거숭이가 된 민둥산들이 다시 단기간 만에 푸른 산으로 회복되는 경우는 전 세계적으로도 드물어요. 이 책에 나오는 열일곱 그루의 나무도 똑같아요. 황량해 보이는 민둥산과 같은 영토들에도 생명이 살아 있음을 우리는 확인했어요.

그렇다면 그 다음에는 어떤 과제가 우리에게 주어질까요? 저는 독자들이 이 책을 하나의 초청장으로 생각했으면 좋겠어요. '또 다른 영토'에 같이 뿌리내려 '더불어 숲'을 이루자는 의미의 초청장 말이지요. 이런 나무들이 뿌리내린 곳에 여러분들이 열여덟 번째, 열아홉 번째…… 계속 이렇게 또 다른 나무가 되어서 동참하면 정말 멋질 것 같다는 생각이 들어요. 그렇게 '더불어 숲'을 이루게 되면 그곳이 정말 그냥 단순한 하나의 '영토'를 넘어서 우리의 실제 삶과 이야기가 만들어지는 영역이 되지 않을까 생각해 보게 되고요.

우리가 꿈꾸는 지속가능성은 우리에게 어떤 의미를 갖나

한솔 약간 주제를 바꿔서, '지속가능성'이라는 단어로 얘기를 나눠보고 싶어요. 전 이렇게 생각해요. 크게 나눠보면 세상에는 두 종류의 지속가능성이 있겠지요. '사회'의 지속가능성, 그리고 '경제적/비즈니스적'인 관점에서의 지속가능성. 그런데 사회적인 문제는 개인들을 비즈니스 영역에서의 지속가능성에만 매몰되도록 생각을 주입시키다 보니까 생긴 게 아닌가 싶고요. 이제는 그 두 가지 영역에서 줄다리기를 하면서 새로운 영토가 나오는 게 아닌지 생각해 보게 됩니다.

저는 독자들이 이 책을 하나의 초청장으로 생각했으면 좋겠어
요. '또 다른 영토'에 같이 뿌리내려 더불어 숲을 이루자는 의미
의 초청장 말이지요.──김정태

송화준　중요한 지적이지만, 저는 균형 잡힌 이해를 위하여 보충 설명이 필요하다고 봐요. 사실 한솔 씨가 말한 해석이 거시적으로, 그리고 제3자의 입장에서 들어맞을 수 있어요. 하지만 약간 조심해야 할 부분이 있어요. 미시적으로 봤을 때 청년들에게 지속가능성이라는 '잣대'를 요구하는 것은 가혹하다는 거죠. 사실 '지속가능성'이라는 것은 사회적 토양이 어떻게 조성되느냐에 따라 결정되는 거죠. 지속가능하냐는 말은 노골적으로 표현하면 '그거 돈이 되냐'는 말이잖아요. 청년들이 바라보는 지향점이 옳다면 당장의 잣대로 재단하기보단 사회 구성원 모두가 함께 풀기 위해 노력해야 할 문제로 인식해야 해요.

지금은 용감한 청년 몇몇이 시도하고 있는 단계잖아요. 죽은 땅 내놓고 씨앗 탓하면 되겠어요? 그런 노력들이 뿌리 내릴 수 있게끔 장려해 주고 박수쳐 주어야 할 텐데 말이죠. 그런데 자본주의 사회에서 이런 친구들의 시도를 '너네의 시도가 비즈니스적으로 가능하냐'라는 질문으로 재단할 수 있냐는 거죠.

김정태　아주 중요한 포인트를 얘기하신 것 같아요. 청년들의 노력에 대해서 '지속가능'하냐는 잣대를 들이댄다는 것, 가혹한 게 맞아요. 왜냐하면 사실 이 영역의 생태계가 완전해지지 않았거든요. 제가 아까 열일곱 개의 고독한 나무라고 표현했잖아요? 여태까지 이 사람들이 각자 정말 불가능한 일들을 일궈온 거예요. 옆에 아무런 나무도 없이 이 나무들이 자생적으로 뿌리를 내리고 있는 과정이란 거죠.

나무 몇 그루와 숲은 완전 다른 효과를 가져요. 숲이 만들어지면, 큰 나무는 작은 나무가 엄청난 태양 빛을 받고 고사되지 않도록 그늘을 만들어주는 효과도 있고요. 나무들이 끌어 오는 지하수가 주위의 다른 나무들도 흡수할 수 있도록 이끼도 만들어요. 그리고 그런 식물들에 기반한 여러 동식물들이 번식하게 되지요. 이런 과정을 거치다 보면 공생공존의 생태계가 만들어지는 거죠. 하지만 아직 숲이 형성되지도 못한 채 뿌리를 겨우 뻗은 나무들에게 '너희가 각자 알아서 사회적 기업 하든지 말든지 생존하라'는 태도는 기성 세대가 다음 세대에 가져야 할 태도가 아니지요.

어쨌든 간에 열일곱 그루의 나무가 참 힘들지만 의미 있게 만들어졌고, 그 생태계가 조금씩 형성되고 있는 건 사실이구요. 또 거기서 더 큰 자신감과 더 큰 에너지를 받으면서 앞으로 도전할 청년들도 더 기대가 되네요.

비즈니스 모델도 다른 환경에서는 동일한 효과를 발휘할 수 없다

송화준 비즈니스 모델이라는 것도, 똑같은 모델이 한국에서와 미국에서 동일한 효과를 절대 발휘할 수 없다고 생각해요. 결국 그 사회의 사회적/경제적 생태계가 어떤 모습을 가지고 있냐에 따라서 특정 비즈니스 모델이 살아남을 수 있는지 못 살아남는지의 여부를 결정하게 되잖아요. 생태계와 비즈니스 모델이 굉장히 상호적으로 움직인다는 거죠. 그러니까 지금 시도되고 있는 사회적 기업들, 사회 혁신 프로젝트들은 그들만의 역량도 중요하지만, 더 중요한 것은 우리 사회 구성원 모두가 (이들이 풀고자 하는) 사회적 문제에 얼마나 주목하고 응원하고 있냐에 따라서 성공 여부가 판가름 날 수 있어요. 그런데 이 사실을 간과한 채, 현재 시점에서 '지속가능한지' 여부만 놓고 재단하다 보면, 정작 우리에게 꼭 필요한 기업이 등장할 기회를 가로막는 우를 범할 수 있어요.

지속가능하냐는 말은 노골적으로 표현하면 '그거 돈이 되냐'는
말이잖아요. 청년들이 바라보는 지향점이 옳다면 당장의 잣대로
재단하기보단 사회 구성원 모두가 함께 풀기 위해 노력해야 할
문제로 인식해야 해요.──송화준

한솔   전효관 청년일자리허브 센터장님과 인터뷰했을 때가 떠올라요. 요새 사회 혁신, 사회적 기업 관련한 공모전이 많잖아요. 이분도 가끔 공모전 심사위원을 맡으실 때면, 다른 심사위원분들이 생각하는 잣대가 너무 불필요하게 엄격하다고 느끼신다는 거예요. 주로 다른 심사위원분들이 지원한 청년들에게 하는 질문이 '이게 검증된 모델이냐'라는 말이래요. 그런데 자기가 봤을 때는 너무 가혹한 것 같다는 말씀을 하시더라고요.

김정태   '게임의 규칙'을 다시 꺼내서 얘기하자면, 완전 다른 게임의 규칙을 가지고 살아가는 사람들 간에는 소통하기가 참 힘들다고 생각해요. 혹시 제록스라는 회사 아시나요? 복사기로 비즈니스 모델을 처음 만든 회사죠. 이곳에서 처음 복사기 사업이 제안되었을 때도 이사회에서 다 반대했다고 해요. 반대 이유가 재밌어요. 이렇게 말했대요. "도대체 이 세상에서 사본을 원하는 사람이 누가 있겠냐?"는 거죠.

그런 '게임의 규칙'을 가진 사람들에게는 아무리 복사기가 원본을 값싸고, 빠르고, 편하게 복사해 주더라도 별로 호응을 불러일으키지 못하지요. 지금 우리가 논의하고 있는 내용도 마찬가지인 것 같아요. 새로운 게임의 규칙에 대한 관점이 없는 상황에서는, 이 게임이 어떤 효과가 있고 어떤 놀라운 잠재력이 있는지 생각하기 어렵죠.

송화준   제록스 사례를 부연해서 이어가 볼게요. 인간이 어떤 기술을 받아들이고 그게 패러다임을 바꾸기까지 최소 30~50년이 걸린다고 해요. 이 말을 달리 표현하면 인간이 새로운 기술을 접하면 그 순간에는 기존의 패러다임, 김정태 이사님 표현으로 하면 '게임의 규칙'으로 그걸 판단한다는 거죠.

제록스를 예로 들면, 복사기가 처음 등장했을 때 사람들은 사본을 보관하기 위한 용도로 한정지어 복사기의 시장성을 판단했어요. 그러니 그런 비싼 기계를 어느 회사가 들여놓겠냐는 말이 나왔던 거죠. 그런데 지금 우리는 다 알잖아요. 프린트의 용도가 얼마나 다양해졌는지. 이제 복사된 문서는 보관용보다도 커뮤니케이션 수단으로서의 역할이 더 크죠.

새롭게 등장하는 청년들의 시도를 비판할 때는 더더욱 조심스럽게 접근할 필요가 있어요. 시대마다 사람들이 필요로 하는 것이 참 많이 달라지는 것 같아요. 비즈니스 상에서 지속가능하지 못한 것은, 사실 그 생태계가 아직 작동하지 못한 거거든요. 기존의 천민자본주의가 가진 문제를 인식하기 시작했지만, 관성에 의해 아직은 그것이 가진 환경이나 사회를 파괴하는 경향성을 충분히 막아내지 못하고 있는 거죠. 이런 노력을 지속해 나간다면 근본적인 변화가 오는 터닝 포인트가 올 것이고, 그때 비로소 앞서 시도한 청년들의 노력도 재평가받을 날이 올 거라고 확신해요.

이 시대가 요구하는 '사회 혁신'은 '사회 복원'일지도 모른다

한솔 저는 송화준 씨께서 말씀하시는 '터닝 포인트'가 대중의 이해에도 달렸다고 생각해요. 지금 새로운 사회 혁신의 영역에서 다루는 내용이 '사회적 기업', '공동체', '공유 경제' 등이잖아요? 그런데 사실 사회 혁신이라는 단어와 공동체라는 단어들이 언뜻 듣기에는 정말 다른 말처럼 들릴 수도 있거든요. 물론 저희처럼 사회 혁신의 언어에 익숙한 사람들은 그렇지 않지만, 사회 혁신에 큰 관심 없이 일상을 살아가는 분들에게 '공동체'는 심리적 거리가 아주 먼 존재처럼 느껴지지요.

송화준 혁신이라는 것도 사회적 맥락에 따라 아주 다른 의미일 수 있겠지요. 지금의 한국에서 사회 혁신은 '사회 복원'의 성격이 강하다고 생각해요. 아까 한솔 씨도 인터뷰를 하면서 우리가 잃어버린 가치가 무엇인지 고민을 해보게 된다고 말했잖아요.

저개발 국가에서의 사회 혁신은 새로 도로를 깔고 상하수도를 관리하고, 그런 기반 시설을 정부를 대신해 만들어 주는 기업이 사회적 기업일 수 있어요. 생산성이 가장 시급한 사회에서는 생산성을 보장해 주고 그 사회의 극빈층들이 경제적 빈곤을 벗어날 수 있게 해주는 게 사회가 당면한 과제이니까요. 하지만 우리 사회에서 사회 혁신은 잃어버린 자연과 사회를 다시 복원하는 게 아닐까 싶어요. 상징적으로 말하자면 저개발 국가에서는 콘크리트를 까는 것이 사회적 역할이라면 한국에서는 콘크리트를 걷어내고 흙길을 복원하는 작업이 혁신이라는 거죠.

공유 경제 기업인 Airbnb(자신의 집의 일부를 대여해 줄 의향이 있는 개인과 여행자를 연결해 주는 인터넷 공유 플랫폼──편집자)의 사례를 들 수 있을 것 같아요. Airbnb의 창업자인 브라이언 체스키가 그의 아버지한테 가서 개인의 빈방을 공유하는 플랫폼을 비즈니스 모델로 운영하겠다는 계획을 설명하니 잘 이해를 못하셨다고 하죠. 여행자들을 위한 호텔도 있고, 여러 숙박업소들이 있는데 군이 빈방 공유가 비즈니스 모델이 되겠냐면서요.

그런데 재밌는 건, 할아버지한테 똑같이 설명해 드렸더니 완전 다른 반응이 나왔대요. 너무 당연하게 받아들이시면서 '그게 왜 새로운 아이디어냐'는 거죠. 할아버지 세대 때는 옆 동네 가면 그 동네에서 빈방 얻어서 묵고, 다른 지역에서 온 '나그네'에게 방을 빌려주는 게 흔한 풍경이었거든요. 할아버지 세대에게는 오히려 호텔이나 숙박업소 같은 자본주의의 성과들이야말로 낯선 풍경인 거죠.

이렇듯 어떻게 보면 Airbnb와 같은 공유 경제, 공동체를 지향하는 비즈니스 모델은 기존의 것으로 돌아가는 것일 수도 있어요. PlayPlanet(여행자와 현지인을 이어주는 공유 경제 비즈니스 기업——편집자)의 모델도 비슷한 맥락에서 나온 거죠. 우리가 언제부터 여행 갈 때 가이드 구하고 투어 프로그램 따라다녔나요? 여행지에 친구가 있으면 친구에게 가이드 해달라고 요청하고 모르면 가서 현지인들에게 물어보면서 여행했죠. 그게 더 자연스럽지 않아요? Airbnb나 PlayPlanet이 비즈니스가 되는 건 너무나 단순해요. 당연히 있었던 게 없어졌기 때문이죠. 목마르면 계곡물 마시면 됐었는데 환경오염으로 물이 더러워지니까 돈 주고 생수를 사먹는 거나 다를 게 없는 거죠.

우리 사회도 산업화 전에는 공동체 중심의 사회였잖아요. 그런데 극단적인 자본주의 때문에 많이 무너졌다고 하지요. 지역 공동체가 사라지고 나서는 가족 공동체만 남아서 그걸로 겨우 버티고 살았는데 이 공동체마저 IMF를 통해서 소진되어 버렸다고 하고요. 우리를 품었던 마을 공동체와 혈연 공동체가 모두 무너진 거예요. 과거의 공동체를 복원하는 게 현재 공유 기업들이 받아든 숙제인 거죠.

기회는 사람에게서 나온다
....

한솔 우리가 잃어버린 가치가 존재했던 세상은 어떤 형태였는지 알려줄 수 있는 것은 정말 할머니, 할아버지 세대밖에 없겠네요. 하지만 한 가지 주장을 더 덧붙여보자면, 그 가치를 복원하는 방식은 완전히 달라야 된다고 봐요. 인간이 어떤 존재이고, 어떤 본성이 있으며, 어떤 가치가 결여되었을

문화인류학자인 엄기호 씨의 『이것은 왜 청춘이
아니란 말인가』란 책에 보니 이런 말이 있더라고
요. "청년은 사회와 불화해야 하는데. 요즘 청년
들은 너무 순응적이다."라고요. 우리가 얼마나 반
항적인데!라고 억울해하는 친구들도 있겠지만,
같은 세대인 제가 생각해도 우리 세대는 너무 착
한 거 같아요. 우리 세대의 모습은 '반항'보다는
'투정'에 가까워 보여요.──송화준

때 결핍을 느끼는지에 대한 사실은 변하지 않겠지요. 하지만 그 가치를 복원하는 방식이 완전 새로운 방식이어야 하거든요. 그래야 사회 혁신이라고 할 수 있겠죠.

예를 들면, 우리 사회가 상실한 것 중에 가장 큰 가치가 소통과 공동체겠지요. 요새 아파트에 사는 사람들이 이사 오면 떡 돌리고, 옆집과 교류하고, 엘리베이터에서 인사를 잘 하지 않거든요. 거기서 나오는 인간성의 결핍이 있잖아요.

그런데 그런 잃어버린 가치를 복원하는 방식이 약간 달라졌지요. 공동체의 범위가 우리 세대만이 가진 도구 때문에 급격히 확대되었다는 거죠. 예를 들면 소셜 다이닝 기업 '집밥' 같은 경우, 밥 같이 먹는 공동체를 복원하기 위해서 기존의 방식과 똑같이 시도하진 않거든요. 인터넷 플랫폼을 통해서 관심사가 비슷한 사람들, 비슷한 처지에 있는 사람들끼리 '우리 밥 한 끼 먹으면서 얘기 한번 해보자.'라며 모임을 만들지요. 이렇게 전혀 새로운 도구를 통해 지역에 한정된 공동체가 아니라, 다양한 집밥 공동체가 형성될 수 있는 토대가 되었다는 거죠. 더 큰 맥락에서 보면, 사회 복원의 방식이 기존의 방식과는 전혀 다른 방식으로 이루어지고 있는 거고요.

송화준　문화인류학자인 엄기호 씨의 『이것은 왜 청춘이 아니란 말인가』란 책에 보니 이런 말이 있더라고요. "청년은 사회와 불화해야 하는데. 요즘 청년들은 너무 순응적이다."라고요. 우리가 얼마나 반항적인데!라고 생각하는 친구들도 있겠지만. (웃음) 같은 세대인 제가 생각해도 우리 세대는 너무 착한거 같아요. 우리 세대의 모습은 '반항'보다는 '투정'에 가까워 보여요.

엄기호 씨가 말하는 '순응'은 기득권에 대한 순응을 말하는 거겠지요. 우리가 지금 벌이는 스펙 경쟁도 노골적으로 보면 기득권이 제시한 기준에 들기 위한 몸부림이죠. 기득권이 딱 선을 그어놓잖아요. 선 그은 곳만 딱 맞춰서 달려오라고. 그러면 그 길에 맞춰서 달려가는 것이 스펙 쌓기죠. 이런 구조에서는 누가 어디를 달렸는지보다, 누가 더 빨리 정해진 선을 달려왔는지가 중요하거든요. 김정태 이사님의 저서인 『스토리가 스펙을 이긴다』에서 제기하는 문제의식도 이 부분과 맞닿는 것 같아요. 스토리는 스펙과 다르거든요. 남이 그어놓은 길이 아닌, 자신이 정한 길을 걸어가는 게 스토리인 것 같아요. 꼭 야생마의 길과 경주마의 길이 다른 것과 같이 말이죠.

다시 책의 주제로 돌아가면, 이렇게 기존 세대에 의해서 강요당한 루트에 긍정적 방식으로 반항하는 게, 그리고 그를 통해 만들어야 할 것이 바로 우리들이 만들어야 할 '또 다른 영토'인 거 같아요.

우리는 정말 원하는 목적지를 내비게이션에 입력했을까?

김정태 사실 이 세대가 자신이 원하는 지점을 주체적으로 설정하는 게 어려운 세대이긴 해요. 이런 예시를 들어보죠. 요새 내비게이션 없이 운전하시는 분들 별로 없지요? 난 내비게이션에 장점과 단점 둘 다 있다고 봐요. 겉으로는 우리의 삶을 편하게 만들어주는 장점만 있는 듯하지만 말이죠.

내비게이션이 있는 사람들은 내비게이션이 갑자기 없어지면 아무데도 못 가요. 옛날에 내비게이션 없을 때는 사람들이 지도 펴놓고, 아니면 길거리에 지나가는 사람들에게 물어가면서 찾아갔었지요. 사람의 기억력, 그리고 순발력이라면 어디든 찾아갈 수 있거든요. 그렇기 때문에 세세한 골목길 같은 곳도 잘 기억해서 갔어요. 그런데 이제는 그걸 잘 못하죠. 내비게이션을 가지고 있기 때문에 자신만의 지도를 찾아가거나, 도전적으로 찾아가지 못하는 면도 있는 것 같아요.

물론 기회이기도 해요. 내비게이션이 있기 때문에 자신이 진정 원하는 길만 잘 설정하게 되면 정말 효과적으로 잘 갈 수도 있어요. 목표가 있다면 달성하기 위해서 자원과 재원과 지식과 네트워크를 쉽게 동원할 수 있는 게 우리 세대라고 생각해요.

결국 우리 세대의 문제는 내비게이션(변화를 위한 도구)이 있느냐 없느냐의 문제가 아니라, 어떤 목적지를 내비게이션에 찍을 것인가이지요. 기존 세대가 말하는 '편한 길', 너무 뻔히 알려져 있는 영토에만 목적지를 입력할 것인지, 아니면 '또 다른 영토'를 내비게이션에 입력해 볼 것인지의 문제인 거죠.

이 책에 등장하는 인물들은 기존 세대가 말하는 뻔한 목적지뿐만 아니라, 정말 다른 목적지도 있다는 것을 알려주는 역할을 하는 것이고요. 또 이 책을 읽는 독자들이 '내가 정말 원하는 목적지를 내비게이션에 입력하면서 인생을 살아왔는지' 질문을 던지게 해줄 수 있겠지요. 또한 새로운 영토를 꿈꾸는 분들에게 힘이 될 수도 있고요. 왜냐하면 이분들은 내비게이션에 자기가 진짜 원하는 지점들을 입력해 봤는데, 그 지점들이 낭떠러지가 아니었다는 것을 스스로 입증해 나가고 있잖아요.

송화준　이 책에 대해서 말해 보자면, 저는 이 책을 읽는 청년들에게 우리가 정확한 목적지를 가르쳐주고 있다고 생각하지 않았으면 좋겠어요. 무슨 말이냐 하면, 이 책을 통해 전하고 싶은 것은 오로지 '여기에 있는 사람들처럼 당신도 정말 다양한 삶을 살 수 있으니 당신도 여기에 없는 또 다른 지점을 당신만의 내비게이션에 입력해 보라.'는 메시지거든요. 그런데 이 책

제가 이 책의 제목을 '임팩트 제너레이션'이라고
짓고 싶어 했잖아요. 그런데 '제너레이션(세대)'
이라는 이름을 붙이다 보니 '논의'가 '토론'이 되
었죠. 우리가 우리 세대를 기존의 세대와 전혀 다
른 세대라고 붙일 자격이 있는지에 대해서 말이
죠. 88만 원 세대나 X세대와는 다른 우리 세대
만의 특성이 있는지 고민을 많이 해보게 되었고
요.──한솔

에 등장하는 청년들이 막연히 멋있어 보인다고 해서 '어, 나도 이 사람들이 랑 똑같이 살아야지.'라는 생각을 가지게 된다면 위험한 접근일 수도 있다 는 거죠. 여기에 있는 사람들을 똑같이 따라하는 게 정답인 것처럼 접근하 게 되면, 기존의 순응적인 태도를 다른 방식으로 반복만 할 뿐이라는 거 죠. 1번 레인에 있는 경주마가 2번 레인으로 가는 것밖에 안 되는?

우리의 슬로건은 'make a difference'가 아닌, 'make an impact'

한솔 갑자기 예전에 저희가 이 책의 제목과 콘셉트에 관해서 나누었던 논의의 내용이 생각나요. 제가 이 책의 제목을 '임팩트 제너레이션'이라고 짓고 싶어 했잖아요. 이 책에 나온 분들은 우리 세대가 가진 도구를 '선한 영 향력'을 창조하는 데 쓰겠다고 결심하고 도전하는 분들이잖아요. 자신이 가 진 도구로 '선한 영향력'을 극대화시키려고 노력하는 분들이죠.

그런데 '제너레이션(세대)'이라는 이름을 붙이다 보니 '논의'가 '토론'이 되었죠. (웃음) 우리가 우리 세대를 기존의 세대와 전혀 다른 세대라고 붙일 자격이 있는지에 대해서 말이죠. 88만 원 세대나 X세대와는 다른 우리 세대 만의 특성이 있는지 고민을 많이 해보게 되었고요.

김정태 이사님은 이런 얘기를 들으면서 우리 세대만이 가지고 있는, 규 정될 수 있을 만한 규칙이 느껴지시나요? '임팩트 제너레이션'이라는 말 이 우리 세대가 공통으로 지향하는 목적이나 특성을 설명해 줄 수 있다고 보나요?

김정태 마케팅에는 수많은 법칙과 고전적으로 굳혀진 전략들이 있죠.

그중에 '포지셔닝'이라고 불리는 전략이 있어요. 그리고 포지셔닝을 수식하기 위해서 종종 쓰이는 표현이 있는데요. 바로 'make a difference'라는 표현입니다. 결국 마케팅은 다른 제품과 서비스에 비해서 뚜렷한 차이를 만들어내고, 이 차이를 소비자들에게 인식시키는 과정이 중요하다는 거죠.

그런데 제가 봤을 때 '차이를 만들어낸다는 것'은 과거의 게임 규칙을 수식할 수 있는 슬로건이 아닐까 생각합니다. 우리가 누누이 말한 새로운 영토의 게임에서는 완전 다른 규칙이 적용되지요. 단순히 우리가 생산한 상품이 어떤 차이를 가지냐(make a difference)를 넘어서 어떤 영향력을 가지냐(make an impact)의 규칙이 적용된다고 말하고 싶어요.

왜냐하면 이 책에 나온 사람들의 영역에서 두드러지는 철학은 단순히 차이를 만들어내서 상품 가치를 인정받는 게 아니거든요. 오히려 자신들이 사회에 기여할 수 있는 영향력, 즉 '임팩트'를 발굴해서 그걸 기회로 창출해내는 사람들이거든요. 결국 이분들은 타인보다 조금 더 낫다, 차이가 있다는 측면에서 좋은 게 아니에요.

'차이'와 포지셔닝의 관점에서 보면, 이분들보다도 엄청나게 더 뛰어난 분들이 많아요. 기존에 기업들은 '규모의 차이', '직원 고용의 차이', '시가총액의 차이' 등으로 순위를 매겼잖아요. 사실 그런 차이로 말하면 정말 미미한 분들이에요. 시가총액의 차이를 생각해 봐요. 여기 나올 수가 없어요. 인터뷰한 것 자체가 경제 법칙에 따라서 정말 헛수고 하신 거예요. 이분들을 왜 인터뷰해요? (웃음)

왜 굳이 했을까요? 이분들은 'make an impact'라는 관점에서 '우와, 사회적으로 이런 impact(영향력) 창출도 가능하네.'라는 탄성을 자아내게 해요. 창출해 낸 선한 영향력의 가치가 대단한 거죠. 결론적으로 차이(difference)

와 영향력(impact)을 구분해서 생각해 본다면 이분들이 왜 새로운 세대 (generation)로써 두드러져 보일 수 있는지 이해될 수 있겠지요.

우리는 우리 '공동체'에 결핍을 느꼈다

한솔 '세대'로써 가지는 뚜렷한 차이점을 생각해 볼 때, 이런 면모도 말할 수 있을 것 같아요. 저와 송화준 씨가 인터뷰했던 분들을 다시 머릿속에 떠올리며 되새김질할 때 느꼈던 가장 강렬한 기분은 이런 거였어요. '이분들, 정말 별난 사람들이다!' (웃음) 이분들에게는 '비영리'나 '영리'의 구분이 잘 없었거든요. 그리고 개인의 이익과 거대한 사명감의 구분도 없었고요.

'선한 영향력'을 창출해 내기 위해 새로운 영토에 뛰어든 이분들을 멀리에서 보면 보통은 이렇게 생각할 수 있어요. '자신을 버리고 정말 철저한 희생 정신으로 뛰어들었구나' 하는 생각이 들 수도 있고, '사회 문제에 대한 철저한 의식으로 무장하고, 사회가 잃어버린 가치를 복원하겠다는 거대한 사명 의식을 가졌기 때문에 이런 일들을 시작한 것'이라고 오해할 수 있거든요.

하지만 대다수의 인터뷰 이분들이 그런 관념을 가지고 있지 않았던 것 같아요. 예를 들면 '공동체'가 중요하다고 느끼며, 그것의 부재에 아쉬움과 결핍을 느끼는 사람들은 많았지만, '공동체주의'를 복원하겠다는 사명감으로 뛰어든 건 아니더라고요. 다른 말로 하자면 개인으로서의 사명감도 있었겠지만, 그 사명감 때문에만 일하지는 않는다는 말이죠.

그런 의미에서 사회 혁신, 사회적 기업 활동을 하는 사람들은 기존의 사람들과 인식의 틀과 방식이 다른 것 같아요. 기존에 있었던 '비즈니스 마인드', '비영리 마인드'와는 다른 관점을 가졌기 때문에 새로운 세대를 열어갈

'차이를 만들어낸다는 것' 그것은 과거의 게임의 규칙을 수식할 수 있는 슬로건이 아닐까 생각합니다. 우리가 누누이 말한 새로운 영토의 게임에서는 완전 다른 규칙이 적용되지요. 단순히 우리가 생산한 상품이 어떤 차이를 가지냐를 넘어서 어떤 영향력을 가지냐의 규칙이 적용된다고 말하고 싶어요.──김정태

수 있는 가능성이 있지 않을까 이렇게 생각해 보게 됩니다.

김정태 이전 세대와 굳이 비교하자면, 우리 세대가 가진 장점은 '혼합 가치'를 추구할 수 있는 새로운 영역이 우리 앞에 펼쳐진 것이라 생각해요. 혼합 가치가 뭐냐면 영리와 비영리의 경계를 허무는 거예요. 과거에는 영리 부문, 비영리 부문이 엄격하게 나눠졌지요. 그런데 여기 인터뷰집에 나온 분들은 그 경계를 무시하고 혼합 가치를 추구하고 있어요. 완전히 새로운 게임의 룰이죠.

혼합 가치 비즈니스 모델은 영리적 모델뿐 아니라 기부금을 통해서도 가능한 모델이에요. 과거에는 기부란 정말 어쩔 수 없이 필요한 부분을 채워야 하는 마지막 수단 같은 거였어요. 즉 '기부에까지 의존해야 할 비즈니스 모델인가'라는 거죠. 하지만 지금은 그게 문제가 아니에요. '기부를 지속적으로 끌어내서 혼합된 영역이 지속가능하게끔 설계했는지'의 여부가 문제지요. 이 책의 인터뷰이들로 대표되는, 새로운 영역의 전선에서 뛰는 분들은 영리와 비영리의 구분이 당연히 없고, 혼합 가치가 당연한 것처럼 여기기 때문에 다른 사고방식을 가진 거고요.

송화준 그렇죠. 기부라는 게 사실 알고 보면 그냥 단순히 시혜적 차원에서 접근한다기보다 내가 살고 싶은 세상을 위한 투자의 일종이라고 볼 수 있는 것 같아요. 비즈니스적으로 표현하면 기부는 사회 서비스를 구매하는 행위 아닐까요.

'여성 인권 단체'를 예시로 한번 들어볼게요. 여성 인권 단체가 일반인들과 소통할 수 있는 방식이 두 가지 있겠지요. 첫 번째로, '우리가 이런 좋은 일을 하는데 도와주세요.'라고 말할 수도 있어요. 그런데 다른 방식도 가능해요. 여성에게 직접 가서 '당신이 살고 싶은 세상은 어떤 모습이지요? 그 세상을 위해서 우리가 바쁜 당신 대신 일할게요. 다만 그 서비스에 대한 대가를 제공해 주지 않을래요?'라는 뉘앙스를 풍길 수도 있거든요. 약간 더 적극적인 방식으로 소통할 수 있는 거죠. 이렇게 '사회 서비스'를 판매한다는 개념으로 모금을 해야 더 성공적이죠.

언뜻 들으면 말이 안 될 수도 있어요. 그런데 저는 이렇게 생각해요. 제가 어렸을 때 시골에서 자랐는데요, 초등학교 때 선생님이 저보고 '앞으로 미래에는 사람들이 물을 사 먹는 세상이 도래할 거야'라고 하셨어요. 저는 말도 안 된다고 생각했어요. 25년 전이니까. 그런데 지금은 물을 사 먹는 게 점점 일반화되고 있는 과정에 있죠. 조금만 더 환경오염이 심해지면, 공기에 대한 비용을 지불하게 되는 세상이 올지도 몰라요. '공기세'라는 형태든, 아니면 진짜 시장에서 소비할 수 있는 형태로든 말이지요. 극단적으로는 이럴 수도 있다고 봐요. 서울에 거대한 인공막을 씌운 다음에 서울 주민들에게 공기세를 내게 하는 거죠. (웃음) 우리가 만난 기업들이 하는 일도 이런 무형의 가치를 만드는 경우가 많아요. 역설적이지만 사회가 더 망가질수록 사회적 기업, 혹은 비영리 단체에서 파는 서비스/제품이나 활동들을 위해 기부하는 것이 사회 서비스를 구매한다는 생각으로 전환될 수 있을 것 같아요.

한솔　마지막으로 이 책을 정리하면서 느꼈던 부분을 공유하고 싶은데요. 깨알 같은 디테일이긴 한데. (웃음) 주제를 나눠서 목차를 정리하다 보니 1부의 임팩트 위주의 비즈니스를 하는 분들 중에는 남성 벤처 사업가가 많고, 소통과 공동체 중심의 비즈니스와 기업가분들을 주로 다룬 2부에는 여성 사업가분이 많더라고요. 의도한 건 아니었는데요.

한편으로는 흥미로운 사실이었고, 다른 한편으로는 약간 우울해졌어요. 우리가 극복해야 할 과제 아닌가 생각이 들더라고요. 아직도 우리 사회가 정해진 성역할을 탈피 못하는 건가 이렇게 생각도 들고요.

김정태 기존의 젠더 롤이 작동하는 측면도 있겠지요. 벤처 정신은 남성적인 것, 그리고 '공감' 능력은 여성적이라는 기존 사회의 특징. 그런데 사회적 기업을 보면 공감이 정말 중요해요. 우리 사회의 여성은 새로운 세대가 나오고 있어요. '돌봄', 그리고 '소통'의 가치를 가진 여성이지만, 엄마 세대에서는 그런 가치가 '한'의 정서로 표출됐다면, 이제는 '공감'으로 가치가 높아지고 있잖아요? 억눌린 게 그래도 조금씩 사라지고 있으니. 여기서 저는 희망을 봐요. '공감'의 능력으로 새로운 청년 기업들이 많이 나와 줬으면 하게 됩니다.

송화준 미국에서는 공유 기업이 계속 성장하다 보니 지역사회와 부딪친다고 하더라고요. AirBnb는 숙박업소와 부딪치고, Lyft라는 카셰어링 기업은 택시 회사와 부딪치죠. 남성적인 시각에서 본다면 '이' 산업에서 '저' 산업으로 넘어가는 것밖에 안 돼요. 어떤 사회적 가치의 변동이 일어났는지를 못 볼 가능성이 크다는 거죠. 앞으로는 어떤 새로운 것을 만드는 것보다 세상의 왜곡된 것들을 치유하는 것이 비즈니스의 핵심이라고 봐요. 그래서 여성의 역할이 더 커질 거라고 보고요. 뭔가 보이는 것을 새로 제작하는 것은 남자가 강할 수 있지만, 어루만지고 치유하는 것은 여자가 강할 수도 있겠다고 생각하거든요.

이 책을 내면서 한 가지 바람이 있다면, 2~30대 여성분들이 많이 봤으면 한다는 거였어요. 요즘 여성분들이 주로 보는 책은 힐링 도서나 에세이인 거 같아요. 많은 위로가 되는 책이긴 한데 우리가 그런 책을 찾는 근본 원인이 되는 사회 문제를 해소하는 데는 역할이 한정적이에요. 지금처럼 남성 주도로 변화가 이뤄진다면 또다시 많은 한계가 드러날 거예요. 여성분들이 이 변화에 주도적으로 동참해야 해요. 그래서 저는 젊은 여성분들이 이 책을 많이 읽었으면 좋겠어요. 물론 남자분들은 읽지 말라는 건 절대 아닙니다! (웃음)

한솔 경제학자 낸시 폴브레(Nancy Folbre, 매사추세츠 경제학 교수)는 고전 경제학자 애덤 스미스가 말하는 '보이지 않는 손'에 대비시켜서 '보이지 않는 가슴'이라는 개념을 만들어내고, 그것의 중요성을 역설하죠. 보이지 않는 손, 즉 시장만 강조하는 사회에서는 위계가 뚜렷해요. 너는 얼마짜리 인간, 너는 임원, 너는 사장, 이런 식으로 사람을 나누잖아요. 이게 남성적인 사고였다면, 얼마나 소통이 원활히 진행되는지, 얼마나 서로가 서로를 상처 없이 어루만져 줄 수 있는지 등으로 사람의 가치를 판단하는 것이 여성적인 사고라고 생각해요.

낸시 폴브레가 말하는 건 별 게 아니에요. '보이지 않는 가슴'이 사회를 품을 때, 비로소 '보이지 않는 손'이 제대로 작동한다는 것. 그런데 보이지 않는 가슴이 파괴되고 나니까 이게 중요했다는 게 지금 보이잖아요. 보이지 않는 가슴을 복원해 낼 수 있는, 그리고 그 가슴에 기반을 두어서 임팩트를 낼 수 있는 여성 사회 혁신가가 많이 나왔으면 좋겠다는 생각을 하게 됩니다.

제1부

청춘의 또 다른 영토:
임팩트 비즈니스

대한민국 모든 청소년들의
공부 멘토가 되는 그날까지

모든 것의 시작은 '나'부터이다

강성태 **공신닷컴 대표**

강성태

서울대 기계항공공학부에 입학했으며, 대학 시절 '공부를 신나게'라는 이름으로 친동생인
강성영, 육지후 등 8명의 학생들과 함께 교육 봉사 동아리 '공신'(www.gongsin.com)을
만든 것이 계기가 되어, 각종 언론 매체에서 공부 프로그램을 진행하며 '공부의 신'으로
이름을 알렸다. 한국 소셜 벤처 대회에서 2위를 수상했으며, 대한민국 교육을 혁신해
보겠다는 비전으로 사회적 기업으로 도약하고 있다.

중학교 시절, 시골에서 서울로 처음 올라와 '왕따'도 당하고 공부도 잘 못했던 학생이 있었다. 그는 친구들에게 무시당하지 않는 유일한 길은 공부라고 생각해서 열심히 공부했고 서울대에 진학했다. 집안의 맏이였던 그는 터득한 공부법을 동생에게도 가르쳐주었고, 이를 통해 공부법에 대해서도 자신을 갖게 되었다. 서울대에 진학 후 진로에 대해 방황하던 그는 '더 많은 동생들'에게 이런 공부법을 알려주면 좋겠다고 생각했다. 그래서 공부방 봉사도 하고 자비를 털어서 무료 인터넷 동영상도 배포했다. 이것이 우리가 MBC 공부의 제왕을 통해 만났던 공부의 신 강성태(현 청년 벤처 공신닷컴 대표)의 과거이다.

그가 현재 대표로 있는 공신닷컴은 인터넷 강의와 반값 문제집 사업을 하고 있고, 1,000명 이상의 또 다른 '공신'들이 청소년들을 멘토링 해주고 있다. 그는 어떤 꿈을 꾸고 있을까? 그의 어린 시절 경험은 현재의 그에게 어떤 영향을 미쳤을까?

자신만의 꿈이 없으면 다른 사람 꿈을 떠받들 뿐

한솔 강성태 대표님의 과거로 한번 돌아가서 기억을 더듬는 것으로 인

사회적 기업. 꼭 하지 않아도 돼요. 자신이 추구하는 일을 지속적으로 하는 데에 있어서 최선의 조직 형태가 아니라면 말이지요. 사회적 기업의 핵심은 사회적 미션이라고 봐요. 저희는 '모든 아이들에게 한 명의 멘토를 만들어준다'는 뚜렷한 사회적 미션을 지속적으로 하기 위해서 사회적 기업을 시작했을 뿐이에요. 사회적 기업은 도구일 뿐인 거죠.

터뷰를 시작하지요. 대표님의 저작 『공부의 신, 바보 CEO 되다』를 읽어보니 교육 봉사를 하시기 전에 대학교에서 개인적으로 방황을 많이 했다고 나와 있더라고요. 우수한 성적으로 서울대학교 기계항공학부에 입학했지만, 자신의 기대와 너무 달랐다고. 대표적인 예로, 책에 보면 "기계항공학부를 나오면 파일럿이 되거나 적어도 자동차는 조립할 수 있겠구나."라고 생각하면서 지원하셨다는데, 그게 전혀 아니었다는…….

강성태 쉽게 말하면, 기본적으로 너무 많이 몰랐어요. 우선 대학에서 무엇을 가르치고 배우는지에 대해서 정확히 접할 기회가 없었던 거죠. 저희 집안에 대학 나오신 분이 안 계셨기 때문에 대학에 대해서 들어볼 기회가 전혀 없었고요. 기껏해야 학교 선생님들께서 해주시는 말씀이 저에겐 전부였죠. 많은 선생님들께서 막연하게 대학만 가면 모든 것이 해결될 것처럼 말씀하시지만, 그게 아니잖아요. 전 그때 순진하게 그대로 믿었어요. 좋은 대학에 가면 걱정과 고민이 저절로 없어지는 줄 알았죠. 연애도 바로, 신나는 동아리 생활도 바로. 그런데 여자 친구, 안 생기잖아요. (웃음) 걱정, 고민, 일상생활도 이전과 마찬가지고요.

어떻게 보면 당연한 결과죠. 모든 것이 이루어질 것처럼 거대한 환상과 기대를 품지만 대학은 또 다른 시작일 뿐이잖아요. 그런데 그때는 마치 속은 기분이었어요. 공부도 끝이 아니라 새로운 시작이었어요. 공대 공부, 정말 힘들거든요. 그런데 저를 진짜 힘들게 한 사실은 공대 공부와 중고등학교 시절 공부하는 방법이 큰 차이가 없다는 거였죠. 저는 적어도 대학에서는 교실 밖으로 나가 좀 더 현실적이고 구체적이며 '눈에 보이는 공부'를 할 줄 알았죠. 실제적인 그런 것들요.

한솔 '눈에 보이는 공부'가 없다는 사실. 정말 많은 공감이 되네요. 저는 공대생과 완전 다른 문과(사회학, 정치학) 전공이지만, 저도 똑같이 느끼는 부분이거든요. 사회 문제, 사회 참여, 사회 변화에 대한 글을 읽고 쓰지만 정작 사회적 문제에 대해서 어떻게 실제로 부딪칠 것인지에 대한 교육은 잘 못 받거든요. 아마 대학교에 들어가서 대부분이 맞닥뜨리는 고민일 거 같아요.

강성태 그래도 다행인 줄 아세요. (웃음) 저희는 계속 문제 풀고 시험 보고, 문제 풀고 시험 보고의 반복일 뿐이었거든요. 뭐랄까, 더 힘든 고3 생활의 연속? 우리가 고등학교 물리 시간에 접하는 문제들 있잖아요. 그거랑 형식은 비슷하지만 훨씬 더 어렵게 만든 그런 것들을 수백 개, 수천 개 푸는 과정을 매일 반복했어요. 왜 그래야 하는지도 모른 채 말이죠. 우리가 그걸 기대했던 건 아니잖아요.

대학이란 곳이 어떤 곳인지 제대로 알려주는 사람도 없었고, 저도 알려는 노력을 안 했던 거 같아요. 대학교 캠퍼스도 원서 낼 때 처음 가봤으니 말 다했죠. 전공도 친한 친구 따라 선택한 거예요. 지금 생각하면 황당한 일이죠. 이렇게 공부만 열심히 했지 꿈이나 진로에 대해서는 막연한 상태로 대학에 진학하니 자연스레 공부에 흥미도 잃고 수업에 들어가기 싫었어요. 결국 학사 경고도 두 번이나 받았죠. 이대로 가면 학교에서 잘릴 수도 있는데도 도저히 못하겠더라고요.

그렇다고 공부 안 하는 시간 동안 어떤 삶을 살아야 할지 고민한 것도 아니에요. "꿈이 없으면 다른 사람 꿈을 위해 살아가게 된다."라는 말이 있잖아요. 제가 딱 그랬어요.

그가 결국 대학에서 처음으로 따라가게 된 남의 꿈은 '학생운동'이었다고 한다. 술 사주고 밥 사주는 선배들, 굉장히 열성적으로 활동하는 선배들의 꿈 앞에서, 꿈 없는 청년은 맹목적으로 따를 수밖에 없었다. 물론 그가 현재 '학생운동' 그 자체를 나쁘게 생각한 것은 아닐 것이다. 하지만 남의 의견에 동화되어 끌려가는 형식으로 시작했던 그에게 학생운동은 좋은 추억으로도 남을 수 없었다. 오래가지도 못했다.

물론 학생운동을 그만둔 청년 강성태에게 다른 뾰족한 대안은 없었다. 수많은 친구들은 그에게 꿈을 같이 찾아보자는 말보다 '고시 공부나 준비해라'고 말하곤 했다. 또 다른 맹목적인 길이 보일 뿐이었다. 남들 따라서 대학가를 휩쓴 고시 열풍에 같이 휩쓸리는 길.

결국 그는 아무런 결정도 내리지 못하고 해병대에 갔다. 새로운 도전의 환경이 주어지면 그나마 나아지지 않을까라는 생각에 말이다. 그리고 해병대에 다녀온 후, 새로운 출발의 씨앗을 틔우게 된다.

모든 것의 시작은 '나'부터

한솔 다시 인생 얘기로 돌아가 보지요. 해병대를 나온 후, 교육 봉사를 통해서 '공신'으로서의 첫 발을 내딛게 됩니다. 처음 시작하셨을 때 동기가 뭐예요. 갑자기 왜 교육 봉사를 시작하신 거지요?

강성태 제가 살아온 이야기를 다른 분들께 말씀드리면 많은 분들이 오해하시는 게 두 가지 정도인데요. 하나는 처음부터 제가 대한민국의 교육 제도나 사회적 불평등, 과열화된 사교육 시장에 대해 큰 문제의식을 가지고 이를 해소하기 위해서 뛰어든 게 아니냐고 물어보시는 분들이세요. 또 하나는 그냥 순수하게 '마냥' 재밌어서 시작한 거 아니냐고 물어보는 분들이 계시고요.

둘 다 전혀 아닌 것 같아요. 애초에 제가 알고 있는 세계가 좁았고, 사회나 시사에 대해서 잘 알지도 못했어요. 제가 그렇게 멋진 사람도 아니고, 멋진 생각을 했던 거 같지도 않아요. '사회의 변혁을 위해 내가 뛰어들겠다.' 솔직히 말하면 그런 생각 없었어요. 또 멘토링이 재미가 없진 않았지만 마냥 재미있기만 했던 것도 아니에요. 멘토링이 얼마나 힘든데요. 게다가 저소득층 아이들과 하는 멘토링은 일반 학생들과 하는 멘토링에 비교해서도 몇 배는 더 힘들걸요.

완전히 이기적이라고 볼 수도 없지만, 또 완전히 이타적이라고 볼 수도 없는 동기로 시작한 거죠. 쉽게 말하면 모든 게 그냥 '나'에 대한 생각에서부터 시작된 것 같아요. 중학교 학창 시절 되게 힘들었어요. 왕따 당하고 공부도 잘 못했었던 과거가 있었고, 또 그 시절에는 공부가 유일한 희망이었거든요.

나처럼 '찌질하다'고 무시받는 아이들을 도와주고 싶었던 거예요. 그런 아이들을 보면 제 과거를 돌아보게 되는 것 같았어요. 또한 교육 봉사에서 느낀 것은 재미보다 의미라고 해야 더 맞겠죠. 내가 가르친 그 아이들이 나 때문에 바뀌어가는 모습을 보면 그 누구라도 의미를 느낄 거예요. 그렇기 때문에 사실 봉사를 통해 바뀌는, 즉 '눈앞에 보이는' 아이들 말고는 저에게 멀리 보이는 것이 없었어요.

그러다가 시야가 약간 넓어지면서 시작한 게, 인터넷에 올렸던 무료 동영상 공부법 강의였던 거지요. 그것도 '전국의 아이들을 도와주자'라는 거대한 생각이라기보다는 가르치는 아이들과 비슷한 처지에 있지만, 제가 만나지 못하는 아이들을 도와주고 싶은 심정에서 시작한 것 같아요. 인터넷에 올리면 더 많이 볼 수 있잖아요.

사회 문제에 대해서도 잘 모르지만, 이 멘토링이 의미 있다는 것에 대해선 확신이 서 있었기 때문에 무료 동영상도 올리기 시작한 거지요.

결국 모든 것의 시작은 그가 살아온 과정에 있었다. 그의 '스토리'에 더 관심을 가질 수밖에 없는 이유이다. 우리는 보통 사랑을 받아본 사람이 사랑을 줄 수 있다고 말한다. 그런데 강성태 대표의 스토리에는 '받은' 이야기가 없다. 그는 겸손하게 말하지만 그의 이야기는 온통 세상을 향한 애정으로 가득 차 있는 듯하다. 어렸을 적 안 좋은 추억이 세상에 대한 적대감으로 표출되었을 법도 한데 그는 이를 긍정적으로 소화시켰다.

'받지 못했기' 때문에 더 베풀 수도 있다

한솔 너무 착한 얘기만 하시는 거 아니에요? 갑자기 딴지를 걸고 싶어지네요. 말씀은 겸손하게 하셨지만, 학생들 또는 후배들에 대한 애정이 상당히 많으신 것 같아요. 정작 대표님은 가정이나 사회로부터 어떤 혜택을 받고 자란 것 같지는 않은데 말이죠.

강성태 그렇지 않아요. 사람이라면 누구나 받는 것 아닌가요? 물론 사람마다 다르겠지만요. 그럼 저도 한솔 씨 의견에 '딴지'를 걸어볼까요? (웃음) '받은' 사람이 '주는' 경우를 많이 볼 수 있다고 하셨는데요. 꼭 틀렸다고 말할 수는 없지만, 그 반대가 더 맞을 수도 있는 것 같아요. 받아보지 못한 채 성장한 사람들이 오히려 지금 받지 못하면서 자라는 사람들의 안타까움을 아니까 더 베풀 수도 있잖아요.

공신이 처음 유명해진 이유는 '공부법'에 대한 강연 콘텐츠였죠. 멘토링할 때, 어떤 학생이든 멘티의 가장 큰 고민은 공부예요. 공부가 절박하지만 낯선 친구들은 아무리 공부해도 성적이 잘 오르지 않아 절망하는 경우가 많거든요.

요즘 공부법에 대한 책이 적지 않은 건 사실이에요. 그런데 제가 학생일 때는 '공부법'이라는 장르 자체가 아예 없었거든요. 공부가 잘 안 되면 모두 학원 가야 되는 줄 알았어요. 저는 정말 열심히 하는데도 다른 친구들에 비해 성적이 안 나오는 거예요. 머리가 나빠 그런가 자책도 많이 했고요.

그런데 어느 순간 성적이 잘 나오는 친구를 유심히 보니 '공부 방법'이 다른 거예요. 그래서 공부 잘하는 친구들 옆에 앉아서 살펴도 보고, 노트도 빌리고, 뇌물도 좀 썼죠. (웃음) 빵이나 우유 같은 거 있잖아요.

요새 남들이 보면 공부법이라는 게 그렇게 대수가 아닌 것처럼 보일 수도 있어요. 아마 그만큼 절박함을 느낄 수 없겠죠. 그런데 제게는 공부법을 하나하나 새로 익혀가는 과정이 너무 새로운 거예요. 수업 시간에 필기를 어떻게 하고, 나중에 정리를 어떻게 하는지. 문제를 풀 때는 어떤 방식으로 풀고 오답 노트는 어떻게 정리하는지 등의 방법 있잖아요.

절박한 상황에서 하나하나 주체적으로 깨우치다 보니 '공부법'의 힘을 확실히 체감했어요. 저도 그 공부법으로 성공했고, 나중엔 제 친동생에게 공부법을 알려주었는데 동생도 결과가 좋았어요.

확신도 있었고, 동생에게 알려줬을 때의 희열감도 있었고, 그러다 보니 이걸 남들에게도 알려주고 싶다는 생각이 정말 강하게 든 거예요. 대학생이 되어도, 다른 중고등학생들이 공부하는 것을 지켜보게 되면 '저렇게 공부하면 안 되는데', '저건 다른 방식으로 공부해야 하는데'와 같은 생각이 계속 나는 거죠. 특히 수험/입시 생활을 하는 학생들 보면 굉장히 불안해하잖아요. 자신이 공부하는 방식이 맞더라도 그 방식이 맞는지, 결과가 잘 나오는지에 대한 확신과 보장이 없기 때문에요. 그런 학생들만 보면 도와주고 싶은 거죠. 제 과거가 생각나니까.

만약 제가 정말 머리가 좋았거나, 공부법을 저에게 알려주는 형이 있었거나, 부모님이 정말 공부를 많이 하신 분이었다면 공신은 생겨나지 않았을 거예요. 모든 방면에서 도움을 받을 수 있는 조건이 충족되었다면, 결핍에 갈증도 크지 않았겠죠. 오히려 힘들었던 과정, 극복했던 경험이 다른 이들에게 도움이 될 거라는 확신이 있었기 때문에 공신을 할 수밖에 없었다고 생각해요. 안 하고는 못 배기는 거죠.

그에게 역경의 스토리는 단순히 진부한 차원에서의 '경험'을 넘어 그의 꿈과 비전의 근간이 되고 있다. 절박하게 공부법을 알아내고 실천에 옮긴 만큼, 그것에 대한 소중함을 더 알게 되었고, 그것을 알지 못하는 이들에 대한 이해와 돕고 싶은 마음이 그의 비전에 녹아든 것이다.

강성태 약간은 다른 맥락에서 하는 말일 수 있지만, 비극과 희극은 종이 한 장 차이일 수 있어요. 현재 눈앞에 펼쳐지는 시련의 길이 멀리서, 혹은 미래에서 돌아봤을 때 희극이 되는 거죠.

중학교 시절 학교 폭력을 당했을 때, 쉬는 시간에 어떤 아이가 제 얼굴에 침 뱉었을 때, 아무리 공부해도 성적이 안 올랐을 때의 경험, 모두 저에게 중요한 인생의 일부죠. 친구에게 굴욕을 안 당했으면 공부해야겠다고 독하게 마음먹지는 않았겠죠. 또 공부하는 게 마냥 편했으면, 뭐하러 멘토링 하고 뭐하러 다른 학생들에게 공부법을 알려줬겠어요.

물론 그 순간에는 잘 몰랐죠. 그냥 피하고 싶고, 도망치고 싶고, 너무 굴욕적이어서 학교도 다니기 싫고, 자살하고 싶은 상황이었지만, 돌이켜보면 제가 발전했던 시간이었던 것 같아요. 그래서 요새는 힘겨운 일이 있으면 오히려 성장할 수 있는 기회라고 여기며 스스로를 다독여요.

꿈이 '공신 대표' 라는 멘티 앞에서 느끼는 책임감

한솔 대표님이 어렸을 때부터 걸어왔던 길이 공신닷컴을 시작할 때부터 가지고 있었던 미션에 녹아 있네요. 지금은 어떠신가요? 지금도 공신을 시작할 때와 같은 동기로 사회적 기업 '공신'을 이끌어 나가고 계신가요?

강성태 사실 어떤 일이든 '동기'라는 것은 한두 가지가 아닐 거예요. 공부하는 이유도 꼭 한 가지가 아닐 수 있잖아요. 물론 몰입의 즐거움, 배움의 즐거움이 있죠. 하지만 덧붙여서 잘살려는 이유도 있고, 효도하려는 이유도 있고, 집에서 나가서 살고 싶다는 등 여러 가지 이유가 복합적으로 있겠죠.

저도 이처럼 한 가지 이유만으로 '공신닷컴'을 운영하고 있는 것 같지는 않아요. 물론 아까 말했듯이 처음에 시작했던 동기는 단순했죠. 그런데 하다 보면 더 많은 동기들이 덧붙여지는 거죠. 큰 맥락에서 공익적으로 기여하고 싶다는 생각도 하게 되는 거고요.

멘티들과의 관계도 큰 이유가 되죠. 제가 직접 멘티들 만나서 강연할 때, 자신의 꿈이 '공신 대표'라고 말하는 학생들도 있어요. 혹은 교육이든, 창업이든, 소셜 벤처든, 제가 하는 일의 계통에 뛰어드는 친구들 중 저를 알게 되어서 뛰어든 친구들도 있고요. 이런 학생/친구들 보면 책임감을 느낄 수밖에 없다는 거죠.

우리는 무엇을 할 때 자꾸 수많은 이유를 찾으려고 하는 거 같다. 그럴수록 생각만 많아지고 첫발은 점점 무거워만 진다. 어쩌면 강성태 대표가 지극히 개인적인 이유에서 시작했고, 그 속에서 수많은 경험과 사람들을 만나면서 지속할 수 있는 힘을 얻어가고 있듯이, 우리도 무언가 하고 싶다면 가끔은 무모하게 시작해 봐도 좋지 않을까.

강성태 대표는 한번도 '큰' 목표를 지향한 적이 없다. 그는 주위를 배려하고 변화시키고자 하는 소박한 꿈을 꿨고, 그게 조금씩 멀리 퍼져나갔다. 그런 그의 성격이 현재의 공신닷컴에도 녹아들었다. 공신닷컴은 일반적인 교육 사이트와 달리 공신 멘토의 도움을 받고 자란 멘티들이 다시 공신 멘토로 활약하는 비즈니스 모델을 가지고 있다. 강성태 대표가 동생 강성영 씨를 멘토링하고 강성영 씨가 현재 멘토로 활약하고 있듯이 말이다. (강성영 씨는 현재 공신닷컴의 해외 모델 격인 인도네시아의 '마하멘토'를 이끌고 있다. 마하멘토는 삼성 등과 협력하여 50여 개 대학, 15,000명의 인도네시아 학생이 참여하는 드림캡슐 행사를 진행한 바 있다. 현재 인도네시아의 마하멘토에는 500여 명의 현지 멘토가 활동하고 있다.)

한솔 화제를 바꿔볼게요. 동생인 강성영 씨가 인도네시아에서 공신닷컴과 유사한 프로젝트를 진행하고 있는 걸로 아는데요. 대표님도 애정을 갖고 많이 도와주셨다고 들었고요.

강성태 공신닷컴의 사업 모델이 인도네시아에서 가능했던 이유는 바로 공신닷컴이 가지고 있는 특이한 구조 덕인 거 같아요.

공신닷컴이 가지고 있는 비즈니스 모델의 특이점은 공신 멘토의 도움을 받고 자란 어린 멘티들이 성장해서 다시 공신 멘토로 활약하는 거죠. 저와 제 동생의 관계처럼요. 비즈니스 용어로 풀어보자면 교육 서비스 소비자가 공급자가 됨으로써 선순환 구조를 이루는 거죠. 일반 사교육 시장에서는 선생님은 계속 선생님이고 학생은 돈을 내고 배우고 좋은 대학에 가면 끝이잖아요. 이게 공신닷컴이 사회적 기업으로서 일반 기업과 다른 근본적 차이점이죠.

그래서 저희는 인도네시아에서도 후배들의 교육 환경 개선에 관심 있는 친구들을 발굴하면 충분히 가능하다고 생각했어요. 일반 비즈니스 관점에서 교사를 몇 명 고용하고 하는 식으로 접근했다면 저희 같은 작은 기업이 시작하는 건 불가능했겠죠.

한솔 마지막 질문 할게요. '공신닷컴'은 청년 사회적 기업가들의 1세대로 불리지요. 사회적 기업에 뛰어들고 싶은 청년들에게 특별히 해주고 싶은 조언이 있다면?

강성태 사회적 기업, 꼭 하지 않아도 돼요. 자신이 추구하는 일을 지속적으로 하는 데에 있어서 최선의 조직 형태가 아니라면 말이지요. 사회적 기업의 핵심은 사회적 미션이라고 봐요. 저희는 '모든 아이들에게 한 명의 멘토를 만들어준다'는 뚜렷한 사회적 미션을 지속적으로 하기 위해서 사회적 기업을 시작했을 뿐이에요. 사회적 기업은 도구일 뿐인 거죠.

명확한 사회적 미션을 지향하게 되면, 사회적 기업은 일임과 동시에 봉사로 느껴지게 되고, 하는 일에 보람을 느끼기 때문에 더 열심히 일하게 돼요. 또한 미션에 공감하는 많은 분들이 정말 고맙게도 지지해 주시죠. 아까 얘기한 공신닷컴의 선순환 비즈니스 모델도 저희의 미션이 명확했기 때문에 이루어질 수 있었던 것 아닐까 생각해 보게 돼요.

아직 젊지만 인생에서 수없이 굴곡을 경험했던 '공신닷컴'의 강성태 대표. 그는 굴곡을 극복하는 과정에서 자신의 꿈을 찾았다. 어렸을 때 그는 공부를 잘하고 싶었지만 아무도 주위에서 공부 비법을 알려주는 사람은 없었다. 하지만 오히려 그렇기 때문에 더 절박한 심정으로 공부 비법을 터득했고, 전문가가 되었다. 그는 성장해서도 그때를 잊지 못했다. 그래서 어린 시절 자신만큼 절박한 아이들을 위해 강연 콘텐츠 제작을 하고, 멘토와 멘티를 연결해 주는 무모한 사회적 기업을 시작했다.

그리고 이제 공신닷컴은 조금씩 선한 영향력을 확장해 가고 있다. 그 자신도 분명 현재의 공신닷컴을 상상하지 못했을 것이다. 더더군다나 인도네시아의 아이들을 위해 무언가 할 수 있다는 생각은 더더욱 못했을 것이다. 이렇게 한 명으로부터 시작한 '모두에게 멘토를 만들어주고 싶다.'는 목표는 한국을 넘어 조금씩 세계로 지평을 넓히고 있다.

'받지 못했기 때문에 더 잘 줄 수 있다.'는 그의 말이 뇌리에 맴돈다. 그는 분명 더 잘 주는 사람이 되어가고 있다. 우리가 집중해야 할 것은 세상이 얼마나 주었느냐가 아니라 나는 얼마나 세상을 위해 무언가를 줄 수 있는 존재인가에 대한 질문이 아닐까. 역설적으로 그럴 때 세상은 우리가 생각지도 못한 큰 선물을 줄지도 모른다. 강성태 대표가 공신닷컴을 통해 받고 있는 사랑처럼 말이다.

나는
호모 임팩타쿠스의 세상을
꿈꾼다

사회에 긍정적 영향력을 미치는 인간들의 세상

도현명 **임팩트스퀘어 대표**

.

도현명

급속도로 성장하던 게임 산업에서 일하다가 우연한 기회에 비영리 분야와 영리 분야의 융합에 관심을 갖게 되었다. 이후 학교로 돌아가 서울대 최초의 사회적 기업 연구 동아리 'WISH'를 설립하며 임팩트 비즈니스 영역에 본격적으로 발을 딛게 되었다. 이러한 경험을 바탕으로 소셜 벤처와 기업의 사회 공헌 활동이 사회의 긍정적 변화에 기여할 수 있도록 연구, 컨설팅, 성과 평가 그리고 인큐베이팅을 하는 임팩트 비즈니스 전문 씽크탱크 '임팩트스퀘어'를 설립하여 운영 중이다. 또 최근에는 세계 최대 사회 혁신가의 네트워크인 임팩트 허브의 서울 브랜치인 '허브서울'과 국내 유일의 사회적 성과 평가 기관인 '한국임팩트평가'도 설립하여 운영 중이다.

호모 임팩타쿠스(Homo Impactacus)라는 말을 들어본 적이 있는가. 아마 대부분의 사람들에게 생소한 용어일 것이다. 하지만 이 글을 읽고 나면 스스로를 호모 임팩타쿠스라고 칭하고 싶어질지도 모르겠다. 바로 이 사람, 임팩트스퀘어의 도현명 대표를 만난 후라면 말이다. 호모 임팩타쿠스는 '인간'을 의미하는 'Homo'와 '영향을 주다'라는 뜻인 'Impact'를 결합하여 도현명 대표가 만든 신조어이다. 세상에 영향을 끼치는 것을 추구하는 인간을 뜻한단다. 회사 이름은 임팩트스퀘어(Impact Square), 하는 일은 임팩트 비즈니스(Impact Business)라고 말하는 사람(호모 임팩타쿠스)들. 그 누가 Impact라는 말을 이들만큼 사랑할 수 있을까? 과연 그대들이 말하는 Impact는 뭐기에 이토록 젊음을 활활 불태운단 말인가.

임팩트스퀘어는 소셜 벤처와 기업의 사회 공헌 활동이 사회의 긍정적 변화에 기여할 수 있도록 연구, 컨설팅, 성과 평가 그리고 인큐베이팅을 하는 조직이다. 다수의 대기업들이 CSV(공유 가치 창출)나 사회 공헌의 성과 평가 등에서 컨설팅을 받았고, 특히 공기업인 한국가스공사는 3년째 지속적인 관계를 유지하고 있다. 또한 국제적으로 가장 우수한 청년 사회적 기업가 인큐베이팅 네트워크로 평가받는 더 허브(the Hub)의 서울 지부(허브 서울)를 운영하고 있다. 대표인 도현명 씨는 서울대학교 재학 당시 서울대 최초의 사회적 기업 연구 동아리 WISH를 만들기도 했을 만큼 이쪽에 잔뼈가 굵다.

도현명 대표와는 평소에 자주 만나는 사이였던지라 인터뷰 상대로 도현명 대표를 선정하고 연락을 취했을 때 오히려 어색했다. 인터뷰하겠다는 언질을 미리하긴 했지만, 어색함에 "근처에서 식사나 한 끼 해요."라는 전화 한 통 넣고 사무실이 있는 강남으로 향했다.

필자를 반갑게 맞이한 그는 "중국집 어때요? 중국집 제육덮밥이 정말 맛있거든요. 그런데 사람들은 잘 모르는 거 같더라고요."라며 인근의 중국집으로 안내했다. 평범한 곳에서도 특별함을 찾아내는 게 그의 재능이 아닐까 하는 생각이 문득 스쳤다. 정식(?) 인터뷰는 식사 후에 하기로 했지만, 근질거리는 입을 못 참고 질문을 시작했다.

송화준 자장면 집에서 인터뷰하는 건 처음이죠? (웃음) 오늘은 임팩트 스퀘어가 어떤 일을 하는지 확실히 알고 가야겠어요. 회사 소개 좀 해주세요.

도현명 임팩트스퀘어를 가장 간단하게 정의하면, '임팩트 비즈니스(Impact Business)에 대한 컨설팅과 연구를 수행하는 전문 기업'이라고 할 수 있어요. 여전히 이해하기 어렵죠? 임팩트 비즈니스는 크게 기업의 사회 공헌과 공유 가치 창출(CSV), 비영리 조직의 전략적 경영, 그리고 사회적 기업의 활동을 포괄하는 영역이에요. 스티브 잡스가 기술과 인문학의 교차로에 애플을 세웠다고 하는데, 저희는 사회적 임팩트(social impact)와 비즈니스

(business)의 교차로에 임팩트스퀘어가 있다고 표현해요. 그리고 이름에도 있지만 그 교차로에 있는 임팩트스퀘어는 아주 큰 빌딩이라기보다는 광장 (square)으로 존재하는 거죠. 광장 같은 형태를 지향하기 때문에 많은 사람들이 모이고 또 협력하며 새로운 길로 나아갈 수 있어요. 각자가 다른 방향에서 왔지만 만나서 소통할 수 있고, 또 다른 방향으로 가지만 같은 곳에서 출발하는 그런 광장이 되길 꿈꾸고 있습니다. 물론, 이렇게 말씀드려도 이해하기가 쉽지는 않으시겠죠? (웃음)

더 많은 사람이 만나 소통할 수 있는 광장

그의 말대로다. 전문용어들과 임팩트니 광장이니 하는 추상적인 언어로는 구체적인 활동에 대해 이해하기에는 한계가 있다. 좀 더 구체적인 이야기를 듣고 싶었다.

송화준 굉장히 멋진 무언가겠죠? 하하. 네, 사실 이해가 잘 안 되네요. 실제로 어떤 일들을 진행해 왔는지 얘기해 주시면 저나 이 글을 읽을 독자들이 좀 더 이해하기 쉬울 것 같아요.

도현명 저희가 처음 시작한 일은 한 국제개발 NGO에게 아프리카에서 커뮤니티 자립을 가능하도록 하는 사회적 기업 모델을 개발하여 제공한 컨설팅이었어요. 이러한 사업 모델을 구현하거나 컨설팅하는 일이 그 이후로도 계속되었지요. 두 번째 사업은 한국가스공사의 대표 사회 공헌 프로그램인 온누리 사업의 사회적 성과를 측정하고 그에 따른 자문을 하는 일이었고요. 후속 작업으로 기업의 사회 공헌 프로그램의 임팩트가 극대화될 수 있는 방안을 컨설팅하고 또 평가하는 작업들도 해오고 있습니다.

2011년 12월에 있었던 동아 비즈니스 포럼을 기획하면서 공유 가치 창출(CSV) 같은 새로운 개념을 도입하여 교육하고 확산하려는 노력은 언제나 저희의 주요 업무임이 분명하고요. 이외에도 다른 조직들과의 협력을 통해서 사회의 임팩트를 극대화할 수 있는 활동들은 크게 가리지 않고 역량이 되는 대로 진행합니다.《베네핏 매거진》과 함께《임팩트 비즈니스 리뷰》라는 기업의 사회 공헌, CSV, 사회적 기업 쪽 전문 잡지도 발간하고요.《서스틴 베스트》와 함께 사회적 가치 평가 사업도 진행합니다. 최근에는 루트임팩트, 딜라이트, 엔스파이어와 함께 공동 출자하여 허브 서울을 운영하고 있지요.

경영학을 공부한 사람이라면 누구나 아는 이름이 있다. 바로 공유 가치 창출(CSV)를 주창한 마이클 포터 교수다. 임팩트스퀘어는 마이클 포터 교수가 세운 FSG의 국내 유일 파트너 사로 동아 비즈니스 포럼 당시 마이클 포터 교수를 초빙한 바 있다.

임팩트스퀘어는 다양한 경험과 국제적 협력 관계를 바탕으로 영리 기업들을 위해 올바르고 효과적인 사회 공헌 프로그램을 기획하고 컨설팅하는 것이다. 그렇다면 그는 왜 이런 일을 시작하게 되었을까.

송화준 오늘 이렇게 인터뷰 형식으로 만나니 그동안 궁금했던 것을 꼬치꼬치 물어볼 수 있어서 좋네요. (웃음) 그러고 보니, 지금껏 왜 이 일을 하게 됐는지에 대해서는 이야기를 나눈 적이 없는 것 같아요. 어떤 동기로 시작하신 거죠?

교차로에 있는 임팩트스퀘어는 아주 큰 빌딩이라기보다는 광장 (square)으로 존재하는 거죠. 광장 같은 형태를 지향하기 때문에 많은 사람들이 모이고 또 협력하며 새로운 길로 나아갈 수 있어요. 각자가 다른 방향에서 왔지만 만나서 소통할 수 있고, 또 다른 방향으로 가지만 같은 곳에서 출발하는 그런 광장이 되길 꿈꾸고 있습니다.

도현명　남자는 군대에서 이런저런 고민을 하잖아요. 군 복무 시절에 우연히 『세상을 바꾸는 대안기업가 80인』이라는 책을 읽었어요. 사회적 기업가를 인터뷰한 일종의 탐방기인데, 책을 보며 '아, 이런 방식으로 사회에 영향을 줄 수 있겠구나' 하는 생각을 했죠. 돈 버는 것과 좋은 일을 함께하려면 훨씬 더 많은 아이디어와 전략이 필요하겠다는 생각도 들었고요. 딱 봐도 우리가 생각하는 보통의 영리 기업을 하는 것보다 어려워 보이잖아요. 그런데 그게 오히려 더 도전하고 싶게 하더라고요.

그래서 학교에 돌아오자마자 만든 게 사회적 기업 연구 동아리 WISH였죠. 지금 임팩트스퀘어 공동 대표인 사회복지학과의 박동천 씨를 만나면서 같이 만들게 됐죠. 저도 그렇고 동천이 형도 그렇고 기업의 사회 공헌 활동(CSR)에 관심이 많았어요. 국제개발 등 NGO 활동을 같이 하면서 만났기 때문에 관심사나 사고하는 것도 굉장히 비슷했고요. 게다가 형은 사회복지, 저는 경영을 전공했기 때문에 상호 보완적이잖아요. 그래서인지 당시 동아리 활동 하면서 만족할 만한 성과도 많이 얻었어요.

하지만 대학 동아리라는 게 힘든 면도 많더라고요. 모두 학생이다 보니 시험 기간이 되면 애들이 다 사라져요. 뭐라고 할 수 있는 문제도 아니죠. 학생의 본분이라는 게 있는 거니까. 또 동아리다 보니 보통 1년 정도밖에 지속을 못하죠. 잘할 때쯤 되면 나가야 하니까. 그런 점이 참 아쉬웠어요. 활용할 수 있는 자원도 척박했고요. 뭔가 시도해 보려고 해도 사실 다 돈이잖아요.

임팩트스퀘어는 그런 학생 시절에 겪은 아쉬움에 대한 저희 나름의 답이에요. 졸업 후 대기업에 들어가기도 했었지만 결국 그 시절을 못 잊고 돌아왔죠. 선배로서 후배들에게 좀 더 나은 환경을 제공해 주고 싶은 욕심이 있었고요. 저희는 저희가 직접 어떤 임팩트를 만들어내는 것보다 당장은 그런 사람들을 지원하고 교육하는 일이 더 중요하고 매력적이라고 느껴요.

송화준   임팩트스퀘어는 스스로 임팩트 비즈니스(Impact Business)를 한다고 정의하잖아요. 대학 시절 동아리 WISH가 서울대 최초의 사회적 기업 동아리였다고 알고 있는데요. 2006년이면 사회적 기업에 대한 인식이 널리 퍼지지도 않았을 때잖아요. 그만큼 사회적 기업에 관심이 남달랐다는 이야기일 텐데요. 지금은 굳이 임팩트 비즈니스(Impact Business)라고 쓰는 이유가 있나요. 요즘은 사회적 기업이라는 개념이 많이 알려져서 사회적 기업 한다고 말하면 다들 알아듣잖아요? (웃음)

도현명   한국은 노동부 주도의 정책 때문에 사회적 기업의 의미가 굉장히 축소되어 있죠. 일자리 창출이라든가 장애인 고용이라든가. 그래서 저희는 좀 더 넓은 범위의 사회적 문제를 다루고 싶다는, 그런 의미가 내포되어 있는 거죠. 특히 미국의 경우에는, 물론 사회적 특성도 그 배경에 있겠지만, 굉장히 확산력이 강하고 혁신을 내포한 사회적 기업들이 많이 나타나고 있어요. 좋은 인재들이 그 산업으로 유입되고 있기도 하고요. 티치포아메리카(티치포아메리카(Teach For America, TFA)는 미국의 대표적인 사회적 기업이다. 미국 내 대학의 졸업생들이 미국 각지의 교육 곤란 지역에 배치되어 2년간 학생들을 가르치는 프로그램을 운영한다.──편집자) 같은 경우 미국 대학생들이 가고 싶은 직장 10위 안에 들죠. 그러나 국내에서는 여전히 사회적 기업이 취약 계층을 고용한다는, 착하지만 사업적으로는 부족하다는 인식이 대부분이에요. 그 때문에 좋은 인재들이 더디게 유입되고 있어 안타까워요. 좋은 임팩트를 위해서 노력과 자원들이 집중될 수 있는 여지가 충분히 있는데, 정부

차원에서 이뤄지는 정책적 확장의 한계가 장기적 관점에서 다양한 형태의 사회적 기업의 탄생과 성장을 저해하는 것 같아요.

2008년 유명한 글로벌 비즈니스 대회인 리콴유 컴피티션에 최종 심사를 받으러 싱가포르에 간 적이 있어요. 여러 가지로 놀랐죠. 전 세계에서 저희를 포함해 6개 팀이 모였는데, 사실상 저희를 빼고 모든 팀이 사회적 기업이라고 부를 만한 팀들인 거예요. 더 효율성이 높은 태양열 발전 기술, 중국의 빈민 주거 문제를 해결하는 아이디어, 미국 내 교도소에서 약물 오용을 방지하기 위한 자판기, 기부를 연동한 광고 플랫폼, 관절염을 치료하기 위한 새로운 접근이 당시 다른 팀들이 들고 나온 아이템이었어요. 분명히 그 당시 글로벌의 벤처들은 이미 '사회적 문제 해결'이라는 부분에서 사업 기회와 성장 기회를 보고 있었던 것 같아요. 그리고 사회가 기존에 가지고 있던 벤처 인프라가 시너지를 내는 방향으로 자리를 잡기 시작했던 거죠. 특히 미국의 상황이 그렇죠.

그런데 국내는 지금도 일반 기업과 사회적 기업이 다르게 평가받고 다르게 접근해요. 물론 특화된 인프라나 방안이 있다는 점은 기뻐할 만한 부분이지만, 반대로 일반 기업이 생각하는 비즈니스적 심각성이 사회적 기업에게는 결여된 경우가 있다는 것도 겸허히 반성해야 할 거예요. 아직도 대회에 나온 팀들을 보면, 시장 분석이나 회사의 미래 실적에 대한 예측을 논리적으로 하기에는 턱없이 부족한 경우를 많이 발견하게 돼요. 참 아쉬운 일이죠.

말이 길어졌네요. 조금 넋두리한 거 같기도 하고. (웃음) 저희는 이렇게 영리 활동, 그리고 비영리 활동을 나누는 것이 문제가 아니라 사회적 임팩트를 내기 위한 전략적인 모든 활동을 포괄하여 다뤄야겠다는 '임팩트 비즈니스'라는 말을 사용하게 됐어요. 저희가 사회적 기업을 정의하라는 질문을 들으면 거의 항상 '사회적 문제를 비즈니스라는 방안으로 해결하려는 기업'이라고 대답을 해요. 물론 너무 넓은 개념일 수는 있겠지만, 지금은 이렇게 다양성이 존재할 수 있는 범주를 제안하는 것이 좁고 엄격한 잣대를 가지는 것 이상으로 필요한 시점이라고 생각해요. 사회적 기업은 당연히 사회에 임팩트를 줄 수 있단 생각을 하고 또 그래야만 해요. 그러니까 저희의 틀에서는 임팩트 비즈니스가 더 큰 그림이 되고, 그 안에 다양한 방법론에 대한 얘기로써 '사회적 기업(사회적 기업 육성법상의 사회적 기업)'이 존재한다고 생각을 하는 거죠. 사회적 기업은 사회 문제를 해결하기 위해 사회가 열심히 애를 쓰며 만들어낸 하나의 결과물이에요. 기업의 사회 공헌이라든지, 공유 가치 창출이라든지, 혹은 정부가 사회투자채권(Social Impact Bond)을 정책에 사용하는 것 모두가 이러한 사회의 발전적 회복을 추구하는 과정이라고 생각해요. 이런 활동들을 포괄하는 개념이 저희가 말하는 임팩트 비즈니스죠.

사실, 저희는 그런 걸 많이 생각해요. 그동안은 정치적으로나 사회적으로나, 많은 사람들이 구조적인 변화를 요구하고 또 그런 무브먼트를 만들어내기 위해 노력해 왔다면 이제는 개인 각자가 더 개인적인, 비구조적인 활동들을 통해서도 사회를 바꿔 나갈 수 있지 않을까 하는 생각 말이죠. SNS 활용이 보편화되고 개인의 생각을 공유하고 표현할 수 있는 방법이 다양해지고 강력해지고 있는 상황이잖아요. 사회는 다변화되어 더 복잡해지고 있어요. 정부만 나서서 단순히 몇 개의 최적화된 방안으로 이끌고 가기는 어렵지 않을까? 그래서 저희는 앞에서 말씀드렸듯이 광장이라는 구조와 사회를 변화시키려는 개개인의 노력이야말로 아주 좋은 시너지를 만들 수 있다고 믿는 거죠. 개개인이 모인 주체적 생명체로서 갖는 우리의 역할과 비중이 점점 증대되고 있다고 믿는 것이죠.

정부는 할 수 없지만, 개인이 할 수 있는 일이라는 말이 매력적으로 들어왔다. SNS를 통해서 전 세계와 소통할 수 있게 된 지금, 그 가능성은 분명 급격히 커지고 있다. 따라서 지금을 살아가는 개인은 예전의 개인과 달리 사회적으로 의미있는 일을 할 수 있는 가능성도 훨씬 커진 것이다. 그래서일까? 임팩트스퀘어라는 회사 이름부터 이 회사의 홈페이지에 있는 호모 임팩타쿠스라는 표현에서도 그것은 느껴진다. '영향을 미치는 사람'이라고 할 수 있을까? 가히 새로운 인종의 출현으로 느껴진다.

호모 임팩타쿠스, 사회에 긍정적 영향력을 미치는 인간

송화준 홈페이지에 보면 굉장히 독특한 표현이 있더라고요. 호모 임팩타쿠스(Homo Impactacus) 맞나요? 사회에 영향력을 추구하는 인간이라니, 너무 재밌었어요. 덧붙여 얘기해 주시면 좋을 것 같아요.

도현명 연장선상에 있는 얘기죠. 이렇게 생각해요. 임팩트를 갈구하는 인류가 출현했다. 단지 돈만이 아니라 스스로 주체가 되어 세상에 영향을 미치고 그 변화를 적극적으로 수용할 준비가 되어 있는 사람들이 나타났다. 요즘 사람들은 똑같은 커피여도 공정무역을 통해 들여온 커피에 더 많은 대가를 지불하는 것에 불편함을 느끼지 않아요. 이건 유기농이냐 아니냐 하는 문제와는 다른 거예요. 사실 중간 유통 과정이 어떠하든 나와 직접적인 관계가 없거든요. 비싼 돈을 주고 공정무역 커피를 마신다는 건 어떤 의미에 사회적 기업은 당연히 사회에 임팩트를 줄 수 있단 생각을 하고 또 그래야만 해요. 그러니까 저희의 틀에서는 임팩트 비즈니스가 더 큰 그림이 되고, 그 안에 다양한 방법론에 대한 얘기로써 '사회적 기업'이 존재한다고 생각을 하는 거죠. 사회적 기업은 사회 문제를 해결하기 위해 사회가 열심히 애를 쓰며 만들어낸 하나의 결과물이에요.

서는 상당히 비합리적인 행위예요. 그런데 우리는 기꺼이 스스로 이런 손해를 감수하는 거죠.

또 월급 받으면서 출근하는데도 일할 때는 스트레스도 받고 힘들어 하면서, 돈 안 받고 하는 일을 또 하러 가요. 자원봉사 말이에요. 돈 받으면서 일하는 것만으로도 피곤하고 바쁜데 적극적으로 시간을 내어 에너지를 쏟는 거예요. 그리고 또 그걸 행복하다고 말해요. 다들 바보 아니에요? (웃음) 자본주의 논리로 보면 이해가 안 되잖아요. 대가가 없는 일이 오히려 더 큰 만족감을 준다는 게. 하지만 이게 또 사람이 가지고 있는 또 다른 본질인 거죠. 이렇듯 사회에 영향을 주고 또 받는 것에 대한 욕구, 그런 어떤 임팩트에 대한 욕구가 점점 더 커지고 있다고 느껴요.

예전 시대의 변화는 지식인이나 권력을 가진 특정한 계층에 의해서만 이루어졌죠. 소시민이 사회 구조적인 문제를 변혁하기는 대단히 어려웠어요. 하지만 이제는 개인이 다양한 방법을 통해 이를 해결해 갈 수 있는 환경이 마련됐다고 봐요. SNS 등 정보통신 기술이 발전하고 세계가 글로벌화되면서 개인이 역량을 발휘할 수 있는 여지도 많아졌고요. 마음만 먹으면 접할 수 있는 고급 정보가 디지털의 형태로 널려 있어요. 고등교육이 일반화되면서 개개인의 지적 수준도 많이 향상되었고요. 언어 장벽이 일부 있을 수는 있지만 기술적·물리적 장벽은 대부분 없어졌죠. 앞으로 언어 장벽조차 상당 부분 기술적으로 해소될 테고요.

기업에 있어서도 어떤 임팩트(가치)를 제공하느냐가 핵심으로 부상하고 있어요. 스티브 잡스가 이야기하고자 하는 가치가 애플이 만드는 서비스와 제품에 녹아 있는 거고 이에 동의하는 사람들이 애플 제품을 구매하는 거죠. 이렇듯 기업도 사회 구성원(소비자)의 동의를 얻어 가면서 성장하게 되고 이런 가치에 대한 동의를 통해 영향력이 확장되고 사회가 바뀌는 거죠. 이제 그런 부분들이 점점 더 커지지 않을까. 예전에는 '비즈니스'를 통해 세상을 바꾸겠다는 시도가 굉장히 어려웠다면, 지금은 그래도 가능성이 있다고 봐요. 저희가 보는 호모임팩타쿠스의 시대인 거죠. (웃음)

같은 세대로서 도 대표의 이야기에 고개가 끄덕여졌다. 내가 인터넷에 쓴 글이 순식간에 수만 명에게 확산되는 속도를 보면 좋기도 하지만 가끔은 우리 손에 지금 무엇이 쥐어진 거지 하고 섬뜩함을 느끼기도 하던 바다. 가히 이전 세대는 겪어보지 못한 개개인의 영향력이 극대화된 시대의 도래라고 할 수밖에.

분명 이런 24시간 연결된 환경과 개개인의 향상된 지적 수준은 많은 변화를 낳고 있다. 서로가 서로에게 미치는 영향력이 극대화된 시대에 우리가 해야 할 것은 무엇일까. 우리는 어떤 변화를 원하고 있는 걸까.

송화준 같은 세대로서 굉장히 공감해요. 페이스북 등 다양한 소셜 미디어를 자주 사용하는 저로서도 매일같이 느끼는 감정이기도 하고요. 임팩트에 대해서 좀 더 물어보고 싶은데요. 뭐랄까, 그 임팩트라는 것도 결국은 사회를 변화시키기 위한 '소셜 임팩트'잖아요. 그렇다면 사회에 변화가 필요하다고 생각하기 때문에 임팩트를 강조하시는 거겠죠? 어떤 문제의식을 갖고 계신지 궁금해요.

도현명 특정한 문제는 논외로 하고. 뭐 잘 알고 계시는 코드들, 빈곤이라든지 에이즈 같은 질병 문제는 굉장히 많이 존재하죠. 또 자본주의 이면의 그늘과 같은 사회 구조적인 문제도 있고, 우리 인간의 부족함이 모여서 만들어낸 결과들이 굉장히 많다고 생각을 하거든요. 그것들을 해결하지 않고

두면 점점 더 커지게 되어 있고, 해결하려는 행동이 없으면 인식조차 못하게 될 거예요. 저는 그게 제일 두려워요. 이런 문제를 인식하고 지속적인 해결책을 추구하는 사람들을 찾아서 돕는 '체인지 메이커(Change Maker)'로서 역할을 하고 싶어요. 저희가 사회 공헌 컨설팅과 인큐베이팅, 그리고 교육 사업에 많은 관심을 갖는 이유이기도 하죠.

그래서 저희가 시작한 게 허브 서울이에요. 학생 시절 동아리 활동을 할 때였어요. 창업 아이디어를 파일럿 테스트 해보려고 해도 사업자 등록을 해야 하고, 또 그러려면 장소가 필요하고, 정말 많은 것들이 필요한데, 그걸 지원해 줄 수 있는 인프라가 너무 없더라고요. 그때 저희가 관심을 갖게 된 것이 '더 허브'와 같은 청년 창업 인큐베이팅 모델이었죠.

송화준 개별적인 문제를 다루기보다는 그런 문제를 인식할 수 있는 환경, 그리고 이를 해결할 수 있는 인프라를 만드는 데 관심이 많다는 얘기군요. 방금 언급한 '허브'에 대해서 좀 더 얘기 나눠볼까요? 요즘 청년들이 창업에도 관심이 많잖아요.

도현명 네, 허브요. 허브에 대해서 잠시 말씀드리면, 영국 런던에서 출발해 현재는 30개 정도 되고 기업 기반 소셜 인큐베이팅 센터 네트워크예요. 사회 혁신가들이 모인다고 얘기를 하는데 거기에는 비영리도 있고 영리도 있어요. 구성원도 상당히 다양해요. 학생과 교수도 있고요. 뭔가 해보겠다는 사람들이 자유롭게 모여서 교류하고 협업을 하면서 각자의 아이디어를 발전시키는 공간을 만들어 보자는 취지로 영국의 조나단 로빈슨에 의해서 시작되었죠. 이후 코피아난 당시 UN 사무총장과 바디샵 창업자 아니타

로딕 여사의 지지를 받으면서 전 세계적으로 퍼지게 되었고요. 저희도 예전부터 허브 모델에 상당히 관심이 많았어요. 허브측도 아시아로의 확장을 모색하고 있었고요. 저희는 동아시아에서 한국이 가지는 특수성, 그리고 분단문제 등을 어필해서 라이선스를 받아 왔죠.

송화준 무척 기대되네요. 아무래도 한국은 청년들이 기업을 하기 위한 생태계가 많이 부실하잖아요. 청년 정책이라고 많이 내놓지만 청년에 대한 이해가 없이 정책이 입안되다 보니 아쉬움도 크고요. 그래서 우리 청년들이 도전하는 것 이상으로 좌절하게 되고.

도현명 청년 창업을 지원하고 성장시키기 위한 노력이 정부와 기업에서 아주 많은데요, 사실 성과를 잘 내고 있는 조직을 찾기 쉽지 않죠. 창업가에게 직접 지원을 주로 하고 오히려 창업가를 지지하고 지원할 중간 조직에 대한 투자는 미미하기 때문이죠. 실리콘밸리를 보시면 아시겠지만, 벤처를 만들자는 구호로 벤처가 만들어지는 게 아니죠. 심지어 성공하는 벤처는 그렇게 나타난다고 생각할 수 없죠. 투자를 하는 기관, 지식을 제공하는 기관, 인큐베이팅을 하는 기관, 인재를 키워내는 기관, 인력을 잘 채용하도록 하는 기관 등 중간 조직이 무척 튼튼해요. 국내에서는 정부와 기업이 자금을 지원하지만 중간 조직은 여전히 큰 발전이 없는 상황이에요. 허브는 그 상황에서 작지만 크게 번질 수 있는 불씨를 만들어보려는 프로젝트라고 할 수 있죠.

허브의 장점은 콘텐츠와 해외 네트워크예요. 박원순 서울시장도 허브에 대해 언급한 적이 있거든요. 건물과 인큐베이팅 센터는 다르다는 거죠. 결국 콘텐츠가 있어야 합니다. 공간 안에 운영자가 개별 활동을 촉진할 수 있는 역량과 사람들을 키워내는 인프라 콘텐츠 같은 것들이죠. 하지만 지자체 등 다른 기관에서 운영하는 인큐베이팅 사업들은 대부분 공간을 아주 저렴하게 사용할 수 있게 해주는 것 외에는 별다른 혜택이 없어요. 그러다 보니 접근성이 굉장히 떨어지는 경우가 많죠.

해외 네트워크도 큰 차이점이죠. 저희는 정식 허브 라이선스를 갖고 있기 때문에 일단 전 세계에 퍼져 있는 도시별 허브와 유기적인 관계가 구축되어 있어요. 요즘 청년 벤처는 해외 진출을 많이 염두에 두죠. 특히 IT 서비스 관련 기업의 경우, 해외로 나가는 게 필수적이잖아요. 그럴 경우 해외 네트워크가 절실한데 다른 인큐베이팅 조직에서는 그런 지원을 받기 정말 어렵죠. 허브의 경우 전 세계에서 가장 많은 벤처를 배출하고 있는 실리콘밸리 근처에도 소마와 버클리 두 개의 허브가 존재할 정도로 잘 갖추어져 있어요. 좋은 모델만 갖고 있다면 얼마든지 연결해서 시도해 볼 수 있는 거죠.

다른 이야기를 할 때보다 허브 이야기를 할 때 도현명 대표의 눈은 유난히 반짝였다. 자기 사업체를 키우는 것이 아니라 청년들이 더 의욕적으로 창업할 수 있도록 돕는다고 생각하기 때문인가. 그의 머릿속에서 밤을 새우며 새로운 아이디어를 개발하는 청년 벤처들의 모습이 그려지는 것 같았다. 청년 벤처들이 수적으로 많아지는 것이 아니라 의미 있는 형태로 성장하는 밑바탕을 제공하는 것이 그가 꿈꾸는 모델이 아닌가.

세상에는 나의 능력을 필요로 하는 곳이 반드시 있다

송화준   허브 같은 인큐베이션 기관 말고 또 더 나아져야 할 분야가 있을까요? 청년 벤처가 사회에 긍정적인 영향력을 끼치며 성장하기 위해서 말이죠.

도현명   생각보다 많죠. 투자가 이루어지려면 소셜 임팩트가 얼마나 나고 있는지, 해당 기업이 주장하는 만큼이 맞는지 평가를 하는 기관도 육성되어야 하죠. 실제로 어떤 사회적 기업들은 정부의 보조금에 힘입어 역시 영세한 기업의 매출을 빼앗아가는 수준밖에 안 되는 경우도 많죠. 이런 모습을 보고 있으면 슬플 때도 많아요. 모든 가치를 하나의 잣대로 말할 수는 없지만, 이에 대한 체계적 검토가 요구되고 10년, 20년 이상의 장기적인 연구가 필요하다는 거죠. 또 좀 더 실질적인 컨설팅을 제공할 수 있도록 컨설팅 지원 사업도 고도화되어야 한다고 생각해요. 제 주변에 있는 많은 청년 벤처들이 상당히 여러 번에 걸쳐서 정부가 지원하는 컨설팅을 받았어요. 그런데 성과가 나오질 않아요. 왜 그런지 고민해 봐야 하지 않을까요? 원래 유명한 교수라거나 유명한 경영인이었기 때문에 그들의 말이 이 분야에서도 권위를 갖는다고 보면 합당할까요?

마지막으로 무엇보다도 인재 육성이 정말 중요해요. 임팩트스퀘어의 인재상을 물어볼 때 언제나 저는 '공감할 수 있는 인재가 전략적인 사고'를 할 수 있어야 한다고 말하곤 하죠. 공감과 전략의 두 날개가 온전히 날갯짓을 해야 충분히 멋진 비행이 가능하거든요. 다른 어떤 부분보다도 인재 육성은 짧은 시간 내에 해결할 수 있는 문제가 아니기 때문에 오히려 최대한 신속히 준비를 시작해야 해요. 물론 저희도 이러한 부분들에 사명감을 가지고 뛰고 있고요.

송화준　마지막으로 우리와 동시대를 살아가는 친구들과 나누고 싶은 얘기가 있다면 전해 주세요. 학창 시절부터 사회적 기업에 관심을 갖고, 또 잠시지만 대기업 입사(도 대표는 잠시 인터넷 포털 사이트인 N사에 다닌 경력이 있다)라는 외도도 해본 입장에서 해주고 싶은 말이 있다면요.

도현명　결국엔 등록금도 그렇고 모든 고민들은 스스로 결정할 수 있는 주체성에서부터 출발한다고 생각해요. 주체성이 있다고 즉시 어려운 상황이 개선되는 것은 아니겠지만, 스스로가 해결할 수 있는 방안에 대해 폭넓은 선택의 기회를 가질 수 있는 원동력이 되겠죠. 어떤 장벽에 부딪혔다면 한 번 더 도전해서 풀어야 하는 문제가 생긴 것이지, 모든 것을 제한해 버리는 것은 아닌 거 같아요. 바로 이 부분이 후배들을 만나면 해주고 싶은 얘기예요.

누군가가 창업이 멋있어 보여서 뛰어들거나 또는 그 반대로 하고 싶지만 열악한 것 같아서 포기하는 경우가 있다면 둘 다 참 안타까운 일이죠. 이 모두 저희가 기대하는 바는 아니에요. 무작정 뛰어드는 것은 정말 위험하죠. 스스로 고민하다 보면 진짜 잘하면서 즐겁게 할 수 있는 일, 세상에서 내 능력을 필요로 하는 곳이 분명히 있을 거예요. 저희도 그런 일들을 찾아서 모이게 된 거구요.

아직은 사회적 인식이 척박한 것도 사실이에요. 사회적 기업을 보자면 미국의 경우 생태계가 잘 발달되어 있기 때문에, 영리 기업보다 수익이 적더라도 직원들이 더 즐겁게 일할 수 있는 기업 환경이 조성되어 있어요. 주위에 본받을 만한 기업도 널려 있고요. 국내에는 이런 사례가 충분치 않아요. 저희 스스로가 그런 기업이 되고, 또 그런 기업들을 발굴해 나가고 싶어요. 좋은 비전을 갖은 친구들이 앞으로 허브 서울을 통해 성장하면 좋겠어요.

미래에 돌아봤을 때, 우리 각자가 가지고 있는 능력을 사회적으로 유의미하게 사용하여 사회에 긍정적인 임팩트를 줬다면 그 자체로 의미 있는 삶을 살았다고 할 수 있지 않을까. 도현명 대표는 임팩트스퀘어의 비즈니스를 통해 이런 생각을 가진 청년들을 돕고 있다. 자신의 성장과 사회의 성장을 동시에 꾀하는 사람들, 호모 임팩타쿠스는 이렇게 조금씩, 하지만 분명하게 세상을 바꾸어 나가고 있다. 당신도 세상을 바꾸고 싶은가. 우리에게는 이미 많은 도구가 주어져 있다. 그걸 이해하고 무엇을 위해 나아갈지는 온전히 당신 자신의 선택에 달렸다.

한 사람의 가치는 그 사람이
세상에 미친
긍정적 영향력의 총합이다

마이크를 통해 세상에 긍정적 임팩트를 던지다

한동헌 마이크임팩트 대표

한동헌

강연 기획자. 마이크임팩트 대표이다. 고려대학교 경영학과를 졸업한 뒤 보스턴 컨설팅 그룹(BCG)에서 일하다, 스물여덟이 되던 2009년, 잘 다니던 직장을 그만두고 꿈을 향한 도전을 시작했다. '청춘, 냉정과 열정 사이(노홍철 · 신해철 · 션 등)'와 '무한 청춘 엔진(박원순 · 김제동 · 장윤주 등)'을 크게 성공시키면서 '마이크임팩트(Micimpact)'를 설립했다. '꿈과 스토리를 파는 기업'을 표방하는 마이크임팩트는 강연 콘서트, 강연 페스티벌, 강연 파티 등 다채로운 강연 문화 행사를 기획 · 제작하고 3,000명이 넘는 연사들을 매니지먼트하는 회사이다.

필자가 사업을 시작할 때 핵심 도구로 삼은 것은 '소셜 미디어'였다. 그 이유는 가치 중심의 소통과 커뮤니티 형성 그리고 확산을 통한 사회의 긍정적 변화에 소셜 미디어가 효과적일 거라는 나름의 판단 때문이었다. 소셜 미디어야말로 권력이나 자본 등에 구애받지 않고 누구나 취할 수 있는 개인 미디어의 성격을 갖고 있다고 생각했다. 즉 오롯이 소수자(사회적 약자 등)가 자신을 대변할 수 있는 기능적인 가능성을 높이 산 것이다.

마이크임팩트의 한동헌 대표는 "마이크를 통해 세상에 긍정적인 임팩트를 주고 싶다"고 말했다. 그 말을 들으면서 내가 말하는 '소셜 미디어, 소통'과 한동헌 대표의 마이크임팩트가 얘기하는 '마이크, 임팩트'가 그리 다르지 않다고 느꼈다. 그리고 우리 두 사람의 교집합이 이 시대의 청년들이 꿈꾸는 세상과 일정 정도 맞닿아 있다는 생각이 들었다.

마이크임팩트는 우리나라 최초의 그리고 대표적인 강연 콘텐츠 전문 기업이다. 〈남자의 자격〉 강연을 기획하면서 일반인에게 가장 많이 알려진 청년 기업 중에 하나이기도 하다. 그 주인공 한동헌 대표를 만났다. 그의 이야기를 들어보자.

송화준 마이크임팩트, 회사 이름을 참 잘 지었다는 생각이 들어요. 딱 들어도 무슨 일을 하는 회사인지 조금은 알 것 같고요. 어떤 회사인가요?

한동헌　마이크임팩트는 '마이크를 통해 세상에 긍정적인 임팩트를 준다'는 뜻을 가지고 있어요. 저희 비전이 '세상을 바꾸는 이야기(The World Changing Story)'거든요. 그런 이야기들을 발굴하고 만들고 전파하는 것이 저희의 주된 역할이죠.

제 개인으로 볼 때, 살면서 큰 영향을 받았던 때는 항상 가까운 선배나 친구들이 전해 준 이야기가 있었어요. 영향을 많이 받았죠. 인류 역사로 봤을 때도 '이야기의 힘'은 굉장히 컸습니다.

저희는 이야기가 잘 전달될 수 있는 선순환 구조를 만들 수 있으면 이 사회가 더 좋아질 수 있을 거라고 보고 있어요. 제 신념 중의 하나가 류시화 시인의 시 제목인 '지금 알고 있는 것을 그때도 알았더라면'이거든요. 이 말처럼 다른 사람이 알고 있는 지혜와 경험과 통찰력이 많이 전파될 수 있다면 사람들이 더 나아질 수 있고, 이 사회도 더 발전할 수 있다고 생각해요.

어떻게 하면, 크고 긍정적인 영향을 미칠 수 있을까?

한 대표의 말대로 사람들이 모두 각자 가지고 있는 경험과 지혜를 서로 나눌 수만 있다면 세상은 분명 나아질 것이다. 허나 때와 장소를 가리지 않은 채로 일방적으로 메시지 전달만 해서는 '이야기의 힘'이 효과를 발휘하기 어려울 것이다. 선의를 가지고 이야기를 하더라도 듣는 사람이 처한 상황과 태도가 맞지 않다면 무용지물인 것이다. 따라서 이야기를 하는 사람과 이야기를 들을 사람을 잘 연결해 주는 것은 무척 의미있는 일이다. 그런데, 이런 일이 사업 아이템으로 가능하다는 생각은 어떻게 들었던 것일까?

송화준　초창기에는 사업 모델이 불분명했을 것 같은데, 강연 기업으로 창업을 해야겠다는 결심은 어떻게 하게 되신 건가요? 누구나 꿈이 있지만 그걸 직접 행동에 옮긴다는 것이 쉽지만은 않잖아요?

한동헌　원래는 창업할 생각이 전혀 없었어요. 인생 계획 중에 창업은 전혀 생각해 보지 않은 옵션 중 하나였죠. 직장 다닐 때 친구들과 모여서 그저 재미있고 의미있는 일을 하고 싶다는 생각으로 강연 프로젝트를 했을 뿐이었죠. 그런데 그게 호응이 좋았고, 다른 사업 기회들로 이어지게 되더군요. 그러다 보니 여기까지 오게 된 것 같아요.

처음 회사에 다니면서 시작했을 때는 고려대 화정체육관에서 진행했었어요. 그때 대관료가 1,000만 원이었어요. 그걸 그냥 질렀죠. 바보 같은 결정이었는데, 지금까지 제가 내렸던 결정 중에 가장 잘한 것 중 하나인 것 같아요. 그때 그렇게 안 했으면 지금 그냥 회사 다니고 그랬겠죠. 대관료를 지르고 나니까 어쩔 수 없이 진행해야잖아요. 그때 낸시랭이나 노홍철, 박원순, 김제동, 진중권, 김신영, 장윤주, 이런 분들을 모셨어요. 대학생들도 5,000명이 왔죠. 처음에 잘 되고 나니까 스스로 강연을 하고 싶어 하는 사람들이 생겼고, 저희도 모시고 싶은 분들이 계속 눈에 띄더라고요.

돌아보면 이렇게 하면 사업이 잘 되겠다 생각하고 했던 게 아니라 어떻게 하면 좀 더 크고 긍정적인 임팩트를 미칠 수 있을까 하는 생각으로 했던 거 같아요. 그래서 창업하고 사업하려는 분들에게도 무언가 모델을 만드는 것도 좋지만 그건 불완전할 수 있기 때문에 먼저 지르라고, 그러면 그 다음 기회가 따라오는 경우도 많다고 얘기해 주죠.

거창한 목적의식이 있는 것이 아니라 그저 재미있고 의미있는 일을 하고 싶다는 욕심 하나로 벌인 일이 이렇게 되어 버렸다. 호기심에서 시작된 것이든 사명감에서 시작된 것이든, 그에게 있어 중요한 건 시작했다는 그 사실 하나일 것이다. 아무리 원대한 꿈이라도 시작하지 않으면 이루어질 수 없다. 한 대표는 시작을 했고, 그 이후에는 일들이 저절로 따라온 셈이다.

송화준 딱 들어도 입이 쩍 벌어지네요. 처음부터 어떻게 그렇게 유명한 분들을 섭외할 수 있었죠? 심지어 세계적 석학인 제러미 리프킨도 섭외하셨잖아요. 섭외에 어떤 특별한 노하우라도 있나요?

한동헌 강연을 하거나 캐스팅을 할 때 바짓가랑이 붙잡고 매달리지는 않아요. 당당하게 일대일의 입장에서 이야기를 하려고 하죠. 당신이 이런 가치를 주면 우린 이런 가치를 당신에게 줄 수 있다. 그리고 이건 다시 못 올 소중한 기회일 것이다, 이런 식으로 이야기하는 거예요. 정당한 위치에서 협상을 하는 거죠. 저희가 할 경우에는 대학생 등 젊은 사람들이 몇 천 명 모일 수 있는 기회, 이런 사람들 앞에서 이야기할 수 있는 기회가 많지 않고, 당신이 가지고 있는 사회적인 뜻, 이념을 실현할 수 있는 굉장히 좋은 기회가 될 것이라는 점을 강조하죠. 이런 식으로 얘기드리면 그분들께서도 선뜻 동의하시는 경우가 많죠. 하지만 사실 저희도 한 명을 섭외하기 위해 거의 100명을 만나요.

제 개인으로 볼 때 살면서 큰 영향을 받았던 때는 항상 가까운
선배나 친구들이 전해 준 이야기가 있었어요. 영향을 많이 받았
죠. 인류 역사로 봤을 때도 '이야기의 힘'은 굉장히 컸습니다.

송화준 연사도 연사지만 강연 기획도 굉장히 돋보이는 것 같아요. 강연 콘서트라는 개념도 그렇고, 최근에 하고 계신 '청춘고민상담소'나 '원더우먼'도 굉장히 반응이 좋죠? 그런 아이디어는 어떻게 얻으세요?

한동헌 〈무한도전〉의 김태호 PD를 불렀을 때 저도 그에게 어디서 아이디어를 얻느냐고 물었어요. 그때 김태호 PD가 한 대답에 굉장히 공감이 갔어요. 김태호 PD는 사람과 사물, 사람과 사람과의 관계, 그리고 그 관계에 대한 관심, 사랑, 애정에서 나온다고 하더군요. 〈무한도전〉 같은 경우는 캐릭터와 캐릭터의 관계부터, 하하와 노홍철의 대결이나 이런 것을 이야기하더라고요. 저희도 무언가 창의적이고 강한 아이템을 찾는다기보다는 한 대상에 대한 관심과 애정을 가지면 저절로 아이템으로 연결되는 것 같아요. 사랑의 깊이를 더 크게 할수록 더 좋은 아이템이 나오는 거죠.

사람과 관계에 대한 애정은 의외의 대답이었다. 마치 선문답을 하는 것처럼 뜬금없는 것 같았지만, 사실상 모든 의문과 상상력은 관심과 애정에서 비롯된다. 한 대표는 이미 그것을 느꼈던 모양이다. 사업을 키우려는 의도보다는 관심과 애정에서 비롯되는 궁금증과 호기심이 마이크임팩트의 성공 비결이 아니었나 싶다.

이미 연매출 백억 원을 바라보는 중견 기업으로 성장하고 있는 기업의 대표인 한 대표에게도 고충이 있었을까. 우리가 들어야 할 얘기가 그 안에 있을 것 같았다.

송화준 외부에서 보기에는 승승장구하고 있는 것 같은데, 혹시 어려웠던 일도 있나요? 기억에 남는 일화가 있다면 말씀해 주세요.

한동헌　어려웠던 점이 많았어요. 예를 들어 처음 같이 했던 친구들이 나간 거죠. 정말 친한 친구였고 지금도 존경하는 친구인데, 그 친구가 동갑내기였고 그럼으로써 발생하는 문제들이 있었어요. 회사가 휘청했죠. 그 친구를 뺀 나머지 인원은 모두 인턴이었고요. 그때 힘들었고, 재무적인 문제에서도 힘들었고요. 들어오기로 한 돈이 2주나 미뤄지는 바람에 운영 자금에 문제가 생긴 적도 있었죠.

송화준　그러면 그런 어려움들을 어떻게 생각하고 대처하시나요?

한동헌　사실 하다 보면 어려운 일이나 이슈들은 계속 발생합니다. 하지만 이것이 일종의 성장통 같아요. 성장하고 발전하고 진화하면서 문제들도 계속 진화하게 되는 거죠. 문제를 바라볼 때, 이 문제가 나를 굉장히 어렵고 힘들게 한다고 볼 수도 있지만, 성장하는 과정에서 자연스럽게 발생할 수 있다고 인식을 바꾸는 순간 이 문제가 긍정적이고 소중하게 보이더라고요.

초기에는 문제가 생기면 제가 스스로 해결해야겠다는 생각들 때문에 힘들기도 했죠. 그런데 회사도 사람처럼 성장하는 길이 비슷해서, 이게 올바른 방향으로 나아가기 위한 디딤돌이 될 것이라고 생각하니 나아지더라고요. 구성원 한 명 한 명이 좋은 사고와 생각을 가지고 있다는 신뢰와 믿음이 있으면 스스로 문제가 치유되는 것 같아요. 또 내부 구성원들 스스로 솔루션을 찾아내기도 하죠. 구성원들에게 마이크임팩트의 핵심 가치와 방향에 대한 답을 제가 만들어줘야 한다는 강박관념에 많이 시달렸었는데, 이제는 그렇게 하지 않아요. 우리가 함께 만들어 간다는 생각으로 바뀌었어요. 그렇게 하니까 공감대도 커지고 추진력도 더 생기는 것 같아요.

그리고 저만의 장점이 하나 있는데, 기억력이 금붕어 수준이라는 거예요. (웃음) 힘들었던 일들을 잘 기억하지 못해요. 그러니까 시선이 항상 앞을 향해 있는 거죠. 돌아보면 힘든 순간이 많았음에도 그것이 제 발목을 잡지는 않아요. 지금 생각해도 기억이 잘 나지 않고요. 그래서 항상 시선을 앞으로 둘 수 있고, 지난 일에 대해서는 배울 점은 배우되 상처로 남기지 않는 거죠. 그렇게 계속 진일보하고 혁신적으로 나가게 되는 것 같아요.

그저 재미있고 의미있는 일을 하고 싶었을 뿐

농담처럼 이야기했지만, 결국 지난 일을 후회하기보다는 거기서 끊임없이 새로운 성장 동력을 찾는다는 이야기이다. 그렇기에 힘들었던 순간들을 성장통이라고 받아들일 수 있었던 것이다. 그 역시 자신이 모든 것을 책임져야 한다는 부담감에 짓눌렸다. 하지만 회사 구성원 모두 세상에 긍정적인 임팩트를 주고자 모인 사람들임을 인정하고 받아들인 순간 문제는 개인의 몫이 아니라 모두의 것이 되는 것이다. 함께 모여 문제를 공유하고 해결책을 함께 찾아간다는 것, 공동체로서 우리가 추구해야 할 가치가 아닐까. 그에게, 일하면서 있었던 에피소드를 물었다.

한동헌 몇 번의 큰 성장 포인트들이 있었어요. 저희 브랜드에 대한 인지도나 신뢰도가 높아지니까 사람들이 신뢰하게 되고, 그러다 보니까 저희의 역량이 굉장히 높아졌던 것 같아요. 김태호 PD 같은 경우도 저희가 몇 십 번을 섭외하려고 노력했지만 계속 거절당했거든요. 그런데 MBC 파업에 맞추어서 운 좋게 할 수 있었죠. 엠스퀘어를 만들 때도 저희는 그저 이런 공간이 있었으면 좋겠다고 생각을 했는데, 여기 13층이 갑자기 비면서 들어올 수 있었죠.

창업 초기로 되돌아가서 보면, 저희가 처음에는 커피숍을 전전하면서 일을 하고 있었는데, 신문에 저희에 관한 기사를 보고 어느 기업가가 저희를 찾아오셨어요. 그래서 필요한 게 없냐고 물으시기에 사무실이 필요하다고 했죠. 그래서 지금 사무실 건물 12층에 50평 정도 되는 공간을 1년 동안 무상으로 임대해 들어오게 되었죠. 이런 키다리 아저씨들이 계속 나타나는 것 같아요.

마이크임팩트 멤버들도, 저희 행사에 왔거나 소문을 듣고 좋은 뜻이나 비전을 공유하고 싶다고 찾아오는 경우가 많아요. 좋은 뜻을 가지니까 굉장히 좋은 일들이, 기적 같은 일들이 많이 일어나는 것 같아요. 온 우주가 도와준다는 말이 무슨 말인가를 느끼게 되었죠.

송화준 〈남자의 자격〉 연사들과 함께 한 '청춘에게 고함' 강연 기획도 그런 맥락에서 이해할 수 있을까요?

한동헌 저희도 처음에 이런 콘텐츠를 대중적으로 알리는 것이 중요한 과제 중 하나였어요. 일반적으로 강연에 관심이 없고 그다지 듣고 싶어 하지 않는 사람들을 끌어들일 수 있는 콘텐츠를 만들려고 했었죠. 그런 생각에 예능 프로그램이 적합하다 생각했었고, 〈무한도전〉과 〈남자의 자격〉에 모두 제안했는데, 당시 〈남자의 자격〉이 잘 안 될 때여서 함께 손잡고 했었죠.

그때 크게 성공해서 지금까지 잘 유지되고 있는 것 같아요. 저희도 처음에는 반신반의했거든요. 예능 프로그램에 어울릴까 하는 의심을 했었고, 실제로 강연을 하는 동안에도 이게 재미있을까 걱정을 했어요. 그런데, 역시 편집의 힘이 대단한 것 같아요. (웃음) 그렇게 편집하고 나니까 굉장히 훌륭한 콘텐츠가 나오더라고요.

한 대표는 행운이었다고, 주변의 키다리 아저씨들이 많았다고 말하지만, 행운은 노력하는 사람에게만 찾아온다. 한 대표를 비롯해 마이크임팩트 구성원들 모두가 강한 사명감으로 임했기 때문에 그런 행운들이 찾아왔을 것이다. 그들이 암묵적으로 품고 있는 사명감이라는 것은 무엇일까? 마이크를 통해서 그들은 세상에 어떤 임팩트를 주려고 하는 것일까?

송화준 세상에 긍정적 영향을 주고 싶다고 하셨잖아요? 구체적으로 어떤 영향을 얘기하는 거죠?

한동헌 긍정적인 영향에 집착하는 큰 이유 중 하나는 제 가치관 때문이에요. 저는 사람이 이 세상에 와서 세상에 미치는 긍정적인 영향력의 총합이 그 사람의 가치와 일치한다고 봐요.

기업의 가치를 평가하는 것은, 기업이 낼 수 있는 현금 가치거든요. 향후 10년간의 현금 가치를 현재 가치로 가져와서 이 기업의 가치를 평가하거나 시가총액 같은 것으로 평가해요. 그런 것처럼 사람의 가치는 무엇일까 고민을 많이 했죠. 사람에 대한 가치는 이 사람이 번 수익으로 매길 수는 없죠. 그가 주변에 끼친 긍정적 영향력의 총합일 것이라고 생각해요. 그래서 특정한 긍정적인 영향력의 방향성이나 모습이 따로 있다기보다는 긍정적인 영향력을 만들어내는 그 자체로 의미있는 거죠.

송화준 그렇다면 '긍정적'이라는 것은 어떤 것을 말하는 거죠? 어떤 영향력을 '긍정적'인 영향력이라고 할 수 있을까요?

한동헌 긍정적인 영향에 대해서 오만이나 독선을 가지지 않으려고 해요. 만약 제가 저만의 기준으로 긍정적인 영향력을 정의하고 그것을 강요한다면 제가 히틀러 같은 사람이 될 수도 있거든요. 따라서 긍정적인 영향에 대한 모티브나 성격 자체는 제가 또 어떤 모습으로 진화하느냐에 따라 계속 바뀔 것 같아요.

그럼에도 지금 이 순간의 마이크임팩트와 한동헌을 놓고서만 이야기해볼게요. 요즘 청년들이 자신의 삶을 살지 못하는 경우가 상당히 많아요. 제 나이쯤 되면 직장을 다니다가 제2의 사춘기를 맞아 회사를 그만두고 나와서 방황하는 경우가 무척 많거든요. 공자가 말하기를 나이 서른에 해야 되는 게 이립(而立), 즉 자기 인생의 뜻을 세우는 것이라 했거든요. 그런데 지금 우리나라에서는 서른이 되어서도 자신의 뜻을 세우지 못하는 사람이 90%는 될 것 같아요. 이게 안 좋다는 게 아니라, 외국과 비교했을 때 차이가 크다는 거예요. 그 친구들 같은 경우에는 되게 어릴 때부터 자기의 생각이나 꿈에 대해서 명확하게 세우기 때문에 이립을 할 수 있는 기회들이 많고 서른에도 충분히 할 수 있지만 말이에요.

나이 서른에 이립을 할 수 있도록, 청년들이 진정한 자신의 삶을 살 수 있도록, 자기다움을 찾을 수 있도록 하는 게 지금 제가 생각하는 긍정적인 영향의 모토입니다. 제가 또 성장을 해서 중년이 되면, 중년 대상의 이야기를 할 수 있겠죠. 지금 제가 바라보는 긍정적인 영향의 실체는 이겁니다.

'긍정적 영향력'이라는 개념에는 정의가 없다. 자신만의 대답이 있을 뿐이다. 한 대표에게 긍정적 영향력은 이 시대의 청년들이 자기다움을 잃지 않고 살아가도록 하는 것이다. 그 방법으로 한 대표는 강연을 선택했다. 많은 사람들이 공감하고 느낄 수 있는 사회적 멘토들의 입을 빌려 이 시대의 청년에게 말을 건네는 것이다. 자신만의 삶을 살아가는 것, 자기다움을 잃지 않고 살아가도록. 마이크임팩트는 한국에 '강연 콘서트'라는 포맷을 창조하고, 유행을 만든 주역이다. 그는 지금까지의 마이크임팩트가 이뤄낸 것들에 어떤 생각을 갖고 있을까 궁금했다. 그리고 청년 한동헌이 꿈꾸는 미래의 모습이.

송화준 현재까지 운영 성과에 대해서 만족하시나요? 앞으로 꿈꾸는 기업은 어떤 모습일까요?

한동헌 지금까지만 봤을 때는 모든 걸 다 떠나서 저희가 할 수 있는 능력과 역량 이상으로 좋은 임팩트와 성과를 만들어낸 것 같긴 해요. 저희는 상품과 서비스를 만드는 게 아니라 문화를 만들고 싶었거든요. 그런 생각에 따라서 토크 콘서트나 강연 콘서트 같은 콘텐츠에 관심을 갖게 되었죠. 이런 것들이 많이 구현되면서, 비슷한 강연들이 많아졌고, 옛날에는 책 쓰는 게 꿈이었다면 요즘에는 강연하는 게 꿈인 분들도 많아졌어요. 그런 사람들이 더 많아지면서 다시 저희를 찾게 되고요. 그래서 저희는 회사가 성장했느니 어쩌느니 하는 것보다 그런 문화를 만들어냈다는 것에 굉장히 큰 자부심을 가지고 있어요. 사업 기회나 사업의 크기는 부수적인 것이고요.

저희가 지향하는 기업의 모습은 긍정적인 임팩트를 극대화할 수 있는 모습이라고 생각해요. 종국에는 미디어 회사의 모습이 아닐까 생각하고 있어요. 미디어 회사의 모습인 이유는 긍정적인 가치를 가장 확산시킬 수 있는 도구이기 때문에 그런 모델을 생각하고 있는 것뿐이죠. 저희가 지향하는 기업의 모습 자체로 봤을 때는 매출이 큰 것보다는 아이데오나 픽사처럼 100~200명 규모임에도 불구하고 세계적인 영향력을 가지고 있고 벤처다움을 잘 유지할 수 있어야 하죠. 그래야 행복할 수 있을 것 같아요.

기업이 커지면 당연히 시스템이 생기고, 그 시스템과 숫자에 얽매이게 되거든요. 그렇게 되면 저희는 행복하지 않을 것 같아요. 작지만 영향력 있는 기업. 그런 기업이 되는 게 저희의 목표 중 하나예요.

한 대표의 말 속에는 사회적 기업의 이미지와 일반 기업의 이미지가 섞여 있다. 본인도 처음에는 사회적 기업을 염두에 두지 않았다고 했다. 오히려 주변으로부터 사회적 기업 아니냐는 이야기를 들으면서 사회적 기업에 대한 개념을 세우기 시작했다는데, 그렇다면 그는 사회적 기업에 대해서는 어떤 비전을 가지고 있을까? 내친김에 사회적 기업에 대한 이야기를 조금 나눠보기로 했다.

한동헌　저희가 사회적 기업에 대해 가지고 있는 비전 중 하나는 잘 나가는 사회적 기업이에요. 모순된 말이죠? 사회적 기업이라고 하면 굉장히 좋은 개념임에도 불구하고 돈을 못 벌거나 지원에 의존해야 하는 등 굉장히 약한 개념으로 형성되어 있는 것 같아요. 그런 게 아니라 구글이나 페이스북처럼 정말 팬시하면서도 돈도 많이 버는 그런 기업을 만들려고 해요.

둘째는 한국에는 사회적 기업에 대한 개념이 협소해요. 소외 계층에 대한 서비스나 그들을 고용하는 정도로만 생각하죠. 저희는 이런 게 아니라 사회적 기업이라는 개념을 확장하고 싶어요. 사실 저는 마이크임팩트를 처음 만들 때 사회적 기업을 생각하지 않았어요. 그럼에도 불구하고 사람들이 마이크임팩트가 사회적 기업 아니냐고 하는 거예요. 그래서 사회적 기업에 대한 비전을 가지게 되었죠. 이처럼 마이크임팩트가 사회적 기업으로 자리를 잡아서 사회적 기업에 대한 개념을 변화시키고자 하는 게 저희 비전 중 하나예요.

사회적 기업은 내가 아니라 세상에 초점을 맞춰야

송화준 한동헌 대표가 생각하는 사회적 기업의 정의는 뭐죠?

한동헌 우선은 그 표면에 있는 상품이나 서비스에 대해 한정해서 생각할 수 있긴 하지만 기업의 목적 자체가 나, 우리에만 갇혀 있을게 아니라 남, 또는 사회, 세상으로 방점이 찍혀 있으면 그것도 사회적 기업의 범주 안에 들 수 있는 것 같아요. 사회적 기업의 정의 자체가 그렇게 방점이 찍혀 있어야만 사회를 더 나은 것으로 만들 수 있는 비전이 형성되기 때문이죠.

제가 생각할 때 사회적 기업은 '나'가 아니라 남이나 사회, 세상에 초점이 맞춰져 있는 기업이에요. 근본 이념이나 창립 비전이 세상을 향해 있다면 사회적 기업으로 승화될 수 있다고 생각해요.

그는 좋은 기업은 세상에 초점을 맞추는 기업이라고 정의했다. 기존의 기업들은 사회 구성원들로부터 이익을 취하면서도 주주나 사주의 이익에만 초점을 맞춰왔다. 이제 서른한 살인 한동헌 대표는 기업의 목표를 세상에 맞추고 있다. 작지만 강력하게 세상에 긍정적인 임팩트를 주고 싶어 하는 것이다. 하지만 그의 이러한 목표도 구성원들과 비전 공유가 이뤄지지 않으면 그저 거창한 구호에 머물고 말지 않을까. 마이크임팩트가 이런 비전을 지속적으로 추구해 나가고 성과를 내는 원동력은 어디서 나오는 것일까.

송화준 리더로서 직원들을 이끄는 힘이 대단한 것 같아요. 그런 힘을 어디서 얻나요?

한동헌 전혀 그렇지 않아요. 오히려 잘하는 분들을 따라하려다 포기한 상태입니다. (웃음) 처음에는 직원들을 모두 일일이 챙겨주려고 했어요. 어떻게 할 수 있을까 고민했죠. 그런데, 친구들과 이야기하면서 구한 해결책이 있어요. 내가 누군가에게 애정을 가지고 있으면 얼마나 가시적으로 챙기는가와 상관없이 그가 느낀다는 거예요. 내가 이 사람을 생각하고 있구나, 이걸 생각하게 되니까 제가 그런 데에 집착하지 않게 되더라고요. 대신 사람을 대할 때 진실한 마음으로 대하면 그것을 느끼고 반응하더라고요. 사람에 대한 진심이 중요한 것 같아요. 저 역시 에너지를 잃을 때가 있고 기운이 바닥날 때가 있어요. 그런데 사람에 대한 사랑은 더 많이 주고 더 많이 생각할수록 더 커지는 것 같아요.

송화준 서른한 살의 청년으로서 한동헌 대표가 앞으로 걸어갈 길은 어떤 것일까요?

한동헌 제가 많은 명사들을 만나다 보니 대략 good person과 great person의 차이에 대해 보이더라고요. good person은 자기 삶의 계획들을 세워서 그에 맞춰 착착 잘 진행하는 경우가 많아요. 대기업의 임원이 되거나 하는 경우가 많죠. 그런데 정말 세상을 바꾸는 great person들은 그런 식의 삶을 살지 않는 경우가 많더라고요. 순간순간에 굉장히 충실하고, 그때에 열리는 우연, 운명 같은 기회들에 충실하죠. 그러면 그다음 기회도 열리게 되고요. great person들에게 물어봐요. 이런 길로 갈 줄 알았냐, 이런 꿈을 꾸었냐고요. 백이면 백, 아니라고 답해요. 이런 사람들을 보면서 많이 느끼게 되죠. 먼 미래의 계획을 세우는 것보다는 지금이라는 순간에 충실하면 그다음 기회들이 자연스럽게 열리죠. 그런 우연 같은, 기적 같은, 운명 같은 것들이 이어지는 게 오히려 더 신나는 것 같아요. 우연히 발견하는 기쁨과 삶이 더 만족스럽고 즐겁게 이어질 수 있을 것 같아요.

송화준 마지막 질문입니다. 어떤 사람으로 세상에 기억되고 싶으세요?

한동헌 어려운 질문이네요. (웃음) 일단 회사의 구성원으로서 직원 모두에게, 사람의 인생에 대해서 진심으로 생각하고 서로 응원하고 끌어줄 수 있는 멘토가 되고 싶어요. 인생의 동반자로 기억해 주면 고맙죠. 적어도 지금은요. 이게 더 커지고 하면 어떻게 될지 모르겠지만 그렇게 할 수 있을 때만이 진정한 멘토가 될 수 있는 것 같아요.

사회적으로 봤을 때는 저는 아직 어리고 생각이 좀 짧아서 그럴 수 있겠지만, 저는 영원한 청춘이고 싶어요. 청춘의 정의를 여러 개 댈 수 있겠지만, 끊임없는 혁신과 도전을 시도하고, 실패를 두려워하지 않는 사람이죠. 가진 것이 아무것도 없어도 어디서든 자신감 있고, 마찬가지로 모두 버리고 떠날 수 있는 사람. 이런 식의 청춘을 살고 싶어요. 지금 당장만이 아니라 50대, 60대가 되었을 때도 그런 모습으로 기억되고, 그런 삶을 살고 싶어요.

우리는 모두 청춘이다. 물리적인 나이를 얘기하는 게 아니다. 이 책을 집어든 사람이라면, 가슴 두근거리며 세상을 바꾸는 청년 사업가들의 이야기를 여기까지 읽어온 독자라면 물리적 나이를 떠나 보다 나은 세상을 향한 꿈을 품은 청춘임에 틀림없다.

한동헌 대표는 누구나 부러워하는 외국계 기업인 보스턴 컨설팅 그룹을 퇴사하고 사업에 뛰어들었다. 그때 그는 노년이 된 후의 자신의 모습을 상상했다고 한다. 그렇게 해서 마이크임팩트가 탄생했다.

그의 말처럼 한 사람의 가치가 '세상에 미친 긍정적 영향력의 총합'이라고 정의한다면, 우리 각자는 미래에 얼마만큼의 가치를 지닌 사람으로 평가받을까. 아니 타인이 아닌 바로 나 자신은 스스로에게 몇 점을 줄 수 있을까.

관계로 인한 경험의 크기가
꿈의 크기를 좌우한다

위즈도머가 위즈도미에게 던지는 삶의 변화의 메시지

한상엽 **위즈돔 대표**

한상엽

연세대 경영대에 진학했지만, 그곳에서 깨달은 것은 '경영대가 돈 버는 법을 가르쳐주지 않는다'는 것이다. 대학 2학년 때 '뭉크'라는 회사를 창업하였고, 2006년에는 넥스터스라는 실험적 그룹을 만들었다. 군 제대 후에 대우 인터내셔널에 들어가 '시스템'을 배우고자 했지만, 결국 '시스템은 없다'는 결론을 얻었다. 2012년 "지혜를 나누면 삶이 바뀐다"는 것을 모토로 경험 공유 플랫폼 '위즈돔'을 설립하였다.

"어려서 지방을 전전하며 자랐어요. 지금도 그때 친구들을 가끔 만나요. 그런데 그 친구들은 삼성이나 현대 같은 대기업에 들어간다는 건 꿈도 못 꿔요. 왜냐면 주변에 그런 선배가 없거든요. 관계로 인한 경험의 크기가 꿈의 크기를 좌우하는 거죠."

위즈돔 한상엽 대표를 찾았을 때 그는 이런 말을 했다. 국내 최초의 사회적 기업 대학 동아리인 넥스터스(Nexters)의 창립자이기도 한 한상엽 대표는 앞서 다룬 임팩트스퀘어의 도현명 대표와 더불어 청년 사회적 기업가 1세대 리더로 통한다.

그가 대표로 있는 ㈜라이프브릿지그룹에서 운영하는 위즈돔 플랫폼은 경험과 지혜를 나누는 만남을 주선하는 소규모 모임용 웹서비스이다. 앞에서 인터뷰한 마이크임팩트의 경우 대규모 강연을 통한 영향력의 확산을 추구한다면 위즈돔은 소규모의 밀도 있는 만남을 통한 개개인의 변화를 도모한다. 겉으로는 얼핏 비슷해 보이는 두 회사의 대표가 가진 방법의 차이는 인터뷰를 진행하는 필자에게 많은 즐거움과 통찰을 선사했다.

송화준   처음 위즈돔을 우연히 접했을 때 드는 생각이 '바로 이런 게 있었으면 했어.'였어요. 아마 저도 시골에서 자라서 소위 잘나가는 누나, 형이 주위에 많지 않았던 영향이 컸겠죠. 시골에서는 그런 친구들 너무 부럽잖아요. 도시에서는 흔한 일이지만.

한상엽 위즈돔은 개인이 지혜와 경험을 공유하는 온라인 플랫폼이에요. 내가 누군가와 지식이나 경험 등을 공유하고 싶다고 생각하면 모임을 개설하고 참가자들 신청을 받고, 만나서 얘기를 나누는 거죠. 반대로 회원들이 어떤 사람을 만나고 싶다고 하면 이를 찾아 나서기도 하고요. 이렇게 6명 내외의 소규모 모임을 주선하는 게 핵심 서비스입니다.

이용자 중에는 학생이 많은 편이에요. 그런데 학생들이 만나고 싶어하는 대상이 꼭 대단한 명사만은 아니더라고요. 이런 친구들에게는 먼저 직장 생활을 시작한 선배로서 취업 노하우나 회사 상황에 대해서 조언해 줄 수는 누나, 형이 필요해요. 이런 소소한 결핍을 채워주는 게 저희가 할 일이죠.

송화준 어떤 분들이 모임 호스트로 참여하는지 궁금증이 생기네요. 인상적이었던 분 있으면 소개해 주세요.

한상엽 너무 많아서 걱정이네요. 지금까지 모임을 개설한 적이 있는 호스트가 150명을 넘었어요. 최근에 눈여겨본 분은 윤은중 씨예요. 루브르 박물관을 1,000번 간 남자라고 소개했는데요, 그분의 삶의 모토는 자유예요. 자유를 얻으려고 아홉 살 때 가출해서 고아원에 들어갔죠. 그리고 열일곱 살까지 고아원에서 살다가 다시 집으로 갔다고 해요. 정말 독특한 사람이죠.

그렇게 고졸 출신으로 삼성전자에 들어가서 부장까지 승진했어요. 그러다 사내 정치에 회의를 느껴 그만두고 프랑스에서 지내는 도중 우연히 관광 안내를 하게 되었죠. 그분이 워낙 말을 재미있게 하시니까 여행사를 통해서 쉴 새 없이 연락이 왔고, 그러다 보니 루브르 박물관에 1,000번이나 갔다고 하시더라고요.

또 한 분은 다솔인이라는 소셜 마케팅을 하시는 이종범 씨예요. 흔히 말하는 파워 블로거신데, 부부가 함께 블로그를 해서 버는 수익이 웬만한 대기업 연봉을 넘어요. 인상 깊었던 것은, 블로그로 자신의 꿈을 실현하고 있다는 거예요. 책도 내고 강연도 하고 기고도 하면서 전문위원으로 위촉받기도 하죠. 내년 목표가 하와이에 가서 1년 정도 지내는 것인데, 3개월간 하와이 블로그를 개설해서 글을 쓰면서 스폰서를 받고, 한국에 돌아오면 출판할 계획이라 하시더라고요. 인터넷 시대의 가장 큰 수혜자인 것 같아요. 이런 분들은 새로운 형태의 삶을 만들어가는 분들이죠.

또 노보라는 타투 아티스트 분도 흥미로웠어요. 타투에 대한 편견이 심한 우리나라에서 타투에 대한 권위자로 살아가시는데, 이분은 타투 자체에 관심이 있는 것이 아니라 인생을 새기는 것에 관심이 있다고 하시더군요. 글을 쓰는 것, 영상을 만드는 것 모두 인생을 새기는 것이지만 가장 직접적으로 남기는 것은 피부에 남기는 것이라고 해요. 주로 이런 특이한 분들을 많이 만나요.

처음 위즈돔을 접하고 사람들에게 추천을 하면 '어, 그거 멘토링 해주는 사이트야?'라고 반문하는 경우가 많았다. 대단한 명사가 있는 것도 아니고 소규모의 모임인데다, 학교 선배나 조금 잘나가는 누나, 형 정도의 사람들이 모임의 호스트로 나서고 참여자도 학생이 주를 이루기에 그렇게 느끼는 것도 무리는 아니었다. 하지만 직접 체험한 필자의 입장에서는 무언가 다른 '결'이 느껴지는데 그걸 설명하는 게 쉽지 않았다. 그래서 한상엽 대표에게 직접 물었다. 그는 어떤 '관계'를 상정하고 이런 만남 주선 사이트를 만들게 되었을까.

위즈도머가 던지는 메시지, 위즈도미의 삶을 변화시켜

송화준 위즈돔을 언뜻 보면 '소규모 강연'이나 '멘토링'하고 비슷한 거 같아요. 어떻게 생각하세요?

한상엽 저희는 멘토링이라는 표현을 안 써요. 멘토링과는 달라요. 저희는 모임을 '위즈도밍'이라 불러요. 그리고 모임 개설자는 위즈도머, 참가자는 위즈도미라고 표현해요. 멘토링의 멘토격이랄 수 있는 저희 위즈도머들은 대부분 우리 사회에서 멘토라고 불릴 만한 사람들이 아니에요.

한국 사회에서 초졸(초등학교 졸업자)의 구멍가게 아줌마나 세탁소 아저씨를 멘토라고 할 수 있을까요? 저희는 그런 분들이야말로 진정한 삶의 지혜를 가진 분들이라고 봐요. 그리고 멘토링은 아무래도 멘토와 멘티라는 표현에서 느껴지는 상하관계의 뉘앙스가 있어요. 원래 그런 뜻은 아니지만요. 그래서 저희는 소수의 수평적 관계를 지향한다는 의미에서 위즈도밍이라고 불러요. 관계를 바라보는 관점에 차이가 있고 그게 위즈돔을 통해 표출되고 있다고 생각해요.

위즈돔은 사람과 사람을 연결한다는 관계를 중시하지만, 만남의 규모면에서 한 번에 수천 명, 수만 명이 함께 명사의 인사이트를 공유하는 마이크임팩트 같은 대규모 강연에 못 미친다. 소위 효율적이지 않다. 그렇다면 위즈돔은 이에 비교해서 어떤 존재 의의를 가지고 있을까.

송화준 한상엽 대표를 만나기 전에 마이크임팩트의 한동헌 대표를 만났는데요. 두 분의 공통점이 참 많네요. 일단 한 씨고요. 또 하나가 강연을 통해 사람과 세상을 바꾸고자 한다는 거죠. 그런데 중요한 차이가 하나 있는 거 같아요. 아시다시피 마이크임팩트는 수십 명 이상의 대규모 강연을 주로 기획하잖아요. 짓궂은 질문일 수도 있을 텐데요. 위즈돔의 소규모 모임이 갖는 장점이 뭘까요? 각각 장단점이 있겠지만요.

한상엽 대규모 강연이 갖는 장점도 많다고 생각해요. 다만 특성상 그 누구도 완벽히 만족시키기 어렵다는 한계도 있다고 생각해요. 대학 시절 강연회를 정말 많이 다녔어요. 강의를 들으면 너무 좋죠. 그런데 결과적으로 남는 것은 인상뿐인 거예요. 순간적인 감상. '아, 내가 유명한 분의 이야기를 들었다!' 이런 정도죠. 그리고 내가 정말 듣고 싶고 궁금한 게 있어서 그 강연회에 갔음에도 내가 궁금한 것은 이야기하지 않는 경우도 많고요. 강연의 틀이란 것이 누군가의 궁금증을 모두 해소할 수 있는 형태가 아닌 거죠. 연사 또한 기본적으로 자신의 메시지가 깊은 영향을 미치기를 바라지만, 강연에서는 개개인이 어떻게 받아들이는지 알 수 없죠. 그저 사람들의 눈빛이나 표정, 질문 정도나 살필 뿐이에요. 강연이 개개인에게 최적화되어 있지 않기 때문에 굉장히 일반론적인 이야기가 오가고 연사와 개인적인 관계가 형성되지 못하죠. 그러다 보니 연사는 일방적으로 메시지를 던지는 것에 그치고 마는 경우가 많아요.

제게 있어 강연은 내가 원하는 문제에 대한 진짜 답도 없고 개인적인 관계를 얻을 수 있는 것도 아니었어요. 그래서 훌륭한 이야기보다 유용하게 쓰이기 위한 '만남의 형식' 본연에 대한 고민을 많이 했죠. 위즈돔 같은 소수와의 만남은 그 간격을 굉장히 좁힐 수 있어요. 내 바로 옆자리에서 사람이 이야기하는데 딴전 피울 수 없는 것이고, 소규모이다 보니 자연스레 서로 간에 개인적인 관계가 형성되거든요. 그러면서 보다 강한 영향력을 지니게 되는 거죠. 내가 진짜로 궁금했던 것을 바로바로 물어보고 해소할 수 있어요. 어떤 관계는 한 번의 만남이 두 번, 세 번으로 이어지기도 하고요.

사람이 장소와 때와 따라 할 수 있는 이야기와 할 수 없는 이야기가 나뉘어 있어요. 저도 강사로서 무대에 설 때는 '여러분 사업은 힘든 것이니 하지 마세요.' 이런 말은 쉽게 못하죠. 하지만 사석에서 친구들과는 할 수 있잖아요. 그런 이야기가 태반이죠. 진짜 고급 정보는 암묵지(暗默知, 지식의 한 종류로서, 언어 등의 형식을 갖추어 표현될 수 없는, 경험과 학습에 의해 몸에 쌓인 지식을 가리킨다. ──편집자)로 존재하고 다수의 관계로는 전달되지 않는다고 생각해요. 프레임의 특성에 따라 할 수 있는 이야기가 있고 내가 궁금해하는 부분들은 소수의 관계에서 답을 얻을 수 있었고, 장기적인 관계로 가기 위한 단초 또한 소수와의 만남에서 나와요. 그래서 4~5명이 만나 이야기하는 플랫폼이 좋겠다고 결정했죠.

우리에게 '관계'란 무엇일까? 인생을 살다 보면 우연처럼 다가온 만남에 삶의 궤적이 바뀌는 경험을 하곤 한다. 그걸 알기에 'OO를 만났더라면' 하고 후회 아닌 후회를 할 때도 있다. 그리고 다양한 사람과의 교류를 통해 사고의 확장을 경험하기도 한다. 정부가 부처 간 벽 허물기를 시도하고 인적 교류를 시도하는 것도 이런 사고의 확장을 통해 창조력이 향상된다고 보기 때문일 것이다.

멘토링은 아무래도 멘토와 멘티라는 표현에서 느껴지는 상하관
계의 뉘앙스가 있어요. 원래 그런 뜻은 아니지만요. 그래서 저희
는 소수의 수평적 관계를 지향한다는 의미에서 위즈도밍이라고
불러요. 관계를 바라보는 관점에 차이가 있고 그게 위즈돔을 통
해 표출되고 있다고 생각해요.

송화준 소규모 모임은 비즈니스적으로도 핸디캡이 많지 않나요?

한상엽 수익 모델은 앞으로도 계속 고민해 나가야죠. 그래도 일하는 친구들이 자부심을 가지고 일해요. 의미가 있죠. 위즈돔이 아닐지라도 이런 형태의 서비스가 한국 사회에 필요하다는 인식을 같이 공유하는 거죠.

그는 짧게 대답했다. 하지만 필자가 알아본 바에 의하면 2012년에 3월 베타 서비스에 들어간 위즈돔은 서비스 1년여 만에 사용자가 1만 명을 넘고 회사 운영상에서도 손익분기점을 넘겼다고 한다. 관계가 관계를 낳는 모임 플랫폼은 특성상 이용자가 일정 이상 축적되면 급격히 성장하지만 반대로 초기 안착에는 많은 시간을 필요로 하는 경우가 많다. 페이스북이나 지금은 세계적으로 가장 대표적인 공유 경제의 성공 사례로 꼽히는 Airbnb의 경우에 견주어 봐도 위즈돔의 지난 1년은 소기의 목표를 달성했다고 평가할 만하다. 그만큼 밀도 있는 만남에 대한 일반인의 니즈가 컸다는 의미일 게다.

관계의 크기가 꿈의 크기를 좌우한다

강연이 단방향 의사소통이라면 위즈돔이 추구하는 의사소통은 쌍방향인 것 같다. 그렇다면 위즈도머뿐만 아니라 위즈도미에게도 요구되는 자세가 있을 것이다. 우리 사회는 사실 원하는 답을 얻기 위한 쌍방향의 의사소통이 부재하다 보니 어려움이 많다. 혹시 위즈도미에게도 무언가 특별한 자세가 필요할까?

송화준 위즈돔의 방식은 모임에서 참여자의 역할이 극대화되는 형태

같습니다. 보다 좋은 모임을 위해서는 참여자의 자세도 중요할 텐데요. 삶을 대하는 자세하고도 맞닿을 테고요.

한상엽 꼭 위즈돔이 아니라 무슨 일을 하든 그에 필요한 자세가 있다고 생각해요. 사실 위즈돔이 특별하지도 않아요. 친구 만나고 선배, 후배, 선생님을 만나고 끊임없이 소통하는 것뿐이죠. 단지 내가 어떤 부분에 관심이 있는데, 주변에 아는 사람이 없으면 막막하잖아요. 시간과 노력, 심지어 진짜로 비용이 들 수도 있죠. 그럴 때 그 비용을 줄여주는 것이 위즈돔이에요. 위즈도머가 되려는 사람들은 자신의 이야기를 필요로 하는 사람은 누구나 만나겠다고 선언한 사람들이에요. 따라서 그들의 이야기를 듣고 싶으면 그 사람의 시간에 맞추기만 하면 되는 거죠.

대부분의 사람들이 조언을 구하기 위해 지인들을 찾을 수밖에 없을 겁니다. 하지만 현실적으로 주변에 그렇게 다양한 지인이 있는 경우가 많지 않죠. 위즈돔은 그런 관계를 가시적으로 보여주고 싶어 하는 거예요. 특별히 위즈돔에 참가하기 위한 자세가 있느냐 하고 묻는다면, 그저 오픈 마인드면 된다고 말씀드리고 싶어요. 누군가로부터 배우고 싶다, 삶이 궁금하다, 그리고 지속적인 관계를 이어나가고 싶다는 열린 자세와 배우고자 하는 의지만 있으면 되죠. 누구의 삶이든 배울 점은 있습니다. 이것이 일상이거든요. 다만 일상이 파편화되었기에 누리지 못하는 것을 가시화하여 모두에게 돌려주고자 할 뿐이죠.

모든 사람이 누군가에게 가치 있는 이야기를 가지고 있지만 누가 이 이야기가 필요한지 본인도 모르는 경우가 대다수죠. 고민을 가진 사람들도 마찬가지예요. 쉽게 접근하지 못하기 때문에 쉽게 답을 찾지 못하죠. 상상했지만 다가갈 수 없는 관계를 가시적으로 보여주고 관계와 지식의 획득에 대한 거래 비용을 감소시키는 것이 바로 위즈돔입니다.

송화준　결국 특별한 명사나 기업가가 아니라 보통 사람이 주인공인 것 같아요. 모든 사람에게는 배울 만한 스토리가 있다. 뭐 이렇게 정리될 수도 있을 것 같은데요. 사람에 대한 관심을 가지게 된 계기가 있나요?

한상엽　제 삶에 불만이 많았어요. 이런 불만 때문에 삐뚤어질 수도 있었는데, 운 좋게도 무언가가 필요하다 싶을 때면 꼭 해답이 생기더라고요. 그래서 더 만남을 중시하게 되고 그러다 보니 주변에서 사람을 소개해 달라는 요청도 많이 받게 됐어요. 사람들을 소개해 주면서 행복했죠. 그런데 취업을 한 뒤에도 이런 부탁을 받다 보니까 뭔가 이상해지더라고요. 소셜 네트워크는 나날이 발전되고 있는데, 왜 사람 소개해 달라는 전화는 끊이지 않을까?
　제 고향이 광주인데 가끔 고향 친구들을 만나면 정보도 부족하고, 보고 따라할 전례도 없어서 상상조차 한계가 있더라고요. 소외 계층 친구들에게 꿈을 물어보면 없다고 해요. 변호사 집안에서만 변호사가 나오고, 의사 집안에서만 의사가 나오는 것은 문제가 있다는 생각이 들었어요. 소득, 부모의 학력, 집안 등의 이유로 사회가 점점 구조화되고 있는 거죠. 제가 이런 구조를 어떻게 할 수는 없어요. 하지만, 최소한 만나고 싶은 사람은 만날 수 있는 사회는 만들고 싶었어요.

송화준　마지막으로 형이나 오빠로서 20, 30대 친구들에게 한마디 해주세요.

한상엽　궁금한 것이 있거나 만나고 싶은 사람이 있으면 찾아가세요. 저는 강연이 끝나면 일단 무조건 연락처를 받았어요. 그리고 무조건 찾아갔어요. 안 만나줄 거 같죠? 다 만나줘요. 그리고 물어보세요. 진짜 궁금한 것을요. 강연에서 만났으면 강연에서 한 이야기가 정말 현실과 맞는 이야기냐. 돈이 많이 들었을 것 같은데 어떻게 돈을 마련하셨나 등등. 이런 민감한 것들도 물어보세요. 공식적인 자리는 기록이 남기 때문에 말하지 못하는 것들이 있어요. 따로 만나서 묻지 않으면 얻을 수 없는 것들이 정말 많아요. 그래서 저는 비공식적인 만남, 오프라인 만남을 정말 좋아해요. 요즘은 모든 걸 너무 쉽게 얻으려고 하는 거 같아요. 더 적극적으로 찾아가고 두드렸으면 좋겠어요.

앞장에서 만났던 마이크임팩트와 위즈덤의 한상엽 대표, 둘은 조금 다른 철학을 가지고 말했지만 주요한 공통점이 있었다. 바로 '사람' 그리고 '관계'이다. 어떤 임팩트나 지혜는 결국은 사람과 사람의 만남, 인생과 인생의 교차점 안에서 탄생한다는 사실이다.

하지만 우리는 사람을 대면할 시간에 컴퓨터와 스마트폰 모니터를 대면하며, 내가 바라보는 정보가 내 삶에 어떤 의미가 있는지도 잘 곱씹어보지 못한 채 그것들을 소화시키려고 하고 있는지도 모른다. 아프지만 '헛똑똑'이라는 말은 어쩌면 지금 세대의 우리에게 가장 적합한 수식어일지도 모른다. 직접 피땀 흘려 얻지 않은 얕은 지식에 박학한 우리들. 이제 찾아 나서야 하지 않을까? 사람을, 진짜 지식을.

진짜
하고 싶은
일을 하라!

열정과 패기, 그대 아직 젊지 않은가?

정선희 **(사)세스넷 상임이사**

정선희

서울대학교 역사교육학과를 졸업하고 미국 남캘리포니아대학교에서 사회사업학으로
석사학위를 받았다. 사단법인 세스넷(사회적 기업 지원 네트워크) 설립을 주도했고, 현재
상임이사로 있다. 기업의 사회 공헌 컨설팅과 사회 단체의 기금 모금 교육, 대학 강의 등을
하고 있다. 지은 책으로 『사회적 기업』, 옮긴 책으로 『줌』이 있다.

㈜세스넷의 정선희 상임이사는 한국의 대표적인 사회적 기업 전문가이다. 국내 최초로 사회적 기업을 주제로 한 책 『사회적 기업』(다우출판사)을 집필했고, 사회적 기업 지원을 위한 프로보노 집단인 사단법인 세스넷(사회적 기업 지원 네트워크)을 주도적으로 설립했다. 현재는 세스넷 상임이사직 외에 국내 1호 사회적 협동조합인 카페오아시아의 이사장을 겸하고 있다.

정 상임이사를 만나 사회적 기업 육성에 몸담으며 느꼈던 소회와 사회적 기업가들이 갖췄으면 하는 덕목에 대해 들어보았다.

송화준 사회적 기업과 관련한 일을 오래 하신 분들은 다들 세스넷을 아시지만 일반인은 세스넷이 생소할 수 있을 거 같아요. 세스넷과 세스넷이 하고 있는 사업에 대해 간단하게 설명해 주세요.

정선희 2004년에 우리나라에서 처음으로 사회적 기업을 주제로 한 책을 썼어요. 그 당시에는 사회적 기업에 대한 담론도 형성이 안 돼 있는 상황이었죠. 사회적 기업 육성법이 2007년도에 만들어졌고, 정부 사업에 관여하게 되었는데 법이 시행될 시점에 사실은 사회적 기업 육성을 위한 중간

기업의 성장을 위해선 지식과 기술을 가진 다양한 사람들의 네트워크가 중간 지원 조직이 되어서 도와주어야 해요. 그런데 그런 도움이 더 절실한 사회적 기업이 받을 수 있는 중간 지원이 더 열악하다는 사실이 안타까웠죠. 그래서 다양한 형태의 자문이나 컨설팅, 그리고 네트워크 연계를 해줄 수 있는 곳이 없을까 고민했죠.

기관들이 '함께일하는재단' 이외에는 없었어요.

사회적 기업이든 일반 기업이든 기업의 성장을 위해선 지식과 기술을 가진 다양한 사람들의 네트워크가 중간 지원 조직이 되어서 도와주어야 해요. 그런데 그런 도움이 더 절실한 사회적 기업이 받을 수 있는 중간 지원이 더 열악하다는 사실이 안타까웠죠. 그래서 다양한 형태의 자문이나 컨설팅, 그리고 네트워크 연계를 해줄 수 있는 곳이 없을까 고민했죠.

그 고민의 결과로 탄생한 세스넷은 사회적 기업에 대한 전문가 지원 기관이에요. 각 분야의 전문가들이 발기인으로 모여서 다양한 도움을 줄 수 있게 구성되었죠. 전문가 네트워크이기 때문에 프로보노 집단이라고 말할 수 있어요. 현재 100명의 전문가가 모여 있지요. 한편으로는 정부에서 사회적 기업에 대한 컨설팅이나 경영 지원의 육성책이 많이 나와 정부 기관과 같이 작업하다 보니 고용노동부의 위탁 사업도 많이 하게 됐죠. 정부나 지자체에서 하는 사회적 기업 지원 프로그램은 거의 다 관여했다고 보시면 됩니다.

저는 원래 펀드레이징이나 기업 사회 공헌 컨설팅을 했었어요. 그리고 제가 가졌던 관점은 '사회적 기업은 일단 기업이다'라는 것이었죠. 그런데 사회적 기업 사업이 한국에서 태동할 초기에는 굉장히 많은 분들이 사회복지 프로그램으로 접근했어요. 혼란스러웠던 시점이었죠.

송화준 많은 사회적 기업 경영자와 또 창업을 준비하는 분들이 세스넷을 찾는 이유는 무엇일까요?

정선희 사회적 기업 지원 사업에 대한 경험과 노하우가 가장 많이 축적됐다는 사실이 가장 큰 강점이라고 생각해요. 사회적 기업 육성법을 만들 때 사실은 그전부터 사회적 기업과 관련해서 일을 해왔던, 어떻게 보면 초창기 기업이라고 할 수 있죠. 사회적 기업 육성법이 제정되기 전부터 사회적 기업과 관련한 여러 논의에도 참여하고, 육성법이 만들어지고 나서부터는 사회적 기업 관련 정책을 만드는 데 고용부와 함께 사업도 많이 했었죠. 그래서 아마 우리 기관이 사회적 기업에 대한 지원 프로그램은 거의 다 해본 기관이 아닐까 싶어요.

또한 각종 지원 사업뿐 아니라 한편으로 프로보노 사업 자체를 한국에서 실천하고 있어요. 프로보노를 전파하는 데 적극적인 역할을 하고 있죠. 사실 우리나라에서는 프로보노가 재능 기부의 일환으로 기능하는 독특한 영역에 있거든요. 우리가 사회적 기업을 지원하기 시작하면서부터 프로보노를 시작했는데, 그때는 그 개념조차 생소했어요. 사회적 기업의 경영을 지원해야겠다, 그런데 경영적인 지원을 받기에는 전문가 그룹에 지불할 수 있는 금액이 부족하다, 그러면 봉사자를 연결하면 되지 않겠냐? 그렇게 생각해서 변호사나 회계사, 세무사, 기업체의 경영 전문가를 조직하기 시작한 거죠. 그러다 보니 기업체들이 사회 공헌으로 우리와 협약을 하는 형태가 이루어진 거죠.

SK 프로보노 봉사단이 300여 명 정도 되는데, 그분들을 우리가 모두 관리, 운영하고 있고, 수출입은행, 전경련 중소기업 협력센터, 태평양 법무법인 등이 우리와 함께 협약을 맺고 사회 공헌 활동을 하고 있어요. 기업 입장에서는 세스넷이 사회적 기업의 경영 자금이나 카운슬링을 할 수 있도록 이어주는 역할을 하는 것이죠. 사회적 기업에게 전문적인 인적 자원을 연계해준다는 것은 굉장히 중요한 일이거든요. 우리는 그 인적 자원을 풍부하게 가지고 있는 기관이 아닐까 싶어요.

물고기 잡는 법을 알려줘야 한다

송화준　말씀을 들어보니 프로보노와 재능 기부가 비슷하게 들리는데 요, 혹시 그 둘에 차이가 있나요? 있다면 어떤 것이 있는지 말씀해 주세요.

정선희　사실상 프로보노도 재능 기부의 일환이긴 해요. 다만, 재능 기부 는 개인도 제공하거나 받을 수 있고 조직에도 제공될 수 있는데, 프로보노 는 주로 간접 서비스 성격이 강하다고 보면 됩니다. 자기들이 지원하고 성 장시켜야 할 취약 계층에게 직접 서비스를 제공하는 형태가 아니라 조직을 강화해서 그들이 좋은 서비스를 제공할 수 있게 해주는 거죠. 그 부분에 더 초점이 맞춰져 있다고 보면 됩니다. 예를 들어, 영어를 잘하는 사람이 취약 계층 아동에게 영어를 가르치는 게 아니라 그들에게 서비스를 제공하는 기 관에 영어 프로그램을 개발할 수 있도록 하는 것이죠. 한 사람이 아니라 여 러 사람들에게 제공할 수 있는 프로그램을 짜거나 시스템을 개발하는 형태 를 프로보노의 주된 영역이라고 볼 수 있죠. 물론 재능에 기반하고 있지만 그 재능 자체가 조금 더 전문성을 요하는 부분이고, 또 하나는 주로 조직에 제공이 되는, 직접 서비스가 아니라 간접 서비스의 형태를 띠고 있다고 볼 수 있죠.

송화준　그렇다면 물고기를 주는 게 아니라 물고기 잡는 법을 알려준다 고 할 수 있겠군요?

정선희　그렇게도 볼 수 있죠. 어쨌든 사회 서비스를 제공할 수 있는 기관 들을 강화시켜야 한다는 게 기본 개념입니다. 이런 단체들이 사회적 기업이라면 취약 계층에게 서비스를 제공하려 할 것이고, 그러려면 자체의 역량이 강화되어야 사업이 지속가능할 수 있죠. 따라서 저희는 이런 부분을 강화하는 것에 초점을 맞추고 있죠.

프로보노의 영역은 주로 전략이나 시스템을 개발한다거나 인사 노무 문제에 대한 책임을 주고, 마케팅 툴을 제공해 주는 형태로 이루어지죠. 자선단체에서 하는 봉사 활동과는 질적으로 다릅니다. 전문 분야에서의 경력을 가진 사람들을 지원하고 있기 때문에 다른 기관에서 볼 수 없는 인적 네트워크를 가지고 있죠. 그것 자체가 프로보노에 있어서만이 아니라 자원개발을 하는 데도 도움이 되고요.

송화준 세스넷은 프로보노, 인큐베이팅, 지자체 연계 사업 등 많은 활동을 하고 있는데요. 현재 이 중에서 가장 중점을 두고 있는 활동은 어떤 것이죠?

정선희 그것을 딱 꼬집어서 말하기는 어렵죠. 다만 인큐베이팅을 통해서 조직들이 나오기 시작하는데, 그 사회적 기업이 하나의 기업으로 성장하는 데 적어도 5년은 걸린다고 봅니다. 세스넷이 인큐베이팅을 지원하는 기간은 1년인데, 그 이후에는 어떻게 해야 할지에 대한 고민이 크죠. 물론 그 기업들이 성장 모델이 될 수 있다고 생각하지는 않아요. 하지만 적어도 우리가 지원해서 어떻게 되었다고 말할 수 있는 기업은 만들어야죠.

한 회사를 성장시키기 위해서는 헤쳐나가야 할 길이 많아요. 정부의 지원 사업을 결합시켰고, 시장에서 공신력을 가질 수 있다는 것은 타이틀에 불과하죠. 실제 시장에 진입해서 겪어야 하는 과정은 무척 험난하고 다양해요. 그래서 우리가 시작 단계를 만들어줬다고 해서 끝이라고 할 수는 없는

한 회사를 성장시키기 위해서는 헤쳐 나가야 할 길이 많아요. 정부의 지원 사업을 결합시켰고, 시장에서 공신력을 가질 수 있다는 것은 타이틀에 불과하죠. 실제 시장에 진입해서 겪어야 하는 과정은 무척 험난하고 다양해요. 그래서 우리가 시작 단계를 만들어줬다고 해서 끝이라고 할 수는 없는 거죠.

거죠. 그리고 새로운 사회적 기업들이 추구할 성공 모델을 만들어내는 것도 고민이에요.

사회적 기업이 초창기에 만들어지고 나서 이들이 시장에 진입하여 스스로 규모를 키워 성장 모델이 되어야 하죠. 물론 사회적 기업의 성장 모델이 무엇이냐에 대한 고민도 있어요. 다문화 카페에 소셜 프랜차이즈를 고민하는 이유가 그 일환이죠. 사회적 기업의 성장 모델을 한번 제시해야 하는 것 아닌가 하는 고민이 크죠.

우리가 운영이 미숙한 면도 있지만, 프로보노라는 봉사의 문화 자체가 양쪽에게 다 어색하다는 점도 저희에게 과제로 남아 있어요. 어떻게 프로보노를 익숙한 문화로 정착시키고, 이 사업을 어떻게 대중화하고 확산할 것인가에 대한 고민이 있죠. 프로보노들이 스스로 재미있게 활동할 수 있도록 유도하는 것도 저희의 큰 과제예요. 기업체들도 사회 공헌을 업무가 아니라 스스로 즐기도록 해주어야 더 시너지가 나거든요. 그렇기 때문에 저희의 궁극적 목적은 프로보노 활동을 일이 아니라 생활로, 재미로 만들어주는 것이죠.

열정과 패기, 그대 아직 젊지 않은가!

송화준 사회적 기업가를 준비하려는 청년들이 관심을 많이 가질 것 같은데요. 세스넷은 인큐베이팅할 사회적 기업을 선정할 때 어떤 점을 가장 중요하게 여기죠? 특별한 선정 기준 같은 게 있나요?

정선희 사람! 우선 일순위는 사람이에요. 저 사람이 과연 이 사업에 대한 열정을 가지고 있는지를 보죠. 그다음은 아이디어, 실행력, 그리고 뚜렷한 계획이에요. 열정만으로 비즈니스가 되는 건 아니니까요. 물론 비즈니스 세계에서는 계획이 완벽할 수는 없어요. 하지만 적어도 우리에게 제시한 계획에서 어떤 핵심 요소는 찾아볼 수 있어요. 사업계획을 들으면 각 분야의 전문가들이 해당 사업의 강점과 약점을 판단해요. 그런 판단이 항상 옳을 수는 없겠지만, 가장 중요한 건 그 사람의 소양과 사회적 가치에 대한 열정이에요. 사업계획 발표하는 것을 보면 알 수 있어요. 사업을 실행할 충분한 계획을 가지고 있는지 열정이 있는지, 주로 그런 부분을 보죠.

송화준 청년들이 사회적 기업의 이상적인 면만 보고 창업을 하려고 하거나 도전을 하려는 경우가 있잖아요. 그 청년들에게 현실적으로 어두운 면이나 힘든 면을 알려주신다면 어떤 면이 있을까요?

정선희 그걸 굳이 미리 알려줄 필요가 있을까요? (웃음) 겪어보면서 아는 거죠. 저는 그런 것도 하나의 공부라고 생각해요. 다들 머릿속으로 굉장히 좋은 꿈을 꾸고 있지만, 그것들 모두 현실에서 부딪혀 봐야 아는 겁니다. 그래서 저와 함께하는 친구들이 모두 창업을 해야 한다고 말하지 않아요. 물론 그 친구들이 자신의 꿈을 이룰 수 있도록 도와주는 것은 게을리 하지 않지만 말이죠.

미리 힘든 점을 걱정할 필요는 없어요. 젊은 나이니까 자신의 열정과 패기만 있으면 돼요. 그것을 바탕으로 도전하고 부딪혀봐야 하는 거죠. 그리고 힘든 점, 어두운 점은 극복해야 할 점이기도 해요.

송화준 사회적 기업이라는 게 아직까지 우리나라에서 많이 활성화되어 있지 않죠. 아직 사회적 기업을 어떻게 바라봐야 하는지에 대한 사회적인 합의가 충분히 도출된 것 같지도 않고요. 어려운 도전이지만 또한 청년들에게 많은 가능성을 줄 수 있는 분야라고 볼 수도 있을 텐데요.

정선희   맞는 말이에요. 이제는 과거의 기업에 대한 이미지에서 벗어나는 환경이 조성되고 있어요. 이윤 추구, 승자 독식, 경쟁 등에서 벗어나는 환경이 조성되기 때문에 기업들도 사회 공헌 활동에 열심이죠. 또 예전의 기업 사회 공헌 활동이 기술적인 측면에서만 접근했다면, 이제는 진정성을 중요한 가치로 두고 있어요. 더 나아가서 사회 책임 투자라는 것도 확장되고 있죠.

따라서 사회적 기업이 있을 수도 있고, 아니면 비영리 기업이 수익 창출을 하는 비즈니스를 할 수도 있죠. 이 부분이 전 세계적으로 무척 다양한 영역으로 확장되고 있어요. 이는 당연히 새로운 시장이고, 그 시장이 만약 지속가능한 모델이 될 수 있다면, 청년들이 충분히 도전해 볼 만한 시장이라고 할 수 있지요.

전통적으로 사회복지는 자선에 집중했어요. 그런데 최근의 사회복지는 비영리 마케팅, 펀드레이징, 소셜 엔터프라이즈가 트렌드예요. 자립의 수단을 준다는 점에서 사회적 기업에 매력을 느꼈고, 그렇게 하는 것이 근본적인 해결방식이라 생각했기 때문이에요.

이제는 전통 사회복지 영역과 기업의 사회 공헌 영역, 사회적 기업의 영역이 뒤섞이고 있어요. 이에 따라 사회적 영역의 시장 가치가 커질 것이라고 예상해요. 청년들이 도전해 볼 영역이 되는 것이죠. 여기가 진짜 블루오션이 될 수 있다고 봐요. 따라서 정부 역시 시장을 조성해 주는 전략으로 가야 할 거예요. 중소기업과 소상공인에게 지원하는 정책과 결합해야 하는 거죠.

청년을 위한 블루오션이 사회적 기업이라는 발상이다. 아직까지 사회적 기업을 시혜적 복지 차원으로만 해석하는 사람들이 많은 상황이다. 그럴 경우 전통적인 사회복지 단체와 기업의 사회 공헌 활동과 겹칠 수밖에 없다. 따라서 정 상임이사는 그런 개념에서 벗어나 경영적 마인드로 사회적 기업을 대하고 운영해야 한다고 강조한다.

송화준 예비 사회적 기업가에게 경영과 기업가 마인드를 고취하는 방식의 교육 프로그램에 대해서는 어떻게 생각하세요?

정선희 반드시 필요한 일이라고 봅니다. 그런데 사회적 기업에 맞는 경영을 가르쳐야겠죠. 아쉽게도 아직까지 국내에는 이에 대한 연구가 거의 없는 실정이에요. 일반 기업에서 운용하고 있는 경영 방식을 그대로 사회적 기업에 이식하면 맞지 않는 것이 많아요. 일반 기업에는 이윤의 극대화라는 가치가 있지만, 사회적 기업은 지속가능성과 사회적 가치를 동시에 추구해야 하거든요. 그렇다 보니 사회적 기업은 때론 돈을 버는 기회를 포기할 수도 있는 것인데, 이는 일반 기업의 경영 방식과는 맞지 않는 것이죠.

현재 시행되는 교육 프로그램 대부분이 경영 따로 사회적 목적 따로 떨어져 있어요. 이렇게 분리된 방식은 옳지 않아요. 사회적 기업의 모델이 비즈니스 모델과 융합되어 있어야 하는데, 학계에서도 기본적으로 연구가 안 돼 있어요. 이에 대한 연구가 선행되어야 이후 사회적 기업의 방향이 잡힐 수 있을 거예요.

송화준 그렇다면 사회적 기업을 하려는 사람들에게 필요한 교육은 어떤 것일까요?

정선희　사회적 문제를 바라보고 분석하는 능력, 그리고 강력한 경영 역량으로 이 문제를 해결하는 과정에서 가치를 창출할 수 있는 능력을 불어넣어줄 수 있는 교육이 필요해요. 취약 계층을 고용하는 사회적 기업은 고용에 대한 긴장과 자주 충돌하는 경향이 있어요. 여기에는 리더의 균형적인 의사결정이 필요하죠. 사실 사회적 기업에 대한 리더십이나 조직의 변화 관리에 대한 연구가 거의 없다 보니까, 제반 이슈는 있는데 이를 해결할 만한 조직 문화, 리더십, 경영 전략에 대한 교육이 없는 것이죠. 사례에 대한 공부역시 외국의 사회적 기업이 어떻게 걸어왔는지 그 역사를 공부하는 게 아니라 어떻게 조직을 변화시켰고, 어떻게 어려운 문제를 극복했는가를 살펴보는 게 필요합니다.

송화준　세스넷은 사회적 기업에 대해서 어떤 형태로 지원하고 있나요?

정선희　소셜 미션과 비즈니스 모델을 통합적으로 고민할 수 있도록 도와주는 것이죠. 어떤 사람에게는 경영 마인드는 있는데 비영리 영역에 대한 이해가 부족하기도 하고, 그 반대의 경우도 있어요. 이렇듯 기존에 사람들이 갖고 있던 익숙한 마인드에 개입해서 사회적 기업의 성격에 맞는 능력을 갖출 수 있도록 돕고 있어요.

창업을 하려면 항상 막히는 부분이 있어요. 아무리 역량이 뛰어나도 외부의 도움 없이 뚫어내기 힘든 부분 말이죠. 예를 들면 지방자치단체에 가서 제안하고 사업 참여 기회를 갖고 싶어도 설명할 기회조차 갖기가 어렵죠. 또 아이디어나 능력은 뛰어난데 자금이 없어 일이 더뎌지고 진전이 되지 않는 것을 볼 때마다 안타까움을 감출 수 없죠. 우리가 가진 네트워크를 통해서 이런 기회를 제공해 주려고 노력하고 있어요.

다만 지원 방식에 있어서는, 실적을 만들 수 있는 기회와 자금을 마련해 주는 정도에서 그치는 것이 옳은 것 같아요. 고생도 해봐야 하죠. (웃음) 때론 희생도 필요하고요. 풍족한 선상에서 창업하는 것이 꼭 바람직한 것도 아니라고 생각해요.

정 상임이사에게선 프로의 느낌이 물씬 풍겼다. 선한 의지만으로는 지속가능할 수 없기 때문에 경영적 마인드가 필요하고, 또 경영적 마인드로만 무장한다면 사회적 가치에 소홀하게 될 수 있다. 지원 방식 역시 외과수술적인 연명이 아니라 스스로 성장할 수 있는 바탕을 제공하는 방향이어야 한다고 정 상임이사는 강조한다. 즉 온실 속에 가둬놓고 키우는 것이 아니라 기본적인 토대 위에서 스스로 헤쳐 나갈 수 있는 힘을 키워주는 방향으로 지원이 진행되어야 한다는 것이다. 세스넷이 보유하고 있는 노하우와 네트워크를 제공해 주되 입에 떠먹여 주는 것이 아니라 마음껏 뛰어놀 수 있는 장을 마련하는 것이다.

사회적 기업도 시장이라는 구조 속에서 존재를 확인해야

송화준   그럼 이제 사회적 경제의 생태계 쪽에서 질문을 한번 해볼게요. 우리나라의 생태계 전반적인 상황은 어떤가요. 그리고 단점 및 한계점으로는 어떤 것을 꼽을 수 있을까요?

정선희   단점이라기보다는 아직 성숙하지 않았다는 거죠. 초기 단계니까 무엇이 문제라고 할 수는 있겠지만, 그것이 한계라는 식으로 말하기는 곤란해요. 아직은 사회적 기업이라는 영역 자체가 진화해 나가는 과정이라고 봐야 할 것 같아요. 5년밖에 안 됐으니까요.

　사실 저는 개인적으로, 지금까지 우리나라 사회적 기업은 상당한 수준의 성과를 이뤘다고 봅니다. 일단 정부가 강력하게 사회적 기업에 대한 시동을 걸었고, 또 그에 맞춰서 많은 자원이 투입됐죠. 그렇게 함으로써 굉장히 짧은 시간에 외연이 확장됐지만, 중요한 것은 외연의 확장이 아니라 방향성이죠. 사회적 기업이 사회 안에 경제 시스템이든 사회문화적인 시스템이든 어떻게 녹아들어가게 할 것인지를 묻는 질문이 끊임없이 제기되어야죠.

　아직은 취약 계층에 대한 사업이 많아 정부의 지원 없이는 힘든 경우가 많아요. 하지만 이것이 복지 기관이나 복지 단체가 아니라면, 어엿이 시장이라는 구조 속에서 스스로 성장하고 존재를 확인해야 하죠. 그렇기 때문에 사회적 기업이 하나의 가치를 가지는 기업으로서 어떻게 인정을 받고 시장에서 제 역할을 할 것인가가 중요한 부분이죠. 그러기 위해서는 사회적 기업이 시장에서의 자기 위치에 대한 포지션을 전환해야 할 필요가 있어요. 자기 사업을 브랜드화하고, 그 속에서 취약 계층을 고용하든 환경 문제를 개선하든, 영역을 확장하면서 진화하는 거죠. 현재 우리나라는 그런 문제의식이 빠르게 제기되고 있고, 또 움직여 나가고 있어요. 사회 혁신이라는 측면에서 사회적 기업을 바라볼 필요성이 제기되고 있는 거죠. 사회적 기업만이 아니라 협동조합도 외국에서는 사회적 기업이라는 우산 안에 있어요.

　우리나라 사회적 기업의 문제는, 지원 주체가 제각각이라는 거예요. 사회적 기업은 고용노동부, 마을 기업은 행정안전부, 자활 기업 쪽은 보건복지부, 협동조합은 기획재정부 등으로 행정적인 칸막이가 있는 거죠. 그러니 종종 중복 투자도 일어나고, 하나로 통합되어 시너지를 내야 하는데, 이런 것들이 모두 분리되어 있다 보니 통합적인 지원과 관리가 불가능하죠. 사회적 경제라는 카테고리로 이런 것들을 통합해 구체적인 지원 시스템을 갖춰야 한다고 봐요. 물론 현재 이 부분에 대해서 논의가 많이 되고 있고, 지자체에서도 현실적인 방법을 찾고 있죠.

송화준   이런 사회적 생태계가 잘 갖추어져 있는 해외의 모범적인 사례들도 있나요?

정선희   정확하게 어떤 나라를 꼽기는 힘들죠. 다만, 영국에 그런 사례들이 많은 것 같습니다. 영국 같은 경우는 우리나라처럼 직접 지원 방식이 아니에요. 우리나라는 인건비 지원의 방식으로 사회적 기업을 육성했는데, 사실 그 방식은 기업을 지원하는 방식으로 옳지 않아요. 영국은 인프라 지원이라고, 사회적 기업이 활동할 수 있는 시장 장애 요소를 제거해 주고, 시장에서 우호적인 장이 형성될 수 있도록 정책적인 활동을 하고 있어요. 그런 부분에서 여러 가지 사회문화적인 인식 개선이나 환경 조성을 해주고 있죠.

또 가장 중요한 게 자본인데요, 사회적 기업이 기업으로 육성되기 위해서는 자본 문제가 해결되지 않으면 안 됩니다. 그래서 영국 같은 경우는 사회적 기업만을 위한 금융 대출 기관이 따로 있고, 또 정부에서도 큰 돈을 출자하고, 민간 재단에서 하기도 하죠. 우리나라는 그게 없다는 게 가장 큰 문제죠. 아무리 경영 지원을 많이 해줘도 금융 부분이 해결되지 않으면 시장이 형성되지 않아요. 그 부분은 아마도 사회적 기업의 규모가 작고 취약하기 때문인 것 같아요. 어느 정도 성장 모델들이 나와야 자본 시장이 형성될 수 있죠.

사회적 기업이 성장 자체가 쉽지 않으면 사실 투자 자금을 모을 수가 없

가장 중요한 것은 장기적인 안목이라고 생각합니다. 단발성에 그치지 않기를 바라는 거죠. 장기적으로 활동해야 기회가 보이고, 어려운 점들을 극복할 수 있습니다.

죠. 그런 자본 시장의 문제, 공공 시장 조성의 문제에 있어서는 정부의 역할이 굉장히 중요해요. 사회적 기업의 경우는 사실상 민간 시장에 진입하는 것 자체가 쉽지 않아요. 그렇기 때문에 공공 시장을 통해서 사회적 기업을 육성하는 게 굉장히 중요하죠.

송화준 지금까지 사회적 기업에 대해 여러 가지 말씀을 해주셨는데요. 사회적 기업이 성공하기 위해서는 열정, 인프라, 아이디어 이외에도 어떤 것이 중요할까요? 딱 한 가지만 꼽아주세요.

정선희 여러 가지가 있겠지만, 가장 중요한 것은 장기적인 안목이라고 생각합니다. 단발성에 그치지 않기를 바라는 거죠. 장기적으로 활동해야 기회가 보이고, 어려운 점들을 극복할 수 있습니다. 어느 나라든 사회적 기업이 성공하는 데는 시간이 걸려요. 미국의 사회적 기업들을 보면 상당히 감탄을 하는데, 10년 가까이 한 곳들이죠.

사회적인 목적을 추구하고 사회적인 가치를 추구하는 조직들은 그것 때문에 보통 통상적으로 추구하는 이윤에서 약점일 수밖에 없어요. 기업이라는 측면에서, 돈을 번다는 측면에서는 제약이 있을 수밖에 없죠. 균형이 필요해요. 사회적 기업의 성장 속도는 일반 기업의 성장 속도와 다를 것이고, 따라서 사회적 기업은 자기 나름의 장기적인 안목과 계획을 바탕으로 전략적인 노력을 해야 하죠.

많은 사회적 기업들을 보면 어느 순간에 좋은 기회가 오거든요. 그런데 그 기회를 포착하는 사람들과 못하는 사람들이 있어요. 제가 볼 때 기회다 싶은데도 찾아내지 못하는 거죠. 이것은 기본적으로 리더십과 관련된 문제이기도 하죠. 그런데 리더의 가장 큰 덕목 중 하나가 균형감각과 장기적인 안목입니다. 따라서 열정은 기본이고, 그 위에 장기적인 비전을 가지고 움직였으면 좋겠습니다. 단기적인 성과에 연연하지 말고요.

송화준 사회적 기업을 준비하는 청년들에게 해주고 싶은 말이 있나요?

정선희 스스로 하고 싶어서 해야 해요. 저의 경우도 그랬죠. 2년 동안 남의 사무실에서 책상 하나 얻어서 매일 출퇴근하면서 글을 올렸어요. 점점 '이 사람 누구야' 하고 사이트에 들어오는 사람들이 늘었고, 그렇게 1년하고도 반이 지나자 여러 단체에서 연락도 받고 강의에도 나가게 되었죠. 누가 알아주지 않고 돈도 못 벌었지만, 설레고 재미있으니까 할 수 있었어요.

옛날에 비교해서 지금은 오히려 우려스러울 정도로 사회적 기업 지원 제도가 많아졌어요. 그러다 보니 지원을 받거나 도움을 받아도 감흥을 못 느끼는 경우가 많아요. 프로보노 컨설팅도 비싼 자원 중 하나인데 공짜로 제공되니까 그 가치를 모르고 제대로 활용하지 못하는 것 같아서 안타깝죠.

지원은 내가 활용할 수 있는 환경의 하나로 생각해야지, 지원 자체가 사업의 중요한 축이 되어선 안 돼요. 그렇게 되면 사회적 기업가 정신을 좀 먹는 셈이에요. 다양한 모임에도 참여하고 네트워크를 통해 자기 성취를 확인하고 경험하는 게 필요해요.

조급하게 생각하지 않았으면 좋겠어요. 사회적 기업은 장기적인 안목을 가지고 가는 페이션트 비즈니스(patient business)니까요. 빨리 이루려고 서두르면 미션 드리프트(mission drift)를 겪을 수밖에 없어요. 미국의 경우도 잘된 사례들을 보면 대개 10년 이상 된 곳들에서 찾을 수 있어요. 우리나라에서 초기에 시작한 '동천모자' 같은 취약 계층 모델도 7~8년이 지나서야 손익분기를 넘었죠. 벤처 기업처럼 생각하면 안 되는 겁니다.

마지막으로 지역사회와 함께 일해 보는 경험도 가져봤으면 좋겠어요. 지역 밀착적인 활동을 하면 다른 데서 얻기 힘든 많은 경험을 쌓을 수 있죠. 스스로를 훈련하는 장으로 활용해 보라고 말하고 싶어요.

자기만의 응답을
극단적으로 만들어가라!

하기 싫은 일이 무언지 대면해 보면, 하고 싶은 일이 보인다

김종휘 성북문화재단 대표

김종휘

문화 평론가 및 기획자다. 인디음악을 기획했고, 하자센터 부소장을 역임했으며, 사회적 기업 노리단 창업(단장)에 이어 많은 사회적 기업 창업을 인큐베이팅했다. ○○은대학연구소 2소장을 맡았으며, 현재 성북문화재단 대표이다. 지은 책으로는 『대한민국 청소년에게 노는 것을 허하노라』, 『너, 행복하니?』, 『내 안의 열일곱』, 『아내와 걸었다』 등이 있다.

김종휘 성북문화재단 대표는 우리나라 최초의 문화예술 사회적 기업인 (주)노리단을 만든 주인공이다. 공식적으로 단장직은 그만뒀지만 지금도 부천시로 이주한 노리단과 새롭게 설립된 부산 노리단을 위해 필요한 일을 돕고 있다고 한다.

2009년에는 하자센터를 총괄 운영하면서 10여 개 사회적 기업의 창업팀을 키워 냈다. 그 후 국내에서 가장 큰 규모로 청년 사회적 기업을 육성하는 (사)시즈의 상임이사를 거쳐 현재는 성북문화재단의 대표로 재직하고 있다.

청년 사회적 기업가들의 대표적인 멘토로서 여전히 몸이 열 개라도 부족할 정도로 왕성한 활동을 하고 있는 김종휘 대표는 청년들에게 정답을 찾지 말고 자기만의 응답을 꾸준히 그리고 극단적으로 만들어 가라고 힘주어 이야기했다.

송화준 노리단은 우리나라 최초의 문화예술 분야 사회적 기업으로 알려져 있어요. 어떻게 이런 일을 시작하게 되신 건가요?

김종휘 노리단이 사회적 기업 인증을 처음으로 받은 것일 뿐, 사회적 기업의 발상이나 문제의식을 고민한 주체나 조직은 예전부터 문화예술 영역

곳곳에 있었다고 봅니다. 2004년 6월, 10~30대가 같이 하고 싶은 것을 찾아서 그걸 하면서 먹고 살아보자는 발상에서 시작한 거죠. 청소년과 청년에 대한 발상과 고민은 창립할 당시부터 11명 전원에게 문화 유전자처럼 있었고, 그게 창업이란 형태로 나타난 거예요.

개념적으로 '사회적 기업'이라는 것은 2006년쯤에 접했어요. 노리단을 처음 만들 때부터 공동체에 의한 주식회사, 종업원 지주회사, 전문가와 비전문가가 함께 참여하여 공동으로 지배하는 형태의 주식회사를 고민해 왔어요. 적합한 모델을 찾던 중 해외의 사회적 기업 사례들을 공부하면서 '이거다' 하며 설레었죠. 단원들이 노리단과 맞는지에 대해 학습과 토론을 거쳐서 이걸로 가자고 결정했어요.

송화준 노리단 이외에도 여러 사회적 기업을 인큐베이팅한 것으로 알려져 있습니다. 대표적으로 어떤 기업들이 있죠?

김종휘 2009년부터 2년여 간 하자센터 운영을 총괄하면서 노리단 일을 뒤로 하고 청년들이 창업하는 사회적 기업 인큐베이팅 '창' 프로젝트를 진행했어요. 이 프로젝트를 같이 했던 창업팀들 중에서 이야기꾼의 책 공연, 리블랭크, 유자살롱, 영상집단 눈, 트래블러스 맵, 대지를 위한 바느질 등 총 일곱 개의 인증 사회적 기업이 현재까지 운영되고 있죠.

송화준 그때 인큐베이팅한 조직들이 지금도 잘 운영되고 있나요?

김종휘 최근에는 하나하나 세세히 살피지는 못하고 있어서 저 역시 궁금합니다. 잘 운영되고 있는지의 기준이 제각각 다르기도 하죠. '돈벌이'가 잘 되느냐고 묻는다면, 영업 매출의 경우 잘하는 데도 있고 여전히 고만고만한 데도 있어요. 사회적 기업은 돈벌이와 더불어 '조직다움'도 중요해요. 아무리 돈을 잘 벌더라도 사회적 기업으로서 미션을 잃어버렸다면 돈벌이를 접겠다는 판단을 할 줄 아는 게 조직다운 거죠. 또 당장 돈벌이가 신통치 않더라도 꼭 해야 하겠다는 미션이 있다면 당분간 어려워도 '우린 계속 이 사업을 추진한다.'라고 할 수 있어야 조직다운 거예요. 이런 것을 제대로 대화하고 소통하며 결정하는 조직인가, 이렇게 묻는다면 앞서 거론한 사회적 기업들이 대체로 그렇게 하려고 노력하고 있는 것 같아요.

수익보다는 조직다움, 사명의 문제다!

김종휘 대표는 '조직다움'이라는 단어에 힘을 주었다. 사회적 기업이 어디에 중점을 두느냐는 문제에서 '돈벌이'도 중요하지만 결국 그렇게 가면 일반 기업과 다를 바 없다는 것이다. 결국 사회적 기업과 일반 기업을 나누는 기준은 '조직다움'으로 볼 수 있다. 즉 돈벌이가 시원치 않더라도 조직을 유지해야 할 미션이 있느냐, 그 미션에 얼마나 충실하느냐가 중요한 판단 기준이 된다. 그럼 그가 창립한 노리단의 경우는 어땠을까? 여전히 그 '조직다움'을 잘 간직하고 있을까?

김종휘 8년차를 겪는 지금도 조직의 미션과 비전에 대해 내부에서 이야기를 많이 하고 있습니다. 그러다 보니 조직 운영과 문화에서 반복되는 패턴 같은 게 보여요. 내부에 20, 30대 청년들이 많은데 20대의 평균 재직률은

사회적 기업을 두고 하이브리드 모델이라는 말을 흔히 하는데, 하이브리드에는 현재 표준 모델도 없다고 봐야 해요. 따라서 '이렇게 하니까 되는 것 같아'라는 식으로 모든 사회적 기업에 통용시키는 성공 모델이나 노하우도 표준이라는 것을 세울 때는 주의해야 하죠.

2년 미만이 많고, 30대로 넘어가면 3년 이상 근무하는 경향이 있어요. 20대는 문화예술 분야에 대한 어떤 관심이나 사회적 미션의 연장 등 다양한 이유로 노리단에 오는데, 2년이면 20대에 겪어볼 수 있는 경험을 1차적으로는 다 했다고 판단하는 것 같아요.

만약 이것이 우리 사회의 20대가 살아온 환경을 반영하는 것이라면, 20대에게 무조건 3년, 4년 계속 남아서 일하라고 하는 것이 바람직하지도 않고 현실적이지도 않을 겁니다. 앞으로 20대를 채용할 때 다른 시각을 갖고 접근해야 하는 것이 아닌가 하는 논의가 이루어지고 있습니다.

송화준 다른 정책이라 함은 어떤 것을 말하죠? 지속가능하게 몸담을 20대를 뽑을 것인가, 20대에 맞는 2년간의 경험을 하고 나갈 수 있도록 돕는 구조를 만들 것인가, 이런 정책적인 고민인 건가요?

김종휘 그렇죠. 이런 판단 없이 채용 시 무의식적으로 무조건 오래 같이 가야 한다는 전제를 당연한 것처럼 여기고 선발하면, 현실과 괴리될 수밖에 없어요.

예를 들면 '현재 월급은 150만 원이야. 그런데 2년 뒤에는 200만 원 이상 줄게'. 이런 이야기가 무의미하겠다는 것이죠. 그보다는 2년이라는 시간에 초점을 맞추고 그 기간 동안 여기서 겪을 일이 뭐고 얻게 될 경험이 무엇인지, 그 과정에서 스스로에 대해 새롭게 알게 되기를 기대하는 것이 무엇인지 얘기해 보고 같이 일하자는 것이죠. 이렇게 서로 합의하고 계약하면 그 20대 청년이 노리단에서 지내게 될 2년의 설계나 평가가 달라질 수도 있을 거예요.

조직 관리 문제는 사회적 기업에서 아직까지 많이 다루어지지 않는 주제이지만 앞으로 나누어가야 할 이야기이기도 하다. 협동조합이 사회적 기업으로 전환한 경우 이와 관련한 어려움이 많다는 이야기도 자주 들린다. 노리단의 경우 젊은 사람이 많고 이동이 잦은 걸로 알고 있다. 그럴 경우 조직 관리에도 애로가 있을 것이고 비전을 공유하는 것에도 힘든 일들이 많으리라 예상된다. 그는 어떤 해법을 가지고 있을까?

김종휘 노리단은 구조적으로 소통 비용이 많이 들 수밖에 없고, 또 그런 문화를 유지하고 있어요. 특히 20대가 2년도 채 안 되는 사이에 들어오고 나가면서 자연스럽게 노리단 단원들 각자도 서로에게 노리단 이야기를 많이 나누게 되죠. '노리단이 뭐냐' '앞으로 어떻게 해야 하느냐' '나는 노리단이 이랬으면 좋겠다' '나는 노리단이 이런 거라고 생각했는데 이게 아니었다' 노리단은 이렇게 쉽게 조직 내부 이슈가 단원들 사이에서 빠르게 공론화돼요. 문제가 발생하면 더욱 그렇죠.

삼삼오오 모인 자리에서 뒷말 하듯이 부정적 논의가 오가고 이것이 공식 석상에서 언급되지 않는다면, 그게 더 심각해요. 이런 경험을 여러 차례 겪었기 때문에 이에 대한 내부 논의가 활발한 편이죠. 지금은 큰 변화를 리더들이 결정하고 실행하면서 그에 맞는 내부 의사결정과 의견수렴 과정을 거치는 조직 운영의 노하우가 쌓여 가는 시기예요. 노리단이 가진 고유의 문화를 잘 살리면서 군더더기는 빼는 변화를 시도하고 있는 거죠.

송화준 사회적 기업은 이런 식으로 비전을 수립해라, 이런 리더십이 필요하다 같은 팁을 줄 수 있을까요?

김종휘 조금은 추상적인 얘기가 될 수도 있을 것 같네요. '사회적기업', 이렇게 붙여 쓰는 게 일반적인데 요즘은 다시 생각하게 돼요. 가톨릭대학교 경영학부 라준영 교수가 '사회적'과 '기업'을 띄어 써야 하는 거 아닌가 하는 고민을 말했을 때, 적극 공감했어요. 사회적 기업을 두고 하이브리드 모델이라는 말을 흔히 하는데, 하이브리드에는 현재 표준 모델도 없다고 봐야 해요. 따라서 '이렇게 하니까 되는 것 같아'라는 식으로 모든 사회적 기업에 통용시키는 성공 모델이나 노하우도 표준이라는 것을 세울 때는 주의해야 하죠.

노리단 역시 사회적 기업이라는 본연의 것을 몸살 앓듯 겪으면서 그 정체성과 사업 및 조직 모델을 구체화했어요. '사회적'과 '기업'이 떨어져 있기 때문에 각 조직의 리더들이 비전을 가지고 시행착오를 겪으면서 각자의 생존법을 찾아야 하죠. 떨어져 있는 '사회적'과 '기업'의 사이를 스스로의 시행착오와 경험으로 채워야 하는 숙제를 간과한 채, 아주 훌륭하게 통합된 성공 모델이 있다고 간주하면 안 될 겁니다. 마치 표준처럼 통합된 성공 모델이 있다고 착각하고 그걸 찾기만 하면 된다는 식으로 사업을 하거나 조직 문화를 만들면 타격이 클 겁니다.

사회적 기업에는 표준 모델이 없다. 자본주의 사회에서 기업들이 이익 추구에만 충실해 왔다면 요즘의 기업들은 사회적 역할을 요구받는다. 이런 사회적 기업은 사회적 가치 추구와 기업으로서의 지속가능성을 확보하는 것이 둘 다 중요하다. 이론적으로 쉽게 다가오지만 이는 실제로는 '두 마리의 토끼'를 쫓는 것처럼 쉬운 일이 아닐 것이다. 그래서 우리는 더욱 어떤 정답에 대한 갈증을 갖게 되고 어딘가에는 정답이 있을지도 모른다는 환상을 갖는다. 김종휘 대표는 이런 환상에서 벗어나 자신만의 답을 찾아가라고 말한다.

정답이 없는 사회적 기업, 자기의 방식으로 응답해야

송화준　모범답안이 없으니까 이걸 감수할 마음가짐을 갖고 겪어 나가라는 말씀인가요?

김종휘　쉽게 말하면 그렇다는 거죠. 최근 계속 생각하는 건데 사회적 기업에는 정답이 없어요. '착한 일도 하고 돈도 벌고'라고 병렬식으로 소박한 바람을 나타낸 정부의 슬로건이 한때 있었지만, 그렇게 우리 사회에 사회적 기업이 제도로 운영된 게 이제 5년 됐습니다. 이제는 '사회적 기업은 이런 것이다'는 표준값이나 평균값을 정하고 이거에 근접하면 사회적 기업이고 아니면 틀리다, 라고 하는 단계는 지났다고 봅니다.

사회적 기업에 정답이 없기 때문에 이제 각각의 사회적 기업이 스스로 또는 연대하면서 자기의 방식으로 사회적 기업이 무엇인지에 응답해야 합니다. 하이브리드 자동차를 예로 들면, 어떤 자동차는 석유를 먹는 엔진을 돌리고 어떤 자동차는 전기 모터를 돌립니다. 꿈의 자동차는 전기로만 가는 건데 그건 이정표죠. 여기로 가야 한다는 건 분명하니까 하이브리드 자동차가 나오는 거예요. 당장은 하이브리드 자동차가 휘발유 엔진만 돌리는 자동차보다 경제성이 떨어져도 그 방향으로 가야 하는 것이 분명하니까 가는 것이죠. 사회적 기업이 가는 길도 이것과 같다고 봐요. 다만 개별 하이브리드 자동차를 보면 엔진과 전기모터 간의 전환이 수시로 일어나는데 이때 이 전환을 어떻게 좀 더 저비용으로, 더 효율적으로 할 것인가 하는 과제와 싸우는 거죠. 사회적 기업도 마찬가지라고 봐요.

'사회적인 것이 기업으로' '기업적인 것이 사회적인 것으로' 전환되는 과정에서 몸살처럼 앓을 수밖에 없을 것이라고 보는 거죠. 앞의 슬로건으로 말하면 착한 일을 하는 것이 돈 버는 일이나 먹고사는 일로 전환되어야 하고, 반대로 돈 버는 일이 더욱 착한 일로 전환되어야 하는 거죠. 사회적 기업은 이 둘의 전환을 한꺼번에 시도하거나 어느 하나의 전환이라도 분명하게 하는 조직입니다. 그 과정에서 많은 것이 달라질 수 있죠.

삼성이나 LG 같은 대기업이 돈 되면 무조건 해서 지금의 위치에 온 것도 아닐 것이고, 30년 후 반도체를 만들자, 스마트폰을 만들자고 마스터플랜을 만들어 놓고 과거 어느 때인가 미리 결정해 둔 것 역시 아니죠. 시행착오와 그 결과를 계속 확인하면서 무엇이 발전 가능성이 있는지, 어떤 것은 없는지를 배운 거죠.

사회적 기업의 경우 전신이 있는 곳도 있지만, 보통은 운영되었다고 해봐야 5년 내외입니다. 이 정도 된 사회적 기업이라면 무엇이 자신의 모습에 가깝고 어떤 식으로 기업을 운영해 가야 하는지 재검토하는 때가 시작된 게 아닌가 해요.

반면 지금 사회적 기업을 시작하거나 모색하는 사람들은 조금 다르게 봤으면 좋겠어요. 사회적 미션 반, 수익 모델 반인 모델, '착한 일도 하고 돈도 벌고'와 같은 개념은 이제 안 맞는 것 같아요. 지금 출발하는 사회적 기업은 주저하지 말고 극단적으로 가봤으면 좋겠다는 생각이 들어요. 수익이 확실치 않지만 사회적 영향력을 극단적으로 추구하든가, 틈새시장에서 수익모델을 극단적으로 추구하든가, 자기가 원하고 잘하는 것을 먼저 극단까지 추진해서 경험치를 만들어 놓고 사회적 기업의 자기 정체성에 대한 고민을 집중적으로 다뤄보면 좋겠어요. 사회적 기업을 지원해 주는 정책이 있기 때문에 이것에 몸을 맡긴 채, 자기 자신을 새롭게 알아가는 과정 없이 지원 정책에 맞추어서 가려고 하면 오래 못 가고 금세 넘어지고 말 겁니다.

김종휘 대표는 일단 극단으로 몰아가라고 말한다. 사회적 영향력을 극대화한 후 수익 모델을 창출하든가, 틈새시장에서 수익 모델을 확고히 한 후 사회적 영향력을 확산시켜 나가라는 의미다. 두 가지 모두를 추구하고자 사업에 뛰어드는 청년들에게는 어쩌면 가혹한 말일 수도 있다. 하지만 그동안 수십여 개의 사회적 기업을 직접 인큐베이팅하면서 느낀 그 나름의 솔직한 결론이었다.

송화준 사회적 기업은 구조적으로 실패의 가능성이 더 크다고 보시는 듯한데요. 그렇다면 실패를 대하는 자세나 방법 같은 것이 따로 있을까요?

김종휘 저는 주로 이렇게 이야기합니다. 1년을 분기별로 쪼개서 조직의 실패를 도출해라. 안 그러면 실패를 자꾸 유예시키고 회피하면서 마치 실패를 안 한 것처럼 갈 수 있거든요. 1/4분기 동안 확실하게 실패한 것이 무엇인지 분명하게 드러내고, 그 실패를 낳은 결정적 원인으로 '우리가 무엇을 하지 않았는가'를 따져보아야 합니다. 이렇게 '불이행'을 직시해서 그것을 다음 2/4분기에 집중적으로 실행하는 것이죠. 이렇게 하지 않으면 우리는 자신이 어디에서 실패했는지도 모른 채 그냥 운영하게 되고, 그렇게 활동해서는 성공도 거둘 수 없습니다. 이렇게 실패를 도출하고 직시하면 자신이 실제적으로 불이행한 것이 무엇인지 깨닫게 되죠. '준비 없이 영업 나올 수 있느냐'라는 소리를 들을지언정 많이 부딪히고 다녀야 해요. 여러 가지 걱정과 실패에 대한 두려움으로 이행하지 않은 것, 이게 불이행입니다. 그걸 피하지 않고 부딪히고 확실히 지난 분기의 실패로 선언해야 합니다.

그렇게 한 뒤에 새로운 분기에는 그걸 제대로 실행해 보고 이야기하는 거죠. 이렇게 1년에 4번씩 진행하면 달라질 겁니다. 이런 말을 하는 이유는, 청년들은 사전에 더 준비를 많이 해서 실수를 하지 말아야 한다고 생각하는 경우가 많기 때문입니다. 실수를 줄이려고 하다 보니 실은 아무것도 안 하면서 준비만 반복하는 경우가 생기죠. 실수를 줄이느라 아무것도 안 하니 실패를 하자. 실패해서 내가 무엇을 확실히 했고, 무엇을 회피했고, 무엇을 불이행했는지 확실하게 알아서 그다음에 달라져야 하는 겁니다.

하기 싫은 게 무언지 대면해 보면 하고 싶은 게 보인다

송화준 어쩌면 실패에 대한 두려움도 내가 좋아서 이것을 하고 있는 건가 하는 불안에서 오는 부분도 많은 거 같습니다. 제 주변에도 내가 정말 좋아하는 게 뭔지 모르겠다고 말하는 또래가 정말 많거든요. 자기가 하고 싶은 것을 어떻게 찾아야 할까요?

김종휘 일을 하다 보면 하고 싶은 것을 모르겠다는 상담을 많이 받게 돼요. 모든 요인들이 골고루 양호한 상태에서 성장한 사람이라면 하고 싶은 것을 찾기도 쉬울 겁니다. 그러나 어느 한 부분이 결핍된 상태에서 그것을 자각하며 성장하다 보니 그 결핍이 내가 하고 싶은 것의 원천이자 재료가 되기도 하죠. 그런데 대부분 그 중간 정도에 섞여 있는 상황에 처해 있다고 스스로를 자평하기 때문에 '하고 싶은 게 뭔지 모른다'는 말이 많이 나오는 것 같아요.

'내가 오늘 행복한가'라고 물어보면 행복하지 않다고 말하는 경향이 많아지는 법이에요. 반대로 '내가 오늘 불행한가'라고 물어보면 그렇게 불행하지는 않다고 말하는 경향이 많아지죠. 하고 싶은 게 무엇인지를 골몰히 생각하기보다는, 하기 싫은 게 무엇인지, 회피하고 싶은 게 무엇인지를 더욱 솔직하게 대면하다 보면 자기가 좀 정리가 되면서 '이게 내가 하고 싶어 하는 게 아닐까' 하고 자신과 세상을 바라보는 눈이 달라질 겁니다. 잔뜩 헝클어진 방에서는 지금 당장 급하게 찾는 물건(하고 싶은 것)이 어딘가에서 쏙 나타나주길 바라지만 뒤지고 찾을수록 더 헝클어지기만 하죠. 반대로 헝클어진 방에서 안 쓰는 물건, 구석에 처박힌 물건들부터 찾아서 정리하다 보면 원하는 물건을 찾기가 쉬워지죠. 이것과 마찬가지입니다.

송화준 여기에 오기 전에 김종휘 대표님을 인터뷰한다는 글을 인터넷에 올렸더니 많은 친구들이 대신 물어봐달라고 댓글을 달더라고요. 댓글로 올라온 질문을 하나 드릴게요. 노리단이 창의적인 프로젝트를 많이 하는데 창의성을 발현하는 노하우 같은 게 있나요?

김종휘 방법론적인 부분에서는 이미 많이 소개되었어요. 노리단만의 유별난 방법이 있는 것도 아니고요. 앞서 노리단은 소통 비용이 많이 든다고 했잖아요. 그만큼 노리단은 다른 데에 비해서 서로에 대해 알아나가는 과정에 많은 에너지를 써요. 그런 게 어떻게 보면 창의적으로 같이 도모할 수 있는 것을 수월하게 만드는 조직 문화일 수 있어요.

외부와 비교하면 훨씬 수평적이고 열린 대화들이 많아요. 서로 쓴소리도 자주 하고 상처도 받지만 이것으로 프로젝트가 중단된 적은 없고 '우리

'내가 오늘 불행한가'라고 물어보면 그렇게 불행하지는 않다고 말하는 경향이 많아지죠. 하고 싶은 게 무엇인지를 골몰히 생각하기보다는, 하기 싫은 게 무엇인지, 회피하고 싶은 게 무엇인지를 더욱 솔직하게 대면하다 보면 자기가 좀 정리가 되면서 '이게 내가 하고 싶어 하는 게 아닐까' 하고 자신과 세상을 바라보는 눈이 달라질 겁니다.

내부 문제를 끄집어내면 어떻게 합니까' 이런 분위기도 없어요. 어떤 신입이 '노리단이 이거밖에 안 돼요?' '이거 문제예요'라고 이야기해도 '어떻게 6개월짜리 신입이 그런 말을 할 수 있느냐' 이러지도 않아요. 노리단이라는 조직이 어떤 모순 속에 있는지 본인이 알려고 하면 그것을 숨기지도 않아요. 그런 모순 속에서 출구를 만들어 보는 경험을 우리는 역설이라고 해요. 이걸 함께 만들어 가는 것이죠.

송화준 마지막으로 이 글을 읽고 있는 친구들에게 한마디 해주세요.

김종휘 사회적 기업의 길을 가고자 한다면 자신만의 역설을 만들어 가야 하죠. 모순된 것을 껴안고 견뎌보는 시간이 필요해요. 견디는 과정을 무시하고 모순을 계속 언설로 통합시키려고 한다든가 모순은 이미 해소됐다고 착각할 때 패착이 시작되죠.

'사회적'과 '기업' 두 가지가 개념상으로 멋지게 통일된 어떤 이상향을 보고 싶겠지만, 그걸 일정한 수준 이상으로 실행해서 성공하는 것은 어렵습니다. 이건 마치 무산소로 에베레스트에 오르는 것과 같아요. 그 과정에서 회의도 들겠지만, 그런 회의감을 붙들고 매달려야 합니다. 우리가 생각하는 '사회적'과 조직 내에서 느끼는 '기업'이 어떻게 충돌하고 있는지 고민하고 견뎌내는 시간을 늘려나가야 합니다. 그 시간에 비례해서 역설이 나올 것입니다.

김 소장과의 인터뷰는 시종 긴장감이 넘쳤다. 그는 여느 사회적 기업가들과는 달리 사회적 기업이라는 개념이 처음 국내에 소개되었을 때부터 지금까지의 모습을 낱낱이 보아온 산 증인이다. 아울러 그 스스로 수많은 사회적 기업을 운영하고 인큐베이팅해 온 장본인이다. 따라서 그의 충고는 그저 열심히 하라거나 자신이 하고 싶은 일을 하라는 수준을 넘어선다. 그가 유독 실패에 대한 이야기를 많이 하는 이유 역시 그동안 보아 온 실패의 경험들 때문일 것이다. 사회적 기업은 시작하는 것보다 버텨내는 것이 더 중요하다는 것을 강조하는 듯했다. '사회적'과 '기업'이라는 상충하는 두 가지가 공존한다는 것은 결코 쉬운 일이 아니다. 하지만, 그러기 때문에 청춘이 도전할 만한 것 아니겠는가!

제2부

청춘의 또 다른 소통:
공동체 정신과 공유 경제

같이 먹는 밥이
진짜 집밥이다!

공동체의 정신을 다시 불러일으키는, 집밥의 재발견

박인 **집밥 대표**

박인

연세대 경영학과를 졸업하고, 3년간 다니던 회사에서 나온 뒤, '혼자 밥 먹지 말고 모여서
먹자'라는 아이디어 하나로 자본금 500만 원에 소셜 다이닝 '집밥' 사업을 시작했다. '음식을
함께 먹고 나누는 경험'을 공유하는 공유 경제 서비스에 관심을 갖고 있으며, '집밥'을 통해,
150여 회의 모임을 진행하였다.

우리에게 '집밥'이란 무엇일까. 필자에게 어린 시절 기억 속의 집밥은 가족이 둘러앉아 하루 동안의 일들을 얘기하는 자리였고, 형 누나와 고기반찬을 놓고 싸우는 전장이었다. 그리고 못난 성적표를 손아귀에 쥐고 가슴 졸이며 밥숟가락을 들던 재판정이었으며, 어제나 오늘이나 변하지 않는, 또 내일도 변하지 않을 지극히 '평범한' 엄마표 된장찌개를 앞에 두고 투정을 부리는 장이기도 했다.

하지만 대학에 입학하고 서울에 올라오면서 집밥은 더 이상 그 집밥이 아닌 게 되었다. 내게 집밥은 '집에서 혼자 예능 프로그램 재방송을 보며 외로움을 숨기고 허기를 달래는 시간'이었다. 1인 가족이 늘어나면서 이런 모습이 일상화되어 가고 있는 것도 사실이다. 어른이란 어쩌면 이렇게 매일 혼자 외로움을 먹는 것인지도 모른다.

그런데 소셜 다이닝(Social Dining) '집밥'의 박인 대표는 아이러니하게도 집밥을 거의 먹어본 적이 없다고 한다. 부모님이 해외에서 사업을 해서 홀로 한국에 거주하면서 혼자 밥 먹는 게 일상적이었고, 학생 시절 잦은 이사로 학교 생활에 적응하지 못하면서 학교에서도 혼자 밥 먹는 일이 많았단다.

그런 박인 대표는 서로 모르는 젊은 사람들이 편하게 모여서 같이 밥을 먹는 모임을 생각했다. 이것이 '집밥'의 시작이다. 지극히 평범한 집밥의 사업모델은 뒤에서 자세히 살펴보기로 하자. 그럼 박인 대표는 왜 소셜 다이닝 '집밥'을 시작하게 되었을까? 일반인에게는 생소할 '소셜 다이닝' 그리고 소셜 다이닝을 포괄하는 개념인 '공유 경제'에 대한 물음으로 인터뷰를 시작했다.

공동체의 정신을 다시 불러들이는 공유 경제

송화준 집밥의 사업 모델을 소셜 다이닝(Social Dining)이라고 표현하잖아요. 아무래도 일반인들에게는 조금 생소한 개념일 것 같아요. 공유 경제도 그렇고요. 알기 쉽게 설명해 주시겠어요?

박인 영어권에서 소셜 다이닝 하면 식사를 하며 공통의 관심사를 나누는 모임을 지칭해요. 어원은 고대 그리스어 심포지온(Symposion)에서 비롯된 거죠. 함께 식사와 술을 나누며 이야기하는 문화예요. 이렇게 보면, 식사와 함께 자연스럽게 이야기를 나누는 건 전혀 새로운 것이 아니었던 거죠. 오늘날에 이르러서 심포지엄 하면 그냥 강연회죠. 저희 집밥이 추구하는, 식사를 하며 함께 나누는 문화는 심포지엄 본래의 모습을 살리는 거라고도 볼 수 있어요.

공유 경제는 쉽게 얘기하자면 '나만 잘 먹고 잘 살자'가 아닌 경제를 말해요. '사람 대 사람(P2P)'이 커뮤니티를 형성하고, 과거의 공동체를 복원하는 게 공유 경제의 초점이라고 저는 이해하고 있어요. 예를 들면, Airbnb(개인 집의 빈방을 여행자에게 빌려주는 사이트——편집자)라는 곳을 들 수 있어요. 집카(개인 소유의 자동차를 서로 공유하는 서비스——편집자) 같은 서비스도 그렇고요. 그래서 다들 시작할 때 가장 중요한 게 커뮤니티 생성이라고 얘기해요. 이런 게 모두 신뢰를 바탕에 두지 않으면 불가능한 경제 시스템이죠. 어떻게 보면 공동체 문화, 품앗이 문화를 다시 부활시키고 원활하게 돌아가는 경제 시스템을 만드는 게 바로 공유 경제의 목표라고 볼 수 있어요.

송화준 최근에 새로 부각되는 것일 뿐, 사실 오랜 역사를 가진 문화라는 것이군요. 사실 식사 자리에서 공통의 관심사에 대해 이야기를 나누는 건 특별할 것이 없다고 생각해요. 하지만 소셜 다이닝은 그 반대인 것 같아요. 공통의 관심사가 먼저이고, 식사가 나중인 거죠. 그렇다면, 집밥의 소셜 다이닝도 공유 경제의 범주에 들어가나요?

박인 눈에 보이는 어떤 실물을 공유하지도 않는데 무슨 공유 경제냐고 물어보시는 분들이 제법 많더라고요. 저도 처음에는 많이 헷갈렸어요. 집밥을 하게 된 계기가 공유 경제 모델을 하고 싶어서였고, 방을 빌려주는 것 등은 이미 많이 하고 있으니까 저는 음식으로 해야겠다고 생각했던 거죠. 그래서 '집밥'이 된 거고요. 하다 보니까 내가 하고자 하는 게 밥을 짓는 것이라기보다는 '같이 먹는 것'임을 알게 됐어요. 그러다 보니 '이게 공유 경제가 아닌 건가?' 하는 의문이 다시 들기도 했죠.

그러면서 내린 결론은 새로운 공유 경제라는 게 굳이 물건만을 공유해야 하는 건 아니라는 거예요. 함께 커뮤니티를 만들어간다는 것이기 때문에 개인 간의 신뢰를 기본으로 삼는 경제 시스템을 공유 경제라고 생각하고, 그렇다면 소셜 다이닝도 공유 경제라는 확신을 갖게 된 거죠. 실제 해외 사례를 봐도 소셜 다이닝은 공유 경제의 범주로 인정받고 있고요.

집밥을 하게 된 계기가 공유 경제 모델을 하고 싶어서였고, 방을 빌려주는 것 등은 이미 많이 하고 있으니까 저는 음식으로 해야겠다고 생각했던 거죠. 그래서 '집밥'이 된 거고요. 하다 보니까 내가 하고자 하는 게 밥을 짓는 것이라기보다는 '같이 먹는 것'임을 알게 됐어요.

필자도 무척 헷갈렸다. 무언가 실물을 공유해야 한다는 생각에 머물렀기 때문이다. 명확한 표현은 아니지만 '공유 경제스럽다고 가슴이 말하는데, 머리는 공유 경제가 맞는지'가 남아 있는 느낌이 들었다. 그렇다면 집밥은 무엇을 공유하는 것일까? 시간을 공유하는 건가, 혹 사람을 공유하는 건가?

박인 자동차나 집, 요즘은 각종 전자기기까지 빌려주는 렌탈 업체가 많이 생겼어요. 그렇다면 렌탈이 공유 경제일까요? 렌탈도 따지고 보면 공유를 하는 거잖아요. 어떻게 생각하세요? 렌탈업은 과연 공유 경제일까요?

화준 씨도 쉽게 대답하기 힘들 거예요. YES라고 대답하기는 더 어렵죠. 렌탈업은 제품을 많이 돌려야 하고 누가 와도 상관없이 규모의 경제를 만들어야 하는 것에 집중하는 경제죠. 그런데 공유 경제는 목적 자체가 부의 창출보다는 개인과 개인이 문화를 형성하면서 공동체를 만들어 내고, 구성원 모두가 그 공동체의 정신에 충실하다는 점이 달라요. 즉 수익만을 위한 것이 아니라 하나의 공동체 의식에 따른 경제 시스템이라는 거죠.

송화준 기업-개인(C2B)의 거래가 아니라 개인간 거래(P2P)와 공동체가 핵심이란 얘기군요.

박인 맞아요. 목적이 어디 있고, 추구하는 가치가 어디에 있느냐에 따라서 완전히 다른 거죠.

송화준 아직 베타서비스인데도 불구하고 많이 활성화되어 있더군요. 페이스북 커뮤니티를 보면 다들 굉장히 열성적으로 활동하고요. 몇 명 정도가 집밥의 소셜 다이닝에 참여했는지 말씀해 주세요.

박인 모임 자체는 100회를 눈앞에 두고 있고, 모임마다 10명에서 최대 30명 정도 모이니까 한 700~800명 정도 거쳐간 것 같네요. 페이스북 그룹 같은 경우는 원래 없었는데, 모임에 참여하셨던 분들이 집밥 커뮤니티를 만들어서 계속 온라인으로 교류하고, 다음 모임을 얘기하시더라고요. 자연스럽게 커뮤니티가 형성되는 모습을 보고는 지금까지 오셨던 분들이 자연스럽게 어울릴 수 있는 '엄마 그룹' 같은 게 있어야겠다 생각해서 만들었어요. 그러니까 저희가 먼저 만든 게 아니라 다른 분들이 만들어 놓으신 것에 뒷북을 친 셈이죠.

모르는 사람과의 장벽을 허무는, 집밥의 재발견

송화준 전혀 몰랐던 사람들이 밥을 통해 친해지고 또 관계를 계속 발전시켜 나갈 수 있는 원동력이 뭘까요? 소셜 다이닝에 오시면 어떤 점을 좋아하세요?

박인 처음에는 그냥 소박하게 재밌게 놀 수 있는 게스트하우스를 만들고 싶었어요. 그냥 그렇게 제 성격이 묻어나오는 일을 하고 싶었던 거죠. 그런데 사람들이 밥상 문화를 부활시켰느니, 이것이 바로 공유 기업이니 하시니까 저도 생각을 해봤죠. 요즘 한국 사회가 삭막하잖아요. 힐링이 트렌드가 될 정도로요. 그런 모습들을 보면서 여기서 힐링을 얻어 가는 것 같다는 생각을 하게 됐어요. 만들어 놓고 의미를 부여한 셈이죠. '내가 이걸 왜 했지? 사람들이 왜 이런 걸 좋아하지? 아하! 이런 뜻이 있었구나!' 하는 식이었죠. 사실 이미 '번개 식사' 같은 것들도 있었는데, 그래서 다르게 생각해 본 거죠.

사람들이 이런 식의 피드백을 많이 주세요. 자신은 그동안 모르는 사람과 밥을 먹는다는 게 불가능하다고 생각했었는데, 여기 와서 사람들을 만나면서 용기를 얻었고, 위안을 얻었다고요. 이런 게 가능하다는 게 놀랍다고 하시죠. 이런 반응들을 보면서 저도 '이런 가치가 있구나' 하면서 놀라고 발견하는 거죠. 집밥의 재발견요.

밥에 담긴 의미는 결코 '한 끼 식사'만은 아니었다. 낯모르는 사람과 만나 서로의 이야기를 주고받는 행위가 결코 어색하지 않은 이유는 그 사이에 밥이 놓여 있었기 때문이다. 밥을 먹는다는 것은 지극히 개인적인 행위인 동시에 지극히 사회적인 행위이기도 하다. 박인 대표는 집밥을 통해 그것을 끌어냈다. 모르는 사람과의 식사 자리가 불편한 것이 아니라 위안과 용기를 주는 자리가 된다는 것. '집밥'의 실험이 없었다면 불가능했을 것이다.

송화준 어떤 분들이 주로 이용하시나요. 연령층이나 분야 같은?

박인 연령층이 정말 다양해요. 열일곱 고등학생부터 쉰 살 아주머니까지 폭넓죠. 집안에 화를 당해서 사람들에게 위안을 받고 싶어서 신청했다는 분도 있고, 남편이 실직했는데 용기를 얻고 싶어서 왔다는 분도 계세요. 저도 놀랐어요. 이런 게 가능하구나 싶었어요. 그럴 곳이 없으니까요. 생각해보면, 옛날에는 반상회나 부녀회가 많았잖아요. 그런데 이런 공동체가 다 없어졌어요. 그 아주머니는 탈출구를 여기서 찾으신 것 같아요.

송화준 홈페이지에서 보니까 집밥에 대한 정의가 독특하더라고요. '집에서 먹는 밥이 집밥이 아니라, 같이 먹는 밥이 집밥이다'라고 되어 있더라고요. 집밥이 갖는 정서적인 면에서 집밥의 진짜 의미를 찾으신 것 같아요.

박인 회사를 관두고 한동안 직업 없이 지내고 있었어요. 혼자 집에 누워 있다 보면 우울해지잖아요. 회사 다닐 때는 밥도 만날 밖에서 먹었는데, 혼자서는 그렇게 못하겠더라고요. 그렇다고 집에서 혼자 먹기도 싫고, 그때 이웃집 아줌마랑 밥을 나눠먹으면 좋겠다고 생각했어요. 그리고 진짜로 연락해서 집밥을 퍼다가 날라서 먹었어요.

그걸 시작으로 찾는 곳들이 많이 생기기 시작했어요. 계속 하다 보니 밥을 싸들고 가면서도 '이게 도대체 뭐 하는 거지?' 싶어지더라고요. 그때 느낀 게 집밥(집에서 지은 밥)이 아니라 도시락을 사가도 재미있겠다 싶었죠. 중요한 건 같이 앉아서 도란도란 얘기하면서 먹는 것이었죠. 그런 느낌이 중요한 거예요.

그런데 이런 걸 또 '소셜 다이닝'이라고 하더라고요. 멋있잖아요. 뭔가 있어 보이고요. 그래서 사이트도 만들고 그랬던 거죠.

송화준 사람들의 반응은 어때요? 모르는 사람과 식사하는 게 어색하기도 할 법한데.

박인 처음에 이것을 한다고 했을 때 주변에서 다들 한국 사람은 모르는 사람 만나는 거 싫어한다고 말렸어요. 불편해한다고요. 그런 반응이 열에 아홉이었죠. 그런데 제가 해봤을 때는 좋았거든요. 그래서 될 것 같다고 믿고 추진한 거죠. 감사하게도 짧은 베타서비스 기간에 이미 100개 이상의 모임이 생기고 참여자들이 모일 정도로 반응이 좋았어요.

송화준 '밥'이라 그럴까요? 굉장히 따뜻한 느낌이 들어요. 사업 모델은 어떻게 되나요? 처음 시작할 때와 달라진 면이 있다면요.

박인 제일 고민하고 있는 게 지속가능성이에요. 초창기에는 손수 지은 밥을 같이 먹는 단순 이벤트였다면, 지금은 식사 모임을 중개하는 온라인 플랫폼으로 발전했어요. 식사를 곁들인 다양한 문화 행사를 기획하기도 하고요. 모임을 통해 이루어지는 결제 수수료와 행사를 기획하고 맡는 기획료가 저희 수익 모델이죠.

인간관계에 목마른 당신, 같이 밥 한 번 해요!

이야기를 나누다 보니 박인 대표는 원래부터 넉살이 아주 좋을 것 같았다. 혼자 먹기 싫어서 동네 아주머니와 밥을 먹고 그것을 계기로 모르는 사람과 식사를 하는 프로젝트까지 진행하니 말이다. 타고난 성격이 활동적이고 밝은 것일까?

송화준 어릴 때도 지금처럼 스스럼없는 성격이었나요? 집밥을 꾸리는 게 그저 우연은 아닌 것 같아요.

박인 부모님이 인도에서 사업하셨어요. 언니는 미국으로 유학을 떠났죠. 그래서 고등학교 때부터 집에서 혼자 살았어요. 가족이 함께 모여 앉아서 밥을 먹은 적이 없었죠. 혼자 먹는 걸 무척 싫어했거든요. 그렇다고 사람들을 좋아하냐 하면, 그것도 아니에요. 저와 비슷한 사람끼리 모여서 가족같이 이야기하는 게 좋은데, 세미나 같은 경우는 명함 나누고 나면 그대로 끝나더라고요. 허무했어요. 동아리 같은 경우는 절차가 복잡한데다 이미 서로 다들 알고 있는데 저만 모르는 사람이라서 불편했고요.

인간관계에 대해 고민이 많았어요. 어렸을 때 이사 자주 다니고, 심지어 인도도 다녔고요. 학창 시절에 친구가 없었어요. 그렇기 때문에 집밥을 만들고 보니까 이런 이유가 아니었을까 생각해요. '인간관계에 목말라 있었구나.' 점심시간에 혼자 먹는 느낌이 각인되었던 거죠.

솔직히 말씀드리면, 제 콤플렉스가 발현된 것이라고 생각해요. 이걸 하면 제가 치유가 될 것 같아요. 그래서 계속 만들어 가는 거죠.

전 힘들 때 여행을 갔어요. 여행을 가면 마주치는 사람들이 나를 하나도 몰라요. 나에 대한 선입견이 없는 상태에서 이야기를 하고 밥을 먹고 술을 마시잖아요. 그때 기억들이 참 좋아요. 소셜 다이닝이 그때의 기억과 연결되는 부분이 많다고 생각해요. 아는 사람이 더 불편할 때가 있잖아요. 고민을 가족들에게 이야기하지 못할 때가 많을 거예요. 어떻게 얘기하겠어요. 나를 열어놓는 방법을 모르는 사람이었던 것 같아요.

회사를 그만두기 전에도 혼자서 제주도 여행을 일 주일 정도 다녀왔어요. 여행지에서 모르는 사람들과 어울려 놀고 이야기 나누다 보면 제 고민이 보잘 것 없게 느껴져요. 그동안의 모든 고민이 하찮아지는 거죠. 때론 가벼운 만남이 주는 매력인 거 같아요. 집밥도 이와 다르지 않죠.

상대가 나를 모르기 때문에 오히려 편견이나 선입견 없이 사람 자체를 볼 수 있다.

그러하기에 자유롭게 의사표현을 하고 감정을 공유할 수 있다. 이것이 집밥 모임의 가장 큰 매력 아닐까. 어쩌면 필자가 즐겨하는 책 모임도 그럴 것이다. 아이러니하게도 때때로 우리는 이렇듯 가까운 사람이 아닌 사람들과의 소통 속에서 더 큰 위안을 얻는다. 소셜 다이닝 '집밥'의 존재 이유다. 앞으로 집밥 같은 기업이 많아져서 우리 마음의 허기를 채워줬으면 좋겠다.

예술로 아이들의 꿈을 키운다

예술이 사회를 바꿀 수 있다는 확신!

서현주 삼분의이 대표

서현주

대학에서 디자인을 전공하고, 대학원에서 '예술이 사회에 미치는 영향'을 주제로 공부하였다. 비영리 예술교육 단체 '삼분의 이'를 설립하여 장애, 비장애의 모든 아동과 청소년들이 예술 활동을 통해 자신의 생각과 감정을 표현할 수 있도록 돕고 있다. 2009년 서울시의 '2030 청년창업'의 운영자로 선정돼 설립된 '삼분의이'는 중독, 자폐와 같이 마음의 장애가 있는 아이들, 다문화 가정, 저소득층 가정, 일반 가정 등 모든 아이들을 대상으로 예술로 소통하는 교육을 베풀고 있다.

삼분의이는 주로 자폐아들을 대상으로 예술 교육을 하는 비영리 단체이다. 서현주 대표가 2009년 7월에 1인 NGO로 시작했다. 현재는 대표자 외 상근자 1명과 40여 명의 교육 자원 봉사자들로 구성되어 있다. 그동안 삼분의이를 통해 신체·정신 장애, 다문화, 한부모, 새터민, ADHD 등의 특성을 가진 237명의 아동·청소년들이 예술 교육의 혜택을 받았다.

삼분의이는 자폐 아동들이 특히 사회적 보살핌의 사각지대에 있다는 판단에 따라 이들에 대한 예술 교육 활동에 전념하고 있다. 디자인을 전공해 석사학위를 받은 서현주 대표는 대학원 시절 '예술이 사회에 미치는 영향'을 주제로 1년 반 동안의 연구를 통해 논문을 집필한 바 있다. 연구 과정에서 예술이 사회를 바꿀 수 있다는 확신이 들었고, 우연한 계기로 청년창업센터에 입주하였다. 그 후 자폐아 대상 초등학교인 밀알학교를 시작으로 다양한 대상들에게 예술 교육을 진행해 왔다.

필자가 처음 삼분의이 서현주 대표를 만난 것은 희망제작소 모금 전문가 학교에 다니던 2011년 가을이었다. 필자는 모금 전문가 교육생으로, 서현주 대표는 모금 실습 단체로 인연을 맺었다.

송화준 처음 희망제작소 모금 전문가 학교에서 만났을 때 모델 같은 외모에 놀랐었던 기억이 나네요. 설레는 마음으로 이렇게 찾아왔어요. (웃음) 이름부터 깜찍한 삼분의이는 어떤 단체인가요?

서현주 저희는 예술 교육을 통해 아이들이 희망을 가질 수 있도록 돕고 있어요. 농아, ADHD, 자폐, 새터민, 다문화, 저소득, 신체장애 등의 특성을 가지고 있는 아이들에게 예술을 통해 자신의 생각과 마음을 건강하게 표현할 수 있도록 도와주고, 이를 통해 아이들의 마음이 건강하게 자라도록 이끌어주는 것이 저희의 비전이죠.

또 예술 교육이 지속적으로 이루어지고, 아이들과 사회의 연결고리를 만들기 위해 아이들이 예술 기부한 그림들을 디자인 상품으로 만들어 판매하고 있어요. 수익금의 3분의 2는 다시 예술 교육에 사용되고요. 아이들이 그저 교육을 받기만 하는 게 아니라 자신의 그림으로 또 다른 친구를 돕는 거죠.

소통이 서툰 아이들에게 그림으로 대화하는 법을!

송화준 어떤 계기로 이 일을 시작하게 되신 거죠?

서현주 디자인을 전공하고 석사 과정을 밟을 때 회의가 찾아왔어요. 내 직업이 내가 속한 사회에서 어떤 역할을 할 수 있을까 고민이 들더라고요. 1학기를 마친 후 실기 전공에서 이론으로 변경한 후 '예술이 사회에 미치는 영향'을 주제로 1년 반 동안 연구하고 논문을 발표했어요. 이 과정에서 예술과 사회 속에서 나의 역할을 찾았다고 할까요. 예술이 사회를 바꿀 수 있다는 확신이 들었어요. 그러던 중 우연한 기회에 지인이 소개해 준 서울시 지원 사업 공고에 참여하게 되면서 덜컥 창업하게 된 거죠. '아무도 안 하는' 분야였고 관심을 갖지 않는 분야였기에 하게 된 것 같아요.

사실 마음만 있었지 제가 직접 차릴 계획은 전혀 없었어요. 사업적인 능력이 있는 것도 아니고 특별한 재능이나 경험이 있었던 것도 아닌데 신기하죠. 돈 계산도 못하고 복잡한 것은 딱 질색이에요. 그런데 찾아보니까 한국에 문화예술 쪽으로 하는 단체가 거의 없더라고요. 교육 개발을 하고 있는 곳은 더 없고, 실제 교육까지 하고 있는 곳은 더더욱 없고요. 아무도 없으면 내가 차리지 하다가 이렇게 된 거죠. (웃음)

송화준 아무것도 없는 상태에서 자리 잡는 데 힘들었을 것 같아요. 지금같이 프로그램을 운영하고 있는 밀알학교나 정신보건센터 같은 곳은 어떻게 연결하신 거예요?

서현주 해본 거라고는 간단한 자원봉사 활동 정도였어요. 교육 경험도 없었고, 경력은 디자인 경력밖에 없었죠. 막무가내로 매주 가서 매달렸어요. 대부분의 선생님은 대개 귀찮아 해요. 기관이니까 보고하고 서류 만들어야 하죠. 대부분은, '좋은 건 알겠다. 그런데 내가 책임을 져야 하는데, 당신을 잘 아는 것도 아니고'라고 하시죠. 한 단추 한 단추씩 꿴다는 기분으로 했어요. 공문 보내고 프로그램 가지고 가서 설득하고 매일매일 부모님들 만나러 다녔죠.

서현주 대표는 앞서 만난 청년 기업가들과는 조금 달랐다. 대부분 대학 시절부터 남들과는 다른 관심사와 활동력을 보였던 반면, 서현주 대표는 순진한 학구파 같은 인상이 강했다. 넉살이 대단히 좋아 보이지도 않았고, 남다른 경력이 있는 것도 아니었다. 그가 평범한 미술학도에서 사회 활동가로 변신하게 된 계기가 그저 연구에만 있었을까? 무언가 그 안에 숨은 어떤 열정이 보이는 듯했다. 하나씩 차근차근 파고들기로 했다.

송화준 그런데 왜 회사 이름을 삼분의이(2/3)라고 지으셨나요? 특별한 의미가 있는 것 같은데.

서현주 제가 원래 한번에 여러 가지를 못하는 타입이에요. 그래서 해야 할 일과 하고 싶은 일을 뚜렷이 나눠보았죠. 스무 살 때쯤에는 인생을 어떻게 살아야 할지 다들 고민하잖아요. 전 독실한 기독교 신자인데 그 격동의 시기에 어떻게 살까 고민하다가 '하나님을 위해 살아야겠다.' 생각해서 매일매일 기도하고, 교회 사역하고 열심히 살았어요. 하지만 그러다 보니 제 삶은 없어지고 주변도 못 챙기는 거예요.

그래서 이번에는 내 주위 사람들을 위해 살아야겠다고 생각했어요. 친구들도 챙기고 봉사활동도 열심히 하고요. 또 그러다 보니까 나머지가 사라지는 거예요. 그럼 나를 위해 살아보자 하고 전공인 디자인 작업도 열심히 하면서 살아봤는데 역시 항상 빈자리가 느껴졌어요.

'아, 문제는 뚜렷한 목표를 못 찾은 데서 나온 게 아니구나'라는 깨달음을 얻게 되었어요. 오히려 삶에서 중요한 것들의 균형을 잡지 못하는 것에서 문제가 나온 거죠. 그래서 인생을 삼등분 해보았어요. 3분의 1은 내가 믿는 하나님을 위해 살고, 3분의 1은 이웃을 위해서 살고, 나머지 3분의 1은 나

3분의 1은 내가 믿는 하나님을 위해 살고, 3분의 1은 이웃을 위해서 살고, 나머지 3분의 1은 나를 위해 살아야겠다는 새로운 목표를 잡았죠. 그 세 가지 목표를 항상 돌아가면서 차곡차곡 채워 나가다 보면 행복을 느끼게 되는 것 같아요.

를 위해 살아야겠다는 새로운 목표를 잡았죠. 그 세 가지 목표를 항상 돌아가면서 차곡차곡 채워나가다 보면 행복을 느끼게 되는 것 같아요.

인생만 삼등분 하는 게 아니라 하루를 살 때도 삼등분 하려고 노력해요. 누굴 만나거나 미팅을 할 때도 삼등분 하도록 노력하고, 어느 한쪽에 치우치지 않도록 노력했어요. '짧은 인생이니까 열심히 살아야겠다' 하고요.

단체 이름을 처음 고민할 때는 영어로 지으려고 했어요. 폼 나잖아요. (웃음) 또 제가 디자인을 전공하다 보니 아무래도 한글보다 영어가 로고 만들기도 좋고요. 그래서 알파벳 R이 들어간 이름을 지었는데, 아무도 제대로 읽지 못하는 거예요. 더구나 우린 아이들을 대상으로 하는데, 아이들이 전혀 기억을 못했죠.

안 되겠다 싶어서 다시 누구나 알 수 있는 이름을 짓자고 고민했죠. 그래서 누구나 알 수 있는 언어로 하되 사람들을 기쁘게 하는 단체를 만들려는 의미를 살리기 위해 삼분의이로 정했죠. 부족한 1/3은 다른 사람과 함께 채워나갈 수 있도록 여백의 공간을 마련한 셈이죠.

내 인생의 부족한 3분의 1을 다른 이들과 함께

송화준 사업 내용을 보면 장애 아이들을 대상으로 하는 경우가 많더라고요. 장애가 없는 아이들과 장애가 있는 아이들이 조금씩 다르지는 않나요?

서현주 저희는 구분하지 않고 교육하고자 해요. 그냥 아이들을 위한 단체라는 인식이 필요해서 거의 모든 증상의 친구들을 만나봤어요. 손목 긋고 뛰어내리려는 친구나 ADHD 약을 너무 심하게 맞아서 마약 중독자처럼 눈이 풀린 애들도 만나봤죠. 그중 가장 열악한 게 자폐였어요. 집에 갇혀 있는 수준이었죠. 부모님이 봐줄 수가 없으니까 문 잠그고 나가는 식이었어요. 그래서 이런 애들한테 집중할 필요가 있어 2013년까지는 자폐에 집중하자고 계획했죠.

자폐는 눈에 보이는 결과물이 없어요. 자폐아들은 아주 긴 시간을 기다려야 해요. 제가 2년 동안 가르쳐도 제가 교사라는 걸 모르는 애들이 대부분이에요. 옆에 지나가도 반응이 없어요. 결과도 늦게 나오죠. 그래서 정부 지원이 적고, 기업 지원이 없어요.

또 저희는 장애라고 이야기하지 않고 특성이라고 이야기해요. 특성이 바뀌어서 정상인이 되길 원하는 게 아니에요. 이 친구들이 마음을 100 중에 10이 열려 있었다면, 그 10이 열려 있는 상태 자체가 온전한 상태라고 인식하고 다가가요. 나머지 90을 열어야겠다거나 그게 치료할 대상이라고 생각하지 않아요. 이게 자연스러운 방식인 것 같아요.

송화준   대학에서 미술 치료를 따로 배우지는 않으셨겠네요. 미술 치료에 대한 역량은 어떻게 개발하셨는지, 예술 교육 프로그램은 어떻게 개발하셨는지 말씀해 주세요.

서현주   역량이라…… 처음 시작할 때, 제가 좋아하는 건 아이들이었고, 제가 잘한다고 생각한 것은 프로그램을 만드는 것이었어요. '나는 한 가지 아이템만을 가지고도 스무 가지 프로그램을 만들 수 있어'라는 자신감이 있었죠. 지금 생각하면 왜 그랬을까 싶기도 할 정도로 자신감에 차 있었죠. 그런 심정으로 프로그램을 만들었어요. 농담이지만 제가 처음 시작할 때는 한국에 전문가가 없었어요. 장애 혹은 예술 교육에 대한 전문가가 없기 때문에 그들도 저라는 존재를 새로운 눈으로 바라봐 주셨죠.

서 대표는 자신이 가진 재능을 바탕으로 사회에 기여할 수 있는 길을 찾았다. 미술이라는 재능을 아이들과 나눔으로써 자신에게 주어진 소명을 다하려는 것이다. 삼분의이라는 이름에는 신앙과 이웃과 자신의 조화를 이루려는 의미가 담겨 있었다.

송화준 교육하면서 기억에 남는 아이가 있었나요?

서현주 기억에 남는 아이들 많아요. 자폐 교육을 할 때였죠. 어떤 아이가 있었는데, 대부분 아이들이 말을 하지 못하고 표현하지 못해요. 소통하기가 굉장히 힘들어요. 특히나 자폐아는 글씨를 못 쓰니까, 어떤 친구는 두 달이 넘을 때까지 동그라미만 그리는 친구가 있었어요. 여러 가지 다른 시도를 해봤지만 그 애가 좋아하는 것을 못 찾고 있었어요.

어느 날 하루 종일 앉아서 동그라미만 그리는 그 아이가 심심할 것 같아서 장난 식으로 '선생님 한번 그려볼래?'라고 했어요. 그랬더니 제 얼굴을 그렸어요. 그때까지 저는 이 아이가 이런 형태를 그릴 거라고는 상상도 하지 못했어요. 왜냐하면 동그라미만 그렸기 때문이죠. 동그란 형태의 사과도 그리지 못했었거든요.

알고 봤더니 얘는 얼굴을 그리는 것을 좋아하는 아이였던 거예요. 자폐의 특징이, 얼굴 그리는 것을 좋아해도 얼굴을 그리라고 말하기 전까지는 아무것도 그리지 않거든요. 나중에는 다른 선생님도 그리라고 했어요. 그다음부터 이 아이는 얼굴만 그리는데 그 사람의 특징을 너무도 잘 뽑아내는 거예요. 사실 그때까지는 부모님도 그렇고 학교도 그렇고 이 아이는 아무것도 할 수 없다고 포기했었거든요. 먹는 것 말고는 아무것도 할 줄 모르는 아이였어요.

그 후에 네모밖에 그리지 않는 아이를 만났는데 앞의 아이를 보고 별걸 다 그려보게 했죠. 사람부터 동물 물건까지요. 그런데 집중력이 5초였어요. 자기가 5초 후엔 그림을 그리고 있었다는 것을 잊어버려요. 어느 날 다른 선생님이 의도하지 않게 컵을 그리게 했는데 20분간 집중하면서 컵을 완벽하게 그린 거예요. 알고 봤더니 이 아이는 글씨가 쓰여 있는 사물에만 반응을 보이더라고요. 밖에서 간판을 그리게 했더니 너무 잘 그리죠. 네모만 그리던 아이가 이 정도까지 그린 건 정말 엄청난 발전이 이루어진 거예요.

그림이 감정을 표현하는 유일한 도구인 아이들

송화준   그 아이가 네모에서 벗어나 다양한 그림을 그리게 된 것이 예술적으로는 진보일지 모르겠는데, 자폐 증상이 호전되거나 그러는 건 아니죠? 그림을 통해 어떤 변화가 이루어지는 것 자체를 바람직하지 않다고 보시는 건가요?

서현주   사실 그렇게 물어보는 분들이 많아요. 저는 그림을 그려서 뭔가가 발전되기를 원하지 않아요. 자폐아들은요. 가만히 놔두면 가만히 있어요. 하루 종일, 365일 그렇죠. 그러니까 본인이 하고 싶은 일에 대한 관심을 발견하지 않는다면 아무것도 하지 않는 거예요.

그림을 좋아하는 아이들이 집에 가서 색연필을 찾고 스케치북을 찾아서 무언가를 하게 돼요. 이 무언가를 한다는 것을 부모님은 놀라운 변화로 받아들이죠. 원래 자폐아는 아무것도 하지 않거든요. 무언가를 하겠다는 표현 자체도 하지 않아요. 부모님 입장에서는 애가 커서 직장을 갖길 바라는 게 아니라 애가 커서 무언가라도 했으면 좋겠다는 것이 소원이에요. 그 정도로 기대 수준이 낮아요. 그래서 그림이라도 그리는 아이들을 보고 부러워하세요. 이런 식으로 어떤 애들은 음악 듣는 것을 좋아하고 어떤 애들은 미술을 좋아하고 이런 거죠.

송화준 그렇다면 아이들에게 '그림 그리기'가 갖는 의미는 뭘까요.

서현주 우리가 트위터, 페이스북 같은 도구를 통해 소통하듯이 예술 교육도 소통 자체에 의의가 있는 거라고 생각해요. 아이들은 그림을 통해서 이야기하기 시작하는 거죠.

사자 그림을 좋아하는 아이가 있었어요. 이 아이는 사자를 통해 이야기하는 거죠. 또 1년 내내 말만 그리는 아이가 있었어요. 그런데 말이 계속 바뀌어요. 기분 좋은 날엔 말 몸에 꽃이 피어 있어요. 꽃무늬 옷도 입고 있어요. 기분이 안 좋은 날에는 말이 쓰러져 피가 나기도 해요. 친구를 만나면 말 두 마리가 있기도 하구요. 그림을 통해 자신의 감정을 표현하고 우리는 그것을 통해 알 수 있는 거죠.

사람은 누구나 자기를 표현하고 싶은 의사가 있어요. 우리가 페이스북 같은 SNS에 예쁜 사진을 올리기도 하고 맛있는 음식 사진을 올리는 이유가 자기를 증명하고 싶어서 그런 거라고 볼 수 있죠. 이 아이들도 똑같아요. 칭찬받고 싶어 하고, 관심받고 싶어 해요. 다만 그걸 끌어내기 전까지 가만히 있는 정도에 차이가 있는 거죠. 그림 그리는 게 비장애인에게는 취미가 될 수도 있고 직업이 될 수도 있겠지만, 아이들한테는 감정을 표현하는 유일한 소통 수단이자 또 다른 언어예요.

아이와 사회가 연결될 수 있는 고리는 어디에 있을까? 그림 그리기가 아이들이 세상과 대화하는 방식이라는 것이 와 닿았다. 그렇다면 아이들의 그림이 더 많은 사람과 대화할 수 있는 기회를 갖는 것 역시 중요할 것이다. 사람들에게 이 아이들의 그림은 어떤 의미로 다가갈 수 있을까?

서현주 대표는 아이들의 작품으로 다이어리와 종이 노트 등 각종 제품도 만들어 판매하고 있다. 이렇게 생긴 수익금은 다시 미술 교육에 재투자한다. 문득 장애 아동의 작품을 바탕으로 과연 좋은 퀄리티의 제품이 나올 수 있을까라는 의문도 들었다. 아이들의 그림은 과연 상품성이 있을까.

서현주 처음에는 전시를 할 생각도 했어요. 그런데 생각해 보니까 그래 봐야 '장애 관련' 전시인 셈이에요. 저라도 안 갈 거 같았어요. 굉장히 유명한 사람이 하는 공짜 전시회에도 잘 안 가요. 그런데 굳이 시간 내서 찾아오는 사람은 미치도록 관심 있거나 지인들뿐이죠. 결국은 전시를 해도 찾아오는 이가 없어요. 또 아이들은 배경을 거의 그리지 않는다는 거예요. 큰 종이에 그림 하나 그리면 끝이죠. 그래서 실제로는 그렇지 않아도 전시를 하기에는 부족할 것 같았죠.

예술은 봐주는 사람이 있어야 의미가 있는 거잖아요. 그래서 이걸 어떻게 사람들과 공유할 수 있을까 생각하다가 팬시 상품을 떠올렸어요. 아이들은 배경 없이 그리는 것을 무척 좋아해요. 평면적으로 그리는 걸 좋아하죠.

이런 게 디자인 상품에 맞다는 생각이 들었어요. 또 여기에 그림 자체보다 일러스트로 단어 하나 집어넣어서 가치를 부여했죠.

디자인 상품을 통해 나타난 작품에는 자폐라는 이야기가 없어요. 그런데 사람들이 봤을 때는 다른 거죠. '그냥 예뻐서 샀는데 알고 봤더니 이런 친구들이 그렸네' 하는 반응을 끌어낼 수 있죠.

2011년 말에 다이어리를 제작했는데 반응이 좋았어요. 효성그룹 같은 대기업이나, 희망제작소 같은 단체 등에서는 대량 구매도 해주셨고요. 지금도 교보문고 핫트랙스, 텐바이텐, KT&G 상상마당 등에서 팔고 있어요.

그림이 유일한 소통의 도구라는 이야기가 인상적이었다. 아이들에게 표현의 기회를 준다는 것만으로도 서 대표의 작업은 값진 일인 것 같았다. 삼분의이에서 가장 인상 깊었던 것 역시 교육에만 머물지 않고, 상품을 통해 선순환 모델을 만든다는 것이었다. 이것은 비단 서 대표와 아이들뿐 아니라 부모들에게도 큰 의미일 것 같다. 그런데 혹시 구매자들이 시혜적 태도로 대하는 건 아닐까 하는 의심도 든다. 어느 정도 가공을 거쳤다고 하지만 아무래도 전문가가 상업적으로 만든 것보다 부족하지 않을까. 하지만, 이 역시 기우였다.

송화준 아이들이 특별한 목적 없이 그린 그림이 전문 업체에서 상품 가치에 대해 많은 고민과 연구를 거쳐 만들어진 제품과의 경쟁에서 살아남을 수 있을까요?

서현주 아이들 100명이 있다고 하면 그림을 좋아하거나 끄적이는 친구가 40명, 잘 그리는 애들이 20명, 놀랄 만큼 잘 그리는 친구가 5명, 그리고 한 명 정도는 '천재구나' 싶은 아이들이 있어요. 아까 말씀드린 사자 그림을 그

저는 단지 삼분의이를 통해서 단 한 명의 아이라도 걸어갈 때 제가 빛을 비춰줄 수 있기를 바라요. 저도 그런 적이 있었거든요. 막막할 때 빛을 발견해서 길을 걸어간 적이 있었어요. 그때도 누군가의 도움이 있었죠. 사람은 항상 누군가의 도움을 받으며 살아가잖아요. 저도 그런 도움이 되어주고 싶었고, 먼 훗날 그것이 저에게도 큰 의미가 된다고 생각해요.

리는 아이의 경우는 방금 본 장면을 사진처럼 기억해요. 이미지를 기억해서 그려내는 거예요. 서번트 증후군이라고 하죠. 그런 친구들이 있어요.

일전에 어떤 대표님이 해외 디자인 상품 박람회에 가져갔었는데 반응이 너무 좋았다고, 다음에 또 가져가자고 하시더라고요. 사실 저희도 상품 기획하시는 분들 찾아다니면서 상품성이 있는지에 대해서 많이 여쭤봤어요. 교육 마인드가 아니고 비즈니스 마인드로 하는 거니까요. 반응이 무척 좋았어요. 이 정도일 줄은 몰랐다는 반응이 대부분이었죠. 충분히 가능성이 있다고 생각해요.

물론 자폐아가 무조건 집중을 잘한다거나 하는 건 오산이에요. 그건 영화 때문에 잘못 알려진 거예요. 한 분야가 발달한 아이들의 비율도 20% 정도고요. 그걸 찾아내기도 힘들어요. 그럼에도 부모님들께서 예술 교육을 굉장히 많이 원하세요. 하지만 한국청소년연구원에서 연구한 바에 의하면 희망자의 1.7%에게만 공급이 되고 있어요. 수요와 공급이 굉장히 안 맞는 거죠.

송화준 이 일을 지속할 수 있는 원동력은 무엇일까요?

서현주 저는 단지 삼분의이를 통해서 단 한 명의 아이라도 걸어갈 때 제가 빛을 비춰줄 수 있기를 바라요. 저도 그런 적이 있었거든요. 막막할 때 빛을 발견해서 길을 걸어간 적이 있었어요. 그때도 누군가의 도움이 있었죠. 사람은 항상 누군가의 도움을 받으며 살아가잖아요. 저도 그런 도움이 되어주고 싶었고, 먼 훗날 그것이 저에게도 큰 의미가 된다고 생각해요.

이 일을 하면서 스스로가 보람 있다거나 뿌듯하다고 느끼기 때문에 하는 건 아니에요. 아이들에게 뭔가 줬다고 생각하지 않거든요. 그냥 아이들에게 관심이 많고 시스템을 마련한다거나 아이들한테 교육 체계를 전해 주는 것 정도죠. 제가 하는 일이 남들 보기에 좋아 보이는 일이고, 비영리 단체다 보니까 착한 일 한다고들 생각하시는데, 저는 그런 생각은 해본 적이 없어요.

송화준 그럼 이제 마지막 질문을 드릴게요. 어떤 세상에서 살고 싶으세요? 서현주 대표님이 꿈꾸시는 세상에 대해서 말씀해 주세요.

서현주 그림을 그리고 싶어하는 아이들이 그림을 그릴 수 있는 상황과 토대를 마련해 주고 싶어요. 학원에서도 안 받아주는 아이들에게 그림을 그릴 수 있는 환경을 조성해 주고, 그것을 자연스럽게 사람들이 받아들여 주었으면 해요. 그저 자폐아도 세상과 함께 어울리는 것을 바랄 뿐이에요.

예술을 통해 사회와 자폐아를 이어주는 '삼분의이'의 서현주 대표. 그녀는 '창문'과 같은 사람이라는 생각이 들었다. 많은 이들은 자폐아를 보고 스스로 쌓은 벽 때문에 소통하지 못하는 존재라고 생각한다. 잘못된 선입견이다. 그들이 벽을 쌓았기 때문이 아니라, 우리 사회가 그들에게 소통할 수 있는 '창문'을 뚫어 주지 못했기 때문에 그들은 사회와 소통하지 못하는 것이다.

일반인들에게 제1의 소통 도구가 언어라면, 자폐아들에게는 그림이다. 단지 그 도구가 다를 뿐이다. 그리고 서현주 대표는 스스로 그들의 '창'이 되기를 자처하며, 자폐아들에게 그 도구를 쥐어주었다. 그리고 그 도구로 자폐아들은 사회와의 새로운 소통을 시도하고 있다.

클릭만으로
진짜 나무가 심어진다

지구라는 거대한 공동체에서 함께 숨쉬며 살아가는 법

김형수 트리플래닛 대표

김형수
현재 한동대학교에 재학 중이다. 사람들의 참여를 통해 환경 문제를 해결하는 것을 미션으로
하는 소셜 벤처 트리플래닛을 설립하고, 가상 나무를 키우면 실제로 나무를 심어주는 게임인
'트리플래닛'을 서비스한다. 현재까지 전 세계 5개국, 13개 숲, 총 34만 그루의 나무를
심었다. 아시아 소셜 벤처 대회 1위, 글로벌 소셜 벤처 대회 3위에 입상, '2013 대한민국 IT
이노베이션 대상'에서 전자신문 사장상을 수상했다.

트리플래닛은 가상의 나무를 심는 게임을 통해 광고 수익을 얻고 NGO와 협력하여 사막에 숲을 조성한다. 아시아 소셜 벤처 대회 1위, 글로벌 소셜 벤처 대회 3위에 입상했다. 유엔사막화방지협약(UNCCD)과 유니셰프(UNICEF)의 공식 파트너 사이다.

우리는 지구라는 거대한 공동체 안에서 함께 숨쉬며 살아가고 있다. 나무가 너무 좋아서 사무실도 나무가 많은 가로수길에 구했다는 김형수 대표에게 왜 나무가 좋냐는 질문은 의미 없는 우문이었다. 나무 얘기만 나오면 눈이 초롱초롱 빛난다는 제보를 확인하러 신사동으로 출동했다.

트리플래닛은 전 세계 소셜 벤처 기업들이 모여 아이디어를 겨루는 Global Social Venture Competiton에서 3위의 성적을 거두며 언론의 주목을 받았다. 그리고 2011년에는 벤처 기업으로는 유일하게 G20에 참여해서 공식 앱을 내놓기도 했다. 게다가 트리플래닛은 UNCCD 공식 어플리케이션이기도 하다. 이렇게 자랑할 거리가 많아도 되는 건가 싶을 정도로 샘나는 국내 대표 글로벌 소셜 벤처, 트리플래닛을 만나보자.

트리플래닛은 겉보기에는 단순한 나무 심기 게임 같지만 이 안에는 아름다운 환경 문제의 근본적인 답이 바로 나무를 심는 거라고 생각해요. 환경 문제를 해소하기 위해서는 이산화탄소를 상쇄하는 것이 가장 중요한데, 나무가 그 역할을 하잖아요. 나무는 자연스럽게 탄소를 먹고 산소를 배출하니까.

비밀이 숨겨져 있다. 게임 유저는 즐겁게 가상의 나무를 심고 기른다. 그러면 광고가 붙은 가상의 비료, 물 등의 아이템을 통해 수익을 거두고 이를 세계 각지의 전문성을 갖춘 NGO에게 보내 실제로 나무를 심는 것이다.

많고 많은 아이템 중에 무엇이 그를 나무에 끌리게 했을까. 혹시 목수의 아들인가 싶기도 했지만 대답은 '아니오', 그래서 진지하게 다시 물었다.

나무 심는 것이 본업인 기업, 그것이 바로 트리플래닛

송화준 어떤 계기로 나무를 심는 어플리케이션을 개발하게 된 건가요?

김형수 중학교 3년 동안 단편영화 동아리에서 활동을 하면서 영상 공부를 했어요. 고등학생이 돼서는 직접 감독으로 다큐멘터리를 찍게 되었구요. 때마침 당시에 환경에 대한 문제제기를 하는 방송이 많았고, 보도를 많이 접하면서 심각성을 깨닫게 되었죠. 또 한편으론 관련 뉴스가 너무 많이 나와서 사람들이 무감각해질 지경이었어요. 그래서 이를 어떻게 하면 효과적으로 전달할까 고민을 했죠.

무엇보다 다큐멘터리를 찍으면서 환경에 대한 문제의식을 지속적으로 가질 수 있었고, 그 문제의식을 표현하는 통로를 사업으로 바꾸게 된 겁니다. 지금 돌이켜 보면 환경 다큐멘터리를 만들었던 경험에서 앞으로 무엇을 해야 할지에 대해 많은 도움을 받았던 거 같아요.

송화준 결국 '나무를 심는 것'이 환경 문제를 해결하는 가장 좋은 해결책이라고 생각하시는 거죠? 지인한테 들으니, 졸다가도 나무 얘기만 나오

면 눈빛이 반짝반짝 한다고 하던데. (웃음)

김형수 하하. 환경 문제의 근본적인 답이 바로 나무를 심는 거라고 생각해요. 환경 문제를 해소하기 위해서는 이산화탄소를 상쇄하는 것이 가장 중요한데, 나무가 그 역할을 하잖아요. 나무는 자연스럽게 탄소를 먹고 산소를 배출하니까.

그뿐 아니라 나무는 나무 밑의 유기물, 지하수, 나무에서 자라나는 새들의 안식처, 야생동물의 보호처, 생태계들의 기본적인 매개체 등 굉장히 많은 역할을 하고 있어요. 이렇게 중요한 기능을 하는 나무가 없어짐으로 인해 발생하는 문제가 굉장히 커요. 개발을 하면서 베어지는 만큼 충분히 심어져야 하는데, 우리는 나무를 그만큼 더 심어야 한다는 문제의식을 놓쳐왔다는 생각이 들어요. 더더군다나 그 일을 하는 기업은 전무하죠. 그동안 나무를 심는 일은 NGO의 몫이었어요. 나무를 심는 것 자체를 본업으로 하는 기업도 필요하다, 그게 바로 트리플래닛입니다.

김형수 대표는 이 부분을 유난히 강조해서 말했다. 그리고 그 안에서 자부심이 느껴졌다. 그는 스스로 소셜 벤처의 존재 이유를 증명해 나가고 있었다.

송화준 평소에 책을 많이 읽는다고 들었는데 사실인가요?

김형수 책을 많이 읽고 그 이론을 세상에 적용하는 연습을 많이 해요. 또 논리적으로 타당한가, 충분히 설명할 수 있는가, 세상의 문제를 만들어서 해결하자고 제안할 수 있는가. 철학은 결국 어떤 문제를 해결하지 못하면 거기서 끝나는 거거든요. 또 혼자 공부하는 것보다 같이 논의하고 함께 결과를 도출해 내고 실행하는 것을 좋아해요. 그래서 회사 차원에서 한 달에 한 번씩 철학 교수님을 불러서 강연을 하거나, 연극도 보고, 미술관에 다니면서 인문학적 소양을 쌓기 위해 노력하죠.

인문학적 사고 자체가 중요하다고 생각해요. 경영이라는 것도 인문학적 철학을 바탕으로 하죠. 사업을 하는 이유도 경영을 잘한다는 것보다 기업의 철학을 끝까지 이뤄내기 위해서 하는 거죠. '세상에서 가장 많은 나무를 심는 기업'이라는 철학도 이런 고민의 산물이죠. 왜 내가 이 일을 해야 하는지에 대해 많이 고민하고 정의 내리는 연습을 하고, 그리고 환경 문제에 대한 나의 해결 방법을 알아가는 과정에 인문학이 필요해요.

송화준 김형수 대표도 아직 대학을 졸업하지 않았죠. 구성원들은 어떤가요?

김형수 초기 멤버들이 모두 학생이었어요. 학생이기에, 학교를 다니는 동안에 학업에 매진할 수 있도록 잠시 자리를 비워두고 그 사람을 기다려주려고 해요. 학업을 마치고 돌아오면 그 시간 동안의 성장을 인정해 주는 시스템을 갖추려고 하죠. 실제로 초기 멤버 중에 홍대 디자인학과를 다니던 멤버가 1년 동안 재학 기간을 가졌어요. 그리고 졸업 후 다시 돌아왔죠. 지금도 외국에서 학교를 다니는 멤버가 있어요. 최대한 학업에 대한 부분을 배려해 주며 그 사람이 자리를 비운 동안에는 다른 직원이 그 사람의 몫을 대신하도록 하죠. 그리고 돌아오면 다시 원래의 역할을 주고요.

창업자 마인드는 모든 직원이 떠나가도 남아 있어야 하는 것이라고 생각해요. 30년이 지나도 나는 이 자리에 있을 것이다. 이런 공표를 통해 직원들에게 안정감을 줍니다. 또 나무가 굉장히 오래 걸려 결과가 나오는 것이 기 때문에 오랜 기간의 각오가 필요해요.

송화준　많이 바쁠 텐데 대학 출강도 하고 학생들 멘토링에도 적극적이라고 들었어요. 특별한 이유가 있나요?

김형수　많은 학생들이 환경 등 지구 공동체에 관심을 가졌으면 좋겠어요. 그래서 멘토링에도 적극적으로 참여하고 대학에도 출강하고 있습니다. 이는 환경에 관심 있는 친구들을 모아놓고 이 의제에 대해 목소리를 높이는 과정이기도 하고요.

환경을 보호하는 것, 지구의 미래에 대비하는 일은 젊은이들의 몫이에요. 젊은 친구들이 환경 NGO나 단체를 운영할 수 있도록 도와주고 싶어요. 트리플래닛에 제안해도 좋고요.

지구의 미래를 대비하는 일은 젊은이들의 몫이에요
....

송화준　질투 어린 질문 하나 할게요. 배우 박신혜 씨가 트위터에서 트리플래닛을 언급한 후 회원 수가 많이 늘었다고 하던데 혹시 따로 연락은 없었나요?

김형수　네, 없었습니다. 박신혜 씨에게 너무 고맙게 생각해요. 나중에 광고를 하게 된다면 광고 모델을 부탁하고 싶습니다. 하하. 트윗이 있고 나서 '2011년 모바일 코리아 어워드'에서 모바일 광고 분야에서 최고의 앱으 창업자 마인드는 모든 직원이 떠나가도 남아 있어야 하는 것이라고 생각해요. 30년이 지나도 나는 이 자리에 있을 것이다. 이런 공표를 통해 직원들에게 안정감을 줍니다. 또 나무가 굉장히 오래 걸려 결과가 나오는 것이기 때문에 오랜 기간의 각오가 필요해요.

로 대상을 받았어요. 박신혜 씨 덕분이죠. 트리플래닛의 광고 플랫폼이 제품으로써 평가받아 기쁘게 생각합니다.

송화준 앞으로의 비전은 무엇인가요?

김형수 좀 더 글로벌화하는 게 목표예요. 전 세계 기업들이 자유롭게 트리플래닛에서 사용자가 원하는 아이템을 제공하는 방식으로 계획하고 있습니다. 또 환경 채널 미디어를 만들고 싶어요. 사람들은 영상을 보는 것을 좋아하고, 영상이 가장 효과적인 것이라고 생각하거든요. 지금도 동영상을 활용해서 메시지를 활용하는 게 저희의 강점이라고 생각해요. 앞으로 사회적인 것들과 환경에 대한 교육을 전달할 수 있도록 발전시키고 싶습니다.

시작한 지 비교적 얼마 되지 않은 트리플래닛에 많은 분들이 호응해 주시는 이유에는 서로 다른 두 가지의 이유가 혼합되어 있기 때문입니다. 모두가 공감할 만한 저희의 비전, 그리고 이 비전을 소통하는 색다른 방식에 있는 거죠. 세상이 바뀐다고 해도 저희는 나무 심는 일을 그만두지 않을 겁니다. 그리고 세상도 이 비전에 공감하는 것을 그만두지 않을 거예요.

하지만 또한 저희의 비전을 실현하기 위해서는 얼마나 지속가능한지도 중요하죠. 변화하는 세상에 맞는 소통 방식을 택해야 한다고 생각합니다. 그래서 저희는 사람들에게 어떤 엔터테인먼트를 줄 것인가 늘 고민해요. 물론 그 소통의 통로가 지금은 앱이지만 나중에 세상이 바뀜에 따라서 또 바뀔 수 있는 거구요.

트리플래닛을 처음 접한 사람이라면 스마트폰용 어플리케이션을 개발하는 회사인가 하는 생각을 할 수도 있다. 하지만 김형수 대표의 중심에는 나무가 있다. 나무를 심는 기업. 사막화되어 가고 있는 지구 곳곳에 더 많은 나무를 심을 수 있다면 그게 무엇이든 수단은 중요하지 않다. 그는 우리를 대신해 더 많은 나무를 심기 위해 노력하고 있었다.

우리는 많은 순간 수단에 집착하며 목표를 잃고는 한다. 성공을 하고 싶다면서 정작 왜 성공하고 싶은지 모른다. 그러니 어떤 성취가 행복으로 이어지지 않는 경험을 하고 허무감에 빠져들기도 한다. 김형수 대표는 자신뿐 아니라 이 글을 읽고 있는 우리를 포함한 지구 공동체를 위해 나무를 심고 있다. 그리고 그의 시도는 UN 등 전 세계의 호응을 얻고 있다. 우리 모두 꿈의 크기를 좀 더 키워도 되지 않을까. 나를 위해 그리고 세계를 위해.

공동체를 가꾸는 사람이
앞서간다

지금 우리에게 필요한 것은 느리게 가는 것

송주희 **놀이기획사 이웃 대표**

송주희
광고홍보학과를 다녔던 대학 시절, 여러 분야에 관심이 많아 공부건 자원봉사건 닥치는 대로
해왔다. 현재 이웃문화협동조합 이사장 및 성공회대 경영학부 외래교수이다. 청년동지
프로젝트 팀장을 맡았으며, 놀이기획사 (주)이웃을 설립하여 수원시 지동에서 지역 주민과
소통하기 위해 다양한 사업을 전개하였다.

놀이기획사 이웃(EWUT, 前 청년둥지)의 송주희 대표는 수원의 대표적인 청년 사회적 기업가이다. 희망제작소 희망별동대 3기 출신으로 2011년 수원시 사회적 기업 창업 아이디어 경진대회 최우수상을 받은 이력이 있다. 현재는 청년협동조합을 준비 중으로 수원의 지동에서 지역 커뮤니티 카페 '핑퐁음악다방' 등을 운영하고 있다.

송 대표와는 온라인에서 처음 인연을 맺었고, 2011년 봄 박원순 변호사(현 서울시장, 당시 희망제작소 상임이사)의 '천 개의 직업' 수원 행사에서 만났다. 청년이 중심이 된 문화협동조합을 준비하고 있다는 소식을 듣고 그에 대한 얘기를 나누고자 지동에 방문했다.

지동은 얼핏 보기에도 많이 낙후되고 번화가하고도 멀찍이 떨어져 교통도 그리 좋은 곳이 아니었다. 왜 촉망받는 청년 사업가가 이런 외딴 곳에 와서 자리 잡았는지 그가 꿈꾸는 지역사회는 어떤 모습일지 궁금해졌다. 먼저 지동에 오게 된 이유를 묻는 것으로 이야기를 풀어갔다.

송화준 이웃은 수원시 지동에 있어요. 오는데 고생 좀 했습니다. 왜 이런 외딴 곳에……. (웃음)

송주희 지동의 '지' 자는 못 지(池) 자예요. 옛날에는 여기가 미나리 키우던 습지였다고 해요. 할머니들이 오셔서 얘기해 주셨는데, 옛날에는 여기 저기 땅이 움푹움푹 파인데다 질퍽했다고 해요. 지금은 참 좋아졌다고요. 지금도 여름에 많이 습한 편이죠.

행궁동(수원의 번화가 중 하나)에서 활동할 때, 우연히 거기부터 성곽길(수원 화성)을 따라오다 여기를 알게 됐어요. 뭐랄까, 이곳에 도착한 순간 바쁘고 번잡한 도시에서 벗어났다는 느낌이 들었어요. 내가 찾는 새로운 것이 있을 것 같다는 생각도 들었고요. 그래서 여기서 뭔가 해보면 좋겠다 싶었죠. 게다가 알아보니까 임대료도 무척 싸더라고요.

이곳은 거주민의 평균 연령대가 비교적 높은 편이에요. 저희가 우르르 지나가면 신기한 눈으로 쳐다보실 정도로요. 저희도 어르신이 많이 사시는 것 같아서 한 번 조사를 해봤어요. 전체 인구가 1만 4000명 정도인데, 이 중에서 62세 이상 어르신이 30%를 조금 넘더라고요.

지역 주민과 아웅다웅하면서 탄생한 이웃의 첫 번째 작품 핑퐁음악다방

노인들이 주로 거주하는 지역이다 보니 혈기왕성한 청년의 입장에서는 불편한 면도 많았을 법도 하다. 그는 낙후된 곳이라 꺼리는 팀원들에게 "우리가 하려는 일 자체가 바로 지역에서 소통하는 것이고, 따라서 지역 주민과 긴밀한 관계를 가질 수 있는 곳으로 가야 한다."는 논리로 설득했다. 그리고 이런 지역과의 소통의 결과로 첫 번째로 내놓은 게 바로 노인분들이 와서 탁구 치고 LP 음악을 들으며 커피를 마시는 '핑퐁음악다방'이다.

어느 날 친한 이웃 어르신 한 분이 오셔서 잔소리만 세 시간 동
안 하고 가셨어요. 젊은 남녀가 섞여서 뭐하는 짓이냐는 거였죠.
깜짝 놀랐어요. 어르신의 그런 반응을 듣게 되리라곤 생각하지
도 못했거든요. 아무 생각 없이 우리가 하고 싶은 것만 하다가
그런 분들의 이야기를 들으면서 조금씩 변한 것 같아요.

송화준 핑퐁음악다방, 이름도 독특하고 콘셉트도 참 재밌는거 같아요. '핑퐁음악다방'은 어떻게 시작하게 된 건가요?

송주희 수원 지동으로 이전한 직후, 초반에는 우리가 하고 싶은 것만 했어요. 폼 나고 신나는 것 말이죠. 그런데 어느 날 친한 이웃 어르신 한 분이 오셔서 잔소리만 세 시간 동안 하고 가셨어요. 젊은 남녀가 섞여서 뭐하는 짓이냐는 거였죠. 깜짝 놀랐어요. 어르신의 그런 반응을 듣게 되리라곤 생각하지도 못했거든요. 아무 생각 없이 우리가 하고 싶은 것만 하다가 그런 분들의 이야기를 들으면서 조금씩 변한 것 같아요.

여기는 어르신들이 많은 곳인데, 그분들과 소통할 수 있는 것들이 부족하다고 느꼈어요. 그래서 어르신들을 위한 공간을 만들어야겠다고 생각하게 됐죠. 여기 핑퐁음악다방에서 10분 정도 쭉 올라가면 위쪽 동네에 노인정도 있고 어르신들도 더 많이 사시죠. 어르신들도 겨울에 운동을 하셔야 하는데, 할 수 있는 게 모두 실외 운동이더라고요. 그래서 어르신들이 겨울에 실내에서 하실 수 있는 운동이 없을까 조사하다가 탁구를 생각하게 됐죠. 그리고 탁구장만 해선 어려우니까 수익 모델을 고민하다가 LP 음악을 떠올렸죠. LP 음악을 들을 수 있는 음악다방 겸 탁구장을 하자, 그래서 핑퐁음악다방이 나온 거예요.

저희는 지역 주민들과 소통하기 위해 다양한 사업을 꾸준히 시도했어요. 이웃센터에서 세미나도 열고 출판기념회 같은 것도 하고, 영화제도 했어요. 계속해서 이런 것들을 하다 보니까 주민들이 조금씩 관심을 가져주시고, 저희와 친해진 분들도 생겼죠. 그렇게 주민들의 욕구를 파악하고 맞춰가는 과정에서 탄생했다고 보시면 될 거예요.

지역사회에 더 밀착하기 위한 송 대표와 이웃(EWUT)의 노력이 돋보였다. 지역사회 운동이라고 해서 거창할 필요는 없다. 추운 겨울철에 노인들이 운동할 수 있는 공간을 만드는 것부터 시작한 것이다.

송화준 핑퐁음악다방 외에 지역사회와 소통하기 위해 했던 건 어떤 게 있을까요? 재밌는 일화나 힘들었던 일 있으면 얘기해 주세요.

송주희 저희가 모금함을 들고 다니면서 모금을 했었어요. 저희가 공동체와 이루고 싶은 가치를 공유하고 싶었어요. 모금이란 게 우리가 지역에서 이런 일을 한다는 것을 알리기에 좋은 방법이라고 생각했죠. 그 행사에 오신 분들은 사회적인 활동에 관심이 많은 분들이고, 우리가 핑퐁음악다방이라는 새로운 활동을 한다는 걸 알려서 이런 다양한 시도들이 많다는 걸 알리려는 목적이었죠.

그때가 서울 시민창안대회 2회째였는데, 그때 주최 측인 희망제작소의 동의를 받고 모금함을 설치했죠. 그러면서 책자 같은 거라도 드리면서 후원을 부탁했었어요. 다들 아는 분들이고, 또 지역에도 아는 분들이 많으니까 저희가 부탁을 하면 들어주시는 편이세요. 그러다가 끝날 때쯤 저희 팀원 한 명이 편지를 나눠드리면서 나중에 담아서 달라는 식으로 부탁을 했는데, 어떤 아는 분이 장난삼아 '앵벌이 하냐?'는 식으로 말씀하신 거예요.

그 얘기를 들은 친구가 사회 경험도 적고 마음도 여린 사람이라서 아무 말 못하고 있다가 저한테 속상하다고 하소연을 했는데, 저도 많이 속상하더라고요. 저희가 앵벌이 하려고 그러는 게 아니잖아요. 게다가 제가 수많은 사람 도와주는 건데, 수원의 많은 지역 단체들이 서로 돕고 지역을 살리자

이렇게 조금씩 사람들의 생각이 바뀌는 게 중요하다고 봐요. 그리고 이런 생각을 가진 사람들이 각자 자기의 동네에서 다섯 명 이상이면 협동조합 만들 수 있잖아요. 한번 해보는 거죠.

는 취지로 하는 건데요.

그는 이웃이 하는 일을 알리려는 당위성만 강조하다 보니 생긴 일이었다고 회고했다. 처음으로 돌아가 이웃이 하는 일에 대해 묻기로 했다.

송주희 저희는 '놀이기획사'라고 표현해요. 전반적인 문화 기획 일을 하고 있어요. 특화시켜서 하는 일이 놀이라는 건데, 우리나라가 워낙 놀이 문화가 없어요. 협소한 의미로 PC방에 가거나 놀이공원에 가는 것 정도로만 보는 경향이 있죠. 그래서 우리가 '놀이'라는 것을 재정립해 보자는 의미에서 그렇게 방향을 잡았죠. 그러고 나니까 처음에는 사람들이 모두 아이들을 대상으로 하는 곳으로 아시더라고요.

결국 인식의 전환을 시도해야 했죠. 우리는 본래 문화를 놀이라는 개념으로 재미있게 접근하려고 했었어요. 그런데 오히려 우리가 놀이라는 말에 갇혀 버렸죠. 그래서 『호모 루덴스』(문화사를 연구한 호이징가(Johan Huizingga)가 쓴 책으로, 인간의 본질이 '놀이'와 '유희'라는 점에서 파악하고 있다.——편집자)를 3개월 동안 함께 읽으면서 연구했어요. 그래서 소책자를 하나 만들었는데 도대체 '놀이'라는 것에 대한 정의를 철학적으로 내리기가 무척 어렵더군요. 그걸 일반화하는 것도 마찬가지로 힘들고요.

그 과정을 거쳐서 '놀이'에 대한 우리의 철학을 EWUT라는 글자에 녹여 냈죠. E는 경험(experience)이고, W는 일(work)이에요. 그러니까 놀이가 놀이로 끝나는 게 아니고 일처럼 되어야 한다는 거죠. U는 재미(fun)고요. '놀이' 하면 즐거움이 연상되니까 이왕이면 즐겁게 하려는 태도를 나타냈지요. 마지막으로 T는 문화(culture)를 의미합니다. 우리가 하는 놀이가 하나의 문화 현상으로 형성되는 게 우리가 추구해야 할 큰 목적이라고 생각했어요.

이를 함축적으로 저희 이름, 이웃(EWUT)에 녹여낸 거죠.

놀이에 대한 강박에서 벗어나 우리의 방식대로

송화준 놀이라는 개념 자체가 너무 많은 걸 포괄할 수 있어서 고민이 많으실 것 같아요.

송주희 처음엔 그런 고민을 많이 했는데, 지금은 안 해요. 고민을 할수록 계속 제자리걸음만 하더라고요. 이제 어느 정도 우리가 '놀이'에 대한 개념을 정립했고, 이런저런 사업을 할 수 있다고 정리해 놓으니까 사람들이 따라오기 시작했어요. 초기에는 '우리가 놀이를 왜 하는 거지? 왜 놀이라고 했지?'라는 의문을 품었어요. 그렇게 또 정립을 시키면, 또 원점으로 돌아가고, 계속 이상하게 회귀 현상이 오는 거예요. 그러니까 놀이에 대한 정의를 아무리 내린다고 해도 공허한 거죠. 그래서 '놀이'라는 단어에 너무 강박증을 가지고 사람들을 어떻게 해보자는 것을 벗어나서, 지금은 저희가 생각하는 방식대로 놀이 문화를 기획하는 일이 주를 이루고 있어요. 놀이 공간을 만들고 놀이 교육을 하는 일 등이죠. 이러니까 오히려 쉽더라고요. 놀이가 뭐고, 놀이를 통해 뭘 어쩌겠다고 말하는 것보다 공간, 교육, 연구, 축제 같은 이벤트라는 네 분야로 나눠서 저희 방식대로 일을 진행함으로써 저희가 생각하는 지향점을 체험하게 하는 거죠.

이웃은 수익의 대부분은 축제 등 문화 행사를 기획하고 컨설팅하는 일에서 얻고 있다. 핑퐁음악다방은 처음부터 큰 수익을 낼 목적으로 시작한 게 아니라서 시니어 바리스타의 월급과 공간 임대료를 내는 수준으로 지속가능한 구조를 만든 것에 만족한다고 했다.

송화준 조금 다른 질문을 드려볼게요. 이웃과 핑퐁음악다방으로 인해서 지동이 어떻게 바뀔 거라고 보세요?

송주희 지동에 핑퐁음악다방이 생김으로써, 문화라는 것이 특별한 사람들만 누리는 것이라고 생각한 사람들이 조금씩 변화하기 시작했어요. 커피 마시는 것도 문화죠. 그런데 프랜차이즈 커피숍에 가면 커피 한 잔에 5000원, 6000원 하잖아요. 할머니들이 돈이 어디 있어요. 하루 종일 파지 모아 봐야 그 돈을 벌까 말까인데요. 여기는 그런 분들도 선뜻 오셔서 커피를 드실 수 있어요. 어르신들에게는 또 50% 할인해 드려요. 정가가 3000원이니까, 1500원이면 커피를 마실 수 있어요. 그런 분들도 오실 수 있는 곳이 카페여야 하죠. 그게 핑퐁음악다방이고요.

이렇게 조금씩 사람들의 생각이 바뀌는 게 중요하다고 봐요. 그리고 이런 생각을 가진 사람들이 각자 자기의 동네에서 다섯 명 이상이면 협동조합 만들 수 있잖아요. 한번 해보는 거죠.

자연스럽게 협동조합에 대한 이야기가 들어오고 있었다. 송주희 대표를 인터뷰하고 싶었던 가장 큰 이유도 청년이 지역사회에서 협동조합을 하는 이야기를 듣고 싶어서였기 때문이었다. 창업 당시 어쩔 수 없이 손쉬운 법인 설립을 위해 주식회사 형태를 취했지만, 마음속에는 항상 협동조합이 있었다고 한다.

송화준 이웃을 주식회사 형태로 운영하다가 협동조합 형태로 전환하는 이유가 있나요? 1주 1표제인 주식회사와 1인 1표제인 협동조합은 지배 구조의 차이만큼이나 운영 방식에도 차이가 있을 텐데요. 1인 1표제를 '기업의 민주주의' 관점에서 긍정적으로 보기도 하지만 외부 환경에는 대처하기 어려운 구조잖아요.

송주희 협동조합으로 갈 것이냐 말 것이냐, 저희에게는 선택의 문제가 아니었어요. 원래 평등하고 민주적인 소통 구조였고, 주식회사 형태로 운영하다 보니 안 맞는 부분이 많았어요. 2012년에 수원시 사회적 기업 창업 아이디어 경시대회에서 최우수상을 탔어요. 그런데 법인이 만들어져야 상금을 지급하더라고요. 법인을 빨리 만들려면 주식회사를 세우는 수밖에 없었죠.

주식회사를 하면서 가장 힘들었던 게 바로 내가 사장이라는 거였어요. 그러니 계속 자본을 끌어 모아야 하고 리더로서 영업도 해야 했죠. 작은 조직이다 보니 회계도 직접 다 했고요. 그런 압박에 시달리다 보니 팀원들한테도 수직적으로, 업무 위주로 대하게 되더군요. 그래서 마찰이 좀 생기기도 했죠. 나와 팀원들이 서로 요구하는 것이 다르고, 팀원들도 뭔가 우리가 처음 하려고 했던 것과 다르게 수직적으로 가고 있다고 느낀 거죠.

저도 그러고 싶지 않았는데, 주식회사라는 게 뭔지 그게 안 되더라고요. 주식회사이면서 협동조합 구조로 간다, 민주적인 구조로 간다고 그러는데, 그런 곳이 있을까 싶었어요. 있다면 그 노하우가 뭔지 무척 궁금했어요. 저는 팀원들 월급도 줘야 하고, 법인과 관련된 업무도 봐야 해요. 그리고 계속해서 일을 가져와서 수익을 창출해야 하죠. 공동으로 소유하거나 민주적으로 할 수 없는 구조였어요.

그런데 팀원들도 같은 고민을 하고 있더군요. 수직적으로 되는 내 자신에 대해서 괴리감을 느끼듯이 팀원들도 조직의 문화가 바뀌어 가는 것에 대해서 괴리감을 느끼고 있었어요. 그래서 바로 스터디를 시작하고 협동조합을 준비했어요. 저희가 연구한 결과를 소책자로 발간하기도 했죠.

지금 우리에게 필요한 것은 느리게 가는 것

송화준 협동조합 형태로 조직을 운영하면서 바뀐 것은 어떤 것이 있나요? 리더십의 변화도 있을 것 같은데.

송주희 원래 제가 추진력이 강한 스타일이었어요. 꽂히면 '나를 따르라' 하는 식이었죠. (웃음) 그런데 요즘은 이런 리더십이 과연 필요한가 의문이 들어요. 협동조합은 느리게 가야 하죠. 지금 이 순간 우리에게 필요한 것은 느리게 가는 거예요. 지금까지 너무 빨리 왔거든요. 앞으론 점점 느리게 가려고 해요. 지동이 원래 느린 동네니까 이 동네 분위기랑 맞춰서 점점 느려지고 있는 면도 있죠.

또 모든 것이 조합원들의 합의에 따라 움직이니까 제가 독단적으로 어떻게 할 수가 없어요. 저는 이 부분이 가장 좋아요. 제가 잘못한 것일 수 있음을 깨우쳐주거든요. 아직까지는 물론 제가 주도적으로 이끌고는 있어요. 하지만 항상 그러다 보면 자만에 빠지게 되고, 저에게도 좋지 않을 거예요. 저에 대해서 '희생'이 있을 거라고 얘기하는데, 희생은 오히려 주식회사에서 더 많이 했어요. 제 시간도 없었고 하루 24시간 일한 셈이거든요. 심지어 꿈에서도 일했으니 끔찍하죠. 연애도 못하고 주말에 여행도 못 갔어요. 약속이 있어도 온통 일에 관한 것이고요. 제 삶이 없어지는 게 싫었어요.

그렇게 슬럼프에 빠져서 계속 자책감만 늘었는데, 협동조합을 하면서 조금 풀어졌어요. 그리고 심지어 회의를 다섯 시간 동안 하고 그래도, 오히려 힘들기는커녕 더 신이 나는 거예요.

송화준 협동조합을 통해서 일단 송 대표님은 구원을 얻은 것 같네요. 그렇다면 이웃의 활동이 가져올 사회적 파급력은 무엇일까요? 협동조합의 그런 면이 궁금했어요. 혹시 이런 움직임과 노력이 평퐁음악다방으로 대표되는 지동에만 머물 것인지, 사회적으로 더 확산될 수 있을지.

송주희 일단 그런 부담감은 없어요. 일하다 보면 조합원 수를 늘리는 방안들도 나오겠죠. 지금 단계에서 할 것은 아니지만 협동조합 간의 협동도 구상해 볼 수 있죠. 저희도 지역 내에 협동조합을 하고 있는 곳이나 의료생협, 일반 생협 매장들처럼 우리가 협동할 수 있는 곳이 또 어디가 있을지 고민하고 있기는 한데, 아직은 그럴 단계는 아니죠.
이제 청년들이 고민해서 새로운 문화협동조합이라는 것을 만들기 시작했으니까 적당한 시기가 오겠죠. 시기가 오면 같이 손잡고 나아가는 거죠. 협동조합의 기본 취지처럼 협동조합끼리도 협동해야 한다고 생각하고요. 지역에 있는 협동조합뿐만 아니라 시민단체, 대학과도 협동해야 한다고 생각해요. 청년의 자립을 고민하다가 이런 협동조합이 나온 것이기 때문에 사회적 반향은 아직 생각하고 있지 않아요.

송화준 이렇게 계속 협동조합을 하려고 하는 이유는 어디에 있나요? 이것도 일종의 희생일 텐데요.

원래 제가 추진력이 강한 스타일이었어요. 꽂히면 '나를 따르라' 하는 식이었죠. 그런데 요즘은 이런 리더십이 과연 필요한가 의문이 들어요. 협동조합은 느리게 가야 하죠. 지금 이 순간 우리에게 필요한 것은 느리게 가는 거예요. 지금까지 너무 빨리 왔거든요. 앞으론 점점 느리게 가려고 해요.

송주희 그것을 희생이라고 보는 관점도 있겠지만 투자라고 볼 수도 있지 않을까요? 내가 살고 싶은 세상을 만들기 위한 투자요.

경쟁에서 공동체로, 지금이 과도기

송화준 살고 싶은 세상이라, 궁금하네요. 청년 송주희가 살고 싶은 세상은 어떤 모습인가요?

송주희 서울 한 번 다녀오면 무척 힘들어요. 출퇴근 시간 버스 안은 정말 지옥이죠. 예전에는 그래도 열심히 서울에 다녔죠. 제가 다니던 학교도, 직장도 서울이었으니까요. 문화적인 혜택이 서울에 모두 집중되어 있는 것 같아요. 제가 만나는 친구들도 서울에 있고요. 지금은 그 사람들이 우리 동네에서 활동했으면 좋겠고, 우리 동네에 그런 문화적인 공간이 있었으면 좋겠어요.

카페도 마찬가지예요. 커피 좋아하는 사람들이 싼값으로 맛좋은 커피를 마실 수 있으면 좋겠어요. 동네에 이런 곳이 생기면 대기업이 운영하는 카페나 빵집은 들어설 자리가 없는 거죠. 따라서 이런 것들을 협동조합을 통해서 이루어내야 해요. 그러면 충분히 경쟁력이 있죠.

송 대표가 꿈꾸는 세상은 지역 주민이 문화적 혜택을 누리기 위해 서울에 의존하지 않아도 되는 세상이었다. 평화니 정의니 거창한 담론이 아니라 지역에서도 지역 나름의 문화적 공간을 만들고, 대기업이 운영하는 카페가 들어올 수 없는 단단한 공동체를 만드는 것이다.

송주희　예전에는 모두 가난했기 때문에 누구든 기회를 잡으면 성공할 수 있었어요. 그런데 지금은 그게 힘들죠. 빈부의 격차도 심하고, 학력도 비슷하게 높아졌죠. 무척 이상한 구조인데, 이런 구조에서는 비슷한 사람들끼리 뭉치는 수밖에 없다고 봐요. 요새 저희가 공유 경제도 공부하는데, 공유 경제, 협동조합, 지역 공동체 같은 것이 모두 맞물려 있다고 봐요.

신자유주의가 최고점을 찍으면 다시 공동체를 지향하는 시대가 올 거고요. 지금이 그 과도기라고 보고 있어요. 그리고 10, 20년 후에는 협동조합을 했던 사람들이 더 앞서가는 사람이 될 것이라고 믿고 있는 거죠.

광고홍보학과를 다녔던 대학 시절 송 대표는 미야자키 하야오 감독의 「센과 치히로의 행방불명」에 나온 캐릭터 "'가오나시'처럼 공부건 자원봉사건 닥치는 대로 먹어치웠다"고 말했다. 다른 전공 수업도 듣고, 영화판도 기웃거리고, 인턴도 일고여덟 개까지 하면서 말이다. 하지만 그는 하고 싶은 것을 찾지 못했다. 더 열심히 활동하며 자신을 부채질해도 심적 허기를 느낀 것이다. 그러던 중, 그는 지역사회에서 문화를 누릴 수 있는 기반이 너무 열악하다고 생각했다. 그가 느낀 이 문제의식은 그가 하고 싶은 것을 못 찾았다는 허기를 채워주었다. 지역에 기반한 문화협동조합 활동을 시작하며 말이다. 더 살기 좋은 세상을 만들겠다는 열정으로 가득 찬 송 대표의 환한 웃음은 누구보다 치열하게 살아온 사람만이 보일 수 있는 웃음으로 기억될 것이다.

누구나 장애인!
함께 살아야 행복하다!

장애인에게도 선택권이 주어지는 사회가 건강한 사회다

진은아 **안산제일복지재단 팀장**

진은아
안산장애인종합복지관에서 사회복지사로 있으면서, 희망제작소의 사회적 기업 인큐베이팅 사업에 참여하여 사회적 기업 '행복한 학교'를 설립하였다. 행복한 학교를 통해 장애인 교육 사업과, 카페 사업, 베이커리 사업 등을 진행하였다. 현재는 안산제일복지재단으로 복귀하여 사무국 팀장으로 재직 중이다.

"행복하십니까?" 이 질문에 선뜻 "예"라고 대답하는 사람은 많지 않다. 그러면 질문을 바꿔보자. "불행하십니까?" 행복하냐는 질문에 행복하지 않다고 대답한 사람도 불행하냐는 질문에 선뜻 그렇다고 답하지 못할 것이다. 혹시 우리는 행복에 대해 지나치게 많은 기준을 대고 있는 것은 아닐까? 우리나라의 행복지수가 아프리카의 빈국 케냐보다 낮다는 사실은 많은 사람이 알고 있다. 세계에서 행복지수가 가장 높은 나라가 1인당 국내총생산(GDP)이 2000달러도 안 되는 부탄이라는 것은 무엇을 의미할까? 우리는 행복한 커피향이 가득한 어느 카페로 향했다. 카페의 이름도 바로 '행복한카페' 이곳에서 우리는 세상에서 가장 행복한 사람을 만났다.

송화준 안녕하세요. 반갑습니다. 행복한카페에서 만나게 되어 저도 덩달아 행복해지는 것 같네요. 사실 행복한카페보다 행복한학교를 먼저 시작했다고 알고 있습니다. 모르는 사람이 들으면 대안학교같이 들리기도 하는데요, 행복한학교는 어떤 기관인가요? 간단히 설명해 주세요.

진은아 행복한학교는 지적 장애인을 포함해서 사회적 취약 계층이 일을 통해서 사회에 통합되어 함께 살아갈 수 있도록 도와주는 기관이에요. 직업을 직접적으로 다루고 있죠. 사회적 기업의 테두리에서 말한다면 혼합형이라고 할 수 있어요. 사회 서비스 제공과 일자리 창출이 혼합되어 있는 형태죠.

사회 서비스 제공과 관련해서는 직업 교육 서비스를 제공하고 있어요. 바리스타, 제과제빵, 그리고 나사조립처럼 지적 장애인에게 맞는 손 근육 강화와 관련된 작업 교육을 하고, 그림을 잘 그리는 친구들에게는 예술 교육을 시키고 있어요. 모두 6개월의 코스죠. 그리고 일할 수 있는 현장으로 행복한카페와 베이커리를 운영하고 있어요. 그래서 교육받은 사람들이 바로 일할 수 있는 일터를 만들고 싶어서 교육장과 일터를 함께 만들었죠.

송화준 그럼 행복한카페는 언제쯤에 시작하신 건가요?

진은아 2011년 4월에 교육과 카페를 거의 같이 했어요. 당시는 교육 장소가 마땅치 않아서 카페 2층에서 손님도 받고 교육도 받고 했죠. 인근에 있는 교회를 빌려서 교육하기도 했고요. 이런 식으로 계속 작년 한 해에만 130명 정도를 교육했고, 올해는 교육장을 마련해서 장애인뿐 아니라 일반인까지 포함해서 200명 정도 교육하고 있어요.

누구나 장애인이 될 수 있죠. 함께 살아간다고 생각해야 해요
....

우리나라에서 사회적 기업이라고 하면, 일단 창업에만 초점이 맞춰져 있다. 상

'구매'라는 표현이 생소할 거예요. NGO에 대한 후원은 사회 서비스를 구매하는 거라는 것이죠. 여성으로서 여성 인권이 중요하고 필요한데, 현실적인 여건상 자기가 여성 인권 운동을 할 수가 없으니까 그 서비스를 NGO에게 사는 거죠. 그런 개념으로 보면 후원은 구매가 되는 것이죠.

황 그렇다 보니까 초기에 창업 지원금을 준 뒤에는 사실상 회사에 완전 자립을 요구한다. 그런데 진은아 대표는 한 언론과의 인터뷰에서 정부 지원 30퍼센트, 수익 사업 30퍼센트, 후원 40퍼센트라는 이야기를 했다. 정부 지원과 후원이 합쳐서 70퍼센트인 셈인데, 그렇다면 자체적인 수익 사업으로 30퍼센트만 충당하는 것이다. 어떤 의도에서 진은아 대표는 이런 말을 했을까?

진은아 사실 모든 기관에 동일하게 적용할 수는 없다고 생각해요. 물론 저희도 아직 사회적 기업에 대한 정확한 정의가 무언지 잘 모르고요. 실제 노동부에서 바라보는 사회적 기업과, 실제 현장에서 부딪히는 문제들도 다 제각각이죠. 여러 가지가 불완전하지만, 저희 기관이 생존하려면, 즉 지속 가능한 구조가 되기 위한 방법이라고 생각했죠.

일단 저희는 특별히 지적 장애인을 교육해요. 지적 장애인은 장애 영역 중에서도 지능이 낮은 편이죠. 그래서 교육을 할 때도 반복적으로 해야 하고, 오로지 감으로 알아챌 수밖에 없는 부분도 많아요. 그래서 교육이 고되고 시간도 오래 걸리죠.

외국의 사례를 볼까요? 현실적으로 장애인을 교육할 때는 자원이 더 많이 투입되어야 해요. 솔직한 제 심정은, 외국에서 만약 100의 자원이 필요하다면, 복지 차원에서 100을 모두 정부의 공적 자금으로 투입해요. 그런데 그것을 30퍼센트 내지 50퍼센트 정도만 투입하고 나머지는 민간에서 발생시키는 것이죠. 그렇게 사회적 기업을 장려하는데, 우리나라에선 그렇지 않죠. 그럼에도 우리나라에서 사회적 기업을 하시는 분은 할 수 있다고 하면서 자금 지원을 받아요.

아까 말씀드렸다시피 저희 기관만의 특수성이 있어요. 수익의 어느 정도는 저희 노력으로 맞춰야죠. 정부에서도 3분의 1 정도는 도와야 하고 나머지는 함께할 수 있는 사람들의 마음을 모으는 게 중요하다고 생각해요. 이 일을 한다는 것이 단순히 수익을 창출하기만 하는 행위는 아니거든요. 사회적 인식 개선이라든가 공헌할 수 있는 게 많아요.

이런 부분을 느꼈다면 자금 후원이든 인력 지원이든 어느 정도 함께하는 것이 바람직하지 않나 하는 생각인 거죠. 장애는 누구나 생길 수 있어요. 그들의 잘못으로 인한 것이 아니죠. 유전적인 요인도 적어요. 요샛말로 '랜덤'이에요. 누구나 장애인이 될 수 있죠. 따라서 나와 상관없는 것이 아니라 함께 살아가야 한다는 인식을 해야 해요.

그런 의미에서 30-30-40을 이야기했는데요. 더 명확하게 말하자면, 생산하는 30은 제품이나 서비스를 통해 발생한다면, 40퍼센트의 후원은 사실상 무형의 가치를 구매하는 느낌으로 하게 되는 것이죠.

진은아 대표는 잠시 말을 멈췄다. 장애인 교육의 특수성부터 지속가능한 구조를 만들어내는 데까지 이어지는 그의 말에선 강한 힘이 느껴졌다. 그리고 무언가 더 중요한 말을 꺼내려는 듯이 잠시 숨을 고르고 말을 이었다.

진은아 '구매'라는 표현이 생소할 거예요. 예를 들면 이런 개념이에요. NGO에 대한 후원은 사회 서비스를 구매하는 거라는 것이죠. 여성으로서 여성 인권이 중요하고 필요한데, 현실적인 여건상 자기가 여성 인권 운동을 할 수가 없으니까 그 서비스를 NGO에게 사는 거죠. 그런 개념으로 보면 후원은 구매가 되는 것이죠. NGO를 능동적으로 바라보는 시각이에요. '도와주세요' 하는 게 아니라 내가 너의 인권을 위해 싸우고 있으니까 너는 우리 운동을 구매하라는 관점에서 이렇게 표현한 거죠.

송화준　비슷한 질문일 수도 있는데요, 저는 사업을 시작하면서 NGO 모금 전문가 교육과정을 이수했어요. 사회적 기업과 모금이 관계가 깊다고 보았기 때문인데요, 그런데 다른 사회적 기업 하시는 분들은 모금과 거리가 멀다고 생각하시더군요. 사회적 기업가들을 위해 모금 관련 커리큘럼을 소개하려고 하는데, 사회적 기업에 필요한 건 투자와 자립이지 모금은 구걸이라고 하거든요. 그런 점에 대해서는 어떻게 생각하세요?

진은아　그 역시 사회적 기업이라는 테두리 안에서 서로 바라보는 관점이 다르기 때문에 생겨나는 것 같아요. 저희는 사회적 취약 계층을 위한 사회 서비스를 제공하고 그들을 고용하기 위해서 존재하죠. 수단과 목적 어느 부분을 중시하느냐에 따라 다를 수밖에 없지 않나 싶어요. 대표자나 설립자나 그 기관이 무엇을 더 중요하게 생각하는지에 따라서 그런 이야기가 아닌가 생각이 들어요. 사회적 목적 실현을 위해서 사회적 기업과 기관이 존재한다고 했을 때, 그만큼 수익이 따라온다면 좋겠지만, 그 부분이 안 된다면 모금이나 후원이 절실하죠.

보통 사회적 기업의 조직 형태는 주식회사 형태가 많은 반면 저희는 비영리 법인이거든요. 따라서 후원 모금이 원활하고 기부금에 대한 소득공제가 가능하죠. 반면에 주식회사는 조직 자체가 영리를 추구하는 것이 목적인데, 후원을 받는다는 개념 자체가 생소하고, 그것들에 의존하기가 쉽지 않아요. 그렇기 때문에 외부 모금이나 후원에 대한 필요성이 낮아지는 게 아닐까 하는 생각도 들어요.

왜 기업이 후원을 받냐는 식으로 바라보시는 거죠. 대부분 주식회사 형태를 띠고 있어서 그런 것 같아요. 오히려 사회적 기업들을 보면 사회복지에 관한 일을 하는 곳이 많아요. 그런데 후원을 받는다고 사회적 기업이 아니라고 보시는 분들이 있어요.

저희는 앞에서 설명할 때 말씀드린 것처럼 사회적 목적 실현을 위해 존재하는 기업이라서 저희 취지에 동의하시는 분들과 함께할 수 있는 통로를 마련해 놓았어요. 그리고 이미 저희는 그런 걸 따지는 걸 마음에 두지 않아요. 물론 이해시키는 과정이 필요하지만, 그래도 용어 자체에 얽매이면 더 큰 것을 놓칠 수밖에 없죠.

장애인에게도 선택권이 주어지는 사회가 건강한 사회

송화준 저는 늘 배울 점이 있는 분들을 만나면 어린 시절을 어떻게 보냈는지 궁금해요. 유난히 힘든 시절을 보낸 분들도 있고, 그렇지 않은 분들도 있죠. 각각 살아온 길은 모두 다르지만, 공통점이 있더라고요. 힘들게 살았든 그렇지 않았든 어린 시절의 삶의 경험으로부터 무언가 한 가지씩은 배운다는 거예요. 진은아 대표는 어릴 때 어떤 아이였나요? 어린 시절 이야기를 좀 해주세요.

진은아 저는 장애인 문제에 대해서 비교적 자연스럽게 관심을 가지게 되었어요. 제가 어렸을 때 아버지와 어머니가 이혼하셨죠. 그래서 사춘기 때는 반항도 하고, 친구들과 몰려다니면서 얼마든지 삐뚤어질 준비가 되어 있는 청소년이었어요. 그러던 어느 날 어머니가 장애아동 캠프 보조가 있는데 같이 가자며 억지로 끌고 가셨어요. 중학교 때였죠.

그때 저는 사실상 장애인들을 처음 보았는데, 너무 이상했어요. 경증도 있고 중증도 있었는데요, 경증인 친구들은 막 뛰어다니고 이상한 소리도 지르고 했어요. 처음 경험한 낯선 세계랄까요? 그런데 일주일 정도 캠프를 같이 하다 보니 친구들 안에서 순수한 모습이 보이는 거예요. 그게 그 친구들의 특징이기도 했고요. 그때 세상에 왜 장애인이 존재하는 걸까 하는 생각을 하게 되었어요.

그 친구들의 티 없이 맑은 모습이 제 의식을 바꿔준 거죠. 저는 이기적이고 못된 아이인데, 저를 껴안아주었죠. 그렇게 자연스럽게 일주일에 한 번씩 봉사를 가게 되었어요. 그러다 장애가 없는 저는 대학을 고민하고 진로를 고민하는데, 제 친구들은 장애가 있다는 이유 하나 때문에 아무도 그 친구의 미래에 대해 관심을 가지지 않아요. 심지어 부모님들도 크게 기대하지 않더라고요. 그 아이들을 받아주는 곳도 없었죠. 모두 제 또래의 친구들이었거든요.

그 친구들이 살아가는 모습을 보면서 장애가 있고 없고의 차이 때문에 친구는 모든 기회에서 배제당하고, 심지어 친구 관계에 있어서도 아무런 선택권을 가질 수 없게 된 거죠. 지체 장애인 분들은 자기 권리를 찾기 위해서 시위도 하고 행진하잖아요. 그런데 저희 친구들은 인지적인 결함이나 한계로 인해서 자기 욕구를 정확하게 표현하지 못하고 적극적으로 할 수 없는 경우가 많아요. 그래서 모든 권리나 주장에서 소외되는 편이죠. 그들을 대변할 수 있는 대변자가 있었으면 좋겠다는 생각을 막연히 하면서 진로도 사회복지로 정하게 되었죠.

진은아 대표는 질풍노도의 시기를 보내던 때 어머니에게 억지로 끌려간 장애인 캠프에서 삶의 변화를 맞이한 셈이었다. '순수한 눈망울'을 가진 장애인이나 그들을 향한 '봉사' 같은 말은 우리가 익히 들어온 단어이다. 하지만 진은아 대표가 말할 때는 그 안에 특별함이 있는 것 같다. 지금 진은아 대표가 하고 있는 활동 역시 단순히 시혜적인 차원이 아니라 그들이 장애인이기 이전에 인간으로서 마땅히 누려야 할 삶의 권리를 함께 누리려는 노력에 관한 것이기도 하다. 사회복지학을 전공한 진은아 대표는 이후에 어떤 활동을 했을까?

진은아 처음에는 장애인 복지관에 들어갔어요. 그곳에서 2년 반, 3년 정도 근무했죠. 어린이부터 성인까지 프로그램이 상당히 많았는데, 무언가 그들의 삶을 책임지거나 같이 살아가는 프로그램은 없는 것 같더라고요. 일회적인 프로그램, 딱 한 학기에 끝나는 프로그램들뿐이었어요. 이런 게 과면 어떤 의미가 있을까 생각하게 되었고, 그걸 더 알기 위해서 대학원에 다니게 되었죠. 제 스스로 고민해 봤을 때, 초중고까지는 의무 교육에 따라서 그나마 학교 교육을 받고, 성인이 되기 전까지는 치료도 받을 수 있어요. 그런데 성인을 기점으로 모든 것이 끊어져요. 교육의 기회도 끊어지죠. 비장애인은 대학이라는 제도가 있어서 4년 동안 자신의 전공을 배우잖아요, 그것도 모자라서 대학원도 다니고요. 그런데 오히려 교육이 더 필요한 장애인들이 고등학교를 졸업하면 끝이 나요.

그럼 이 친구들은 도대체 언제 직업 교육을 받을까요? 비장애인보다 시간도 더 많이 필요하고 반복 교육이 필요한데 말예요. 제가 대학원 논문을 준비하면서 조사를 해봤어요. 중고등학교 때부터 직업 교육이 이루어지는데, 교육 내용이 전부 뜨개질, 점핑클레이, 찰흙 공예, 도예 같은 것뿐이에요. 이런 걸 특수교사 선생님들이 직업 교육이라는 이름으로 가르치고 있는 실정이죠. 일회성으로 도자기 배워서 어떻게 도예가가 되겠어요. 이런 것들을 봤을 때, 장애 아이들에 대한 중고등학교 직업 교육에 문제가 있다는 걸 느끼게 되었어요. 굉장히 간헐적이고 표면적이죠. 그래서 직업 교육을 더 전문적으로 할 필요가 있겠다는 생각을 하게 되었죠.

일반 현장에 취업한 비율도 찾아봤어요. 교과부에 통계가 있더군요. 살펴보니 장애인 10명 중 4명이 취업을 했는데, 그 4명 중에 3.7명이 대부분 복지관의 보조 작업자, 단순 조립 업무에 종사해요. 나머지 0.3명만 VIPS에 취업했다 어디에 취업했다 해요. 도서관 사서 보조나 바리스타 등으로 취업한 거죠. 이런 점을 보면 일반 회사에서 장애인 고용에 대한 인식이 전무한 것 같아요. 그냥 안 받고 싶은 거죠. 비장애인들이 충분한데, 언제 가르치겠어요. 그렇게 기회가 없다 보니 서비스업에 뛰어난 친구도 조립하고, 노래 잘 부르는 친구도 조립하고, 다른 부분에서 뛰어난 자질을 보이는 친구도 앉아서 조립만 할 수밖에 없어요.

자폐성 장애인 같은 경우는 다양한 외부 자극이 없으면 퇴행으로 이어지거든요. 따라서 조립 업무만 계속 하다 보면, 성인이 된 이후에 퇴행하는 사람들이 무척 많아요. 고등학교까지는 그래도 선생님이 지도도 해주고, 복지관에서는 사회복지사가 지도하거든요. 그런데 성인이 되는 순간 모든 교육과 지도가 차단되고 오로지 조립만 하게 되죠. 그래서 퇴행이 너무 빨리 오는 거예요. 이런 부분을 생각했을 때 조금 더 지역사회 안에서 함께할 수 있는 일이 필요하겠다는 생각을 하게 된 것이죠.

그래서 자폐성 장애인의 퇴행도 막고, 대인관계나 사회성을 향상하기 위한 직업 교육이 필요하겠다 생각했어요. 이런 활동이 얼마나 많은 일자리를 만들 수 있을지는 모르겠지만, 두 손 놓고 보고만 있을 수는 없었죠. 이런 문제의식에 따라서 나도 함께 일하면 너무나 행복할 것 같았어요. 복지관에서 일하는 형태 말고, 내가 주도적으로 일할 수 있고, 만약 나에게 역량이 있다면 그것을 더 발휘해 보고 싶었죠. 그렇게 막연한 생각만 하고 있을 때 인터넷으로 사회적 기업이라는 단어를 알게 되었고, 희망제작소에서 공모전을 하기에 지원하게 되었죠. 대학 때부터 관심사를 공유하던 친구들, 복지관 동료들과 함께 계획을 짜서 희망제작소에 들어가게 되었어요.

장애인 교육 기관이 아닌, 사람과 사람의 행복을 이어주는 일

진은아 대표가 장애인에 대한 직업 교육 이야기를 할 때 느낀 것은 장애인들에게도 비장애인처럼 각양각색의 취향과 능력이 있는데도, 그런 것이 인정받지 못한다는 느낌이었다. 그런 관점에서 본다면, 이런 바리스타 교육이 확대되는 것도 중요하지만, 다른 한편으로 다양한 다른 분야의 교육도 필요하지 않은가 하는 생각도 든다.

진은아 그렇죠. 저희도 그걸 고민하고 있고요, 저희가 가진 맹점이기도 해요. 한 영역이 전문성을 갖추고 자리를 잡기까지 걸리는 시간이 필요하잖아요. 그렇지만 장애인들의 다양성만큼 다양한 직종을 만들어내는 것도 중요한 과제예요. 그래서 2012년 한 해 동안은 바리스타만 했고, 2013년은 베이커리 사업을 시작했죠. 내년에는 다른 사업을 계획하고 있어요. 이렇게 한 단계, 한 단계 가보려고 고민하고 있어요.

송화준 사회복지사로서 활동하셨다고 하셨잖아요. 경영자로서 다시 시작하는 데 있어서 힘든 점도 있었을 것 같아요. 사업으로 뛰어들었을 때 힘들었던 점이나, 자본금 문제는 어떻게 해결하셨나요?

진은아 처음에는 저나 초기 멤버들의 개인 자금으로 충당했어요. 그 외에는 후원을 받았고요. 사회복지사는 말 그대로 복지 서비스를 제공하기 때문에 클라이언트가 이 서비스를 제공받았을 때 얼마만큼 삶의 질이 높아지는지를 보지만, 사회적 기업은 두 마리 토끼를 다 잡아야 하잖아요. 사회적인 목적도 실현해야 하고, 수익도 창출해야 하죠.

살아남기 위해선 수익이 중요하더라고요. 그 구조를 만들기 위해서 계속 고민했죠. 사회복지사였을 때는 필요하지 않았던 생각을 해야 하니까 그런 부분이 저도 익숙하지 않았죠. 그래서 유난히 정신없이 보낸 것 같아요.

송화준 안산 지역에 자리 잡게 된 특별한 이유라도 있나요?

진은아 일단 안산 지역을 보면, 타 지역에 비해 등록된 장애인 수가 많고요. 특수학교도 두 곳이나 있고, 복지관도 두 군데가 있어요. 타 지역에 비해 두 배 이상 많더라고요. 저희가 또 대부분 안산에 살고 있어서 편하기도 하고요. 또 서울예술대학이 근처에 있어서 대학생 친구들에 대한 접근성도 중요했어요. 큰 교회도 있고, 여러 가지 인프라가 좋더라고요.

얼마 되지 않았다고 해도 지금까지 교육을 받은 사람 수로만 따지면 무척 많은 편이다. 실제로 행복한카페에서 일하고 있는 직원도 고등학교 때부터 이곳에서 교육을 받고 올해부터 정식 직원으로 일하고 있다고 한다. 그렇다면 다른 수료생들의 취업률이 어떨지 궁금했다.

송화준 지금 바리스타 교육 받은 사람이 되게 많잖아요. 그러면 한 친구만 여기서 고용되고, 나머지 분들은 다른 곳에서 일하고 있나요?

진은아 아뇨, 아직까지는 한 명밖에 고용이 이루어지지 않았어요.

송화준 그렇다면 지금까지 교육만 진행하고 일자리를 찾아주지는 못한 셈인가요?

진은아 저희 기관이 아직까지 자본력이 작아서 모두 다 할 수는 없어요. 저희도 처음 카페를 차린 거고요. 그래서 장애인이 카페에서 적합하게 일할 수 있게끔 직무 지도도 짜야 했죠. 커피 내리는 것을 가르칠 때도 비장애인은 몇 마디 설명으로 끝날 것을 장애인 직원의 경우 1번 커피 가루를 내린다, 2번 필터 가져다 댄다, 3번 세 번 도장한다, 4번 털어낸다…… 이렇게 20여 차례 가야 해요. 이런 것까지 저희가 모두 분석해서 그대로 가르쳐야 습득할 수 있어요.

두루뭉수리한 언어로 가르치면 정확하게 되지 않거든요. 그래서 1년 동안 직무 매뉴얼을 만들고, 교재 만드는 작업도 필요했어요. 시간도 오래 걸렸죠. 이제 한 명 더 고용하려고 하는데, 아직 매뉴얼이 완벽하지는 않지만, 그래도 누군가 새로 왔을 때 그 매뉴얼을 따라서 하면 더 쉽겠죠. 특히 장애인들은 외부 변화에 민감하기 때문에 미리미리 체계적으로 알려줘야만 안정감을 느끼기도 해요. 그런 것에 대한 시간도 필요했어요.

그다음에 외부에 취업을 지원하는 것도 저희가 하는 사업 중 하나인데, 아직까지는 여력이 안 되네요. 인력도 안 되고, 시간도 없고요. 그런 부분을 조금씩 개선해 나가려고 하고 있어요. 저희에게 직업 재활사가 있는데, 사업체와 고용계약을 맺은 뒤에 그분을 파견해서 3주 동안 직무 지도를 해야 하죠. 그저 취업만 시킨다고 되는 게 아니라 누군가 따라 붙어서 직업 재활자의 근무 환경을 파악하고, 근무 환경에 맞게 과제 분석을 또 해줘야 하죠. 이런 부분들 때문에 아직까지 미진하긴 하지만 순차적으로 펼쳐가야죠.

행복한학교는 2012년 초 행복한콘서트라는 이름으로 음악 콘서트를 개최했다. 당시 많은 사람의 사랑을 받고 있던 위대한 탄생의 김태원과 백청강이 무료로 행사에 참여하여 많은 관심을 받았다. 조금 뜬금없는 활동이라 생각되어 이에 대한 질문을 던졌다.

송화준 행복한콘서트는 어떻게 하게 되었고, 김태원, 백청강 씨의 재능 기부는 어떻게 연결된 건가요?

진은아 2012년에 교육 사업과 카페 사업을 시작하고 올해 베이커리 사업을 시작했어요. 그런데 사실 베이커리 사업을 하고 싶었는데, 카페에서 나오는 수익만으로는 한계가 있더라고요. 지금 수익으로는 고정비와 인건비를 지출하고 나면 거의 남는 게 없어요. 그래서 최소한 연 1회 정도의 큰 후원 사업이 필요하겠다고 생각했죠. 그런 행사를 통해서 목적 자금을 모으고, 이 자금으로 하나의 사업을 오픈하려는 거죠.

그렇게 생각하던 차에 마침 안산 예술의전당에서 부활이 공연을 했어요. 전부터 꼭 섭외하고 싶다는 생각을 했었거든요. 아시다시피 김태원 씨의 아이도 장애가 있거든요. 왠지 진정성 있게 받아주실 것 같았죠. 그래서 소속사에 연락을 했더니 단칼에 거절을 하더라고요. 이런저런 단체에서 너무 많이 연락이 온다며, 협상의 여지도 없더라고요. 그래서 다른 경로를 통해서 우여곡절 끝에 대기실에서 김태원 씨를 잠깐 만났어요. 그 자리에서 저희 사업계획서를 내밀면서 이야기를 하니까 흔쾌히 수락하시더라고요. 뭐 그런 식이었죠.

진은아 대표를 만나고 느낀 점은 사람에 대한 두려움이 전혀 없다는 것이었다. 처음 행복한학교를 알게 된 것도 페이스북을 통해서였는데, 여러 기관과 단체에서 의무적으로 하는 것과 달리 진은아 대표의 페이스북에는 유독 특별한 진정성이 느껴졌다. 의사소통이 쉽지 않은 지적 장애인과 오랫동안 함께했기 때문인지, 진은아 대표는 소통에 특별한 달란트가 있는 사람 같았다. 그에게 행복한학교와 행복한카페는 다른 사람의 행복을 만들어주려는 것이 아니라 자기 스스로 행복해지기 위한 놀이터였다. 그는 지적 장애인과 함께 자신을 발견하고 꿈을 만들어나갈 때 행복을 느끼는 사람이다.

미치도록 행복한
배움과 일터

몰입과 재미와 성과가 한데 어우러지는 세상

전하상 헤드플로 대표

전하상

사회적 기업 헤드플로의 소프트웨어 개발자이자 교육 디자이너로 일하고 있다. 현재 "행복 만드는 공장" 오픈팩토리의 멤버로 활동하고 있으며, 모두 함께 만드는 대학인 오픈컬리지의 학생이기도 하다. 언제나 멋진 사람들과 다양한 시도를 함께 하며 삶을 여행하고 있다.

이런 상상을 해보라. 누군가 다가와 어깨를 툭툭 친다. "저기요, '좋은 회사'을 찾고 있는데요. 어떻게 가는지 아세요?" 당신은 대답할 준비가 되어 있는가? 십중팔구는 없을 것이다. '좋은 회사'라니 얼마나 추상적인가? 게다가 그런 회사가 과연 있기는 할까? 그러나 이런 막막함도 전하상 대표를 만나고 나면 사라질 것이다. 전하상 대표가 운영하는 헤드플로는 좋은 기업의 기준이 무엇인지 존재 자체로 보여준다.

소셜 벤처 헤드플로는 2010년에 열린 소셜 벤처 대회에서 서울강원권역 대상을 받은 팀이다. 보편적인 교육 환경과 사회적 기업 생태계 조성을 위해 청각 장애인 교육 프로그램과 소셜 벤처 인큐베이팅을 주된 사업으로 한다.

많은 기업이 직원 만족도를 높이기 위해 여러 노력을 기울이고 있다. 그렇다면 기업은 왜 직원 만족도를 높이기 위해 노력할까? 기업 CEO들을 대상으로 설문 조사를 한다면 대부분 이와 비슷한 답을 할 것이다. 기업의 성과를 올리고 직원과 고객의 만족도를 높여야 더 많은 이윤이 발생한다는 빤한 답만 듣게 되지 않을까? 사실 기업들은 더 많은 이윤을 창출하기 위한 '수단'으로 직원 만족도를 바라보고 있다. 하지만 아이러니하게도 이런 태도로 접근하는 순간 직원들의 만족도는 점점 바닥으로 꺼져 내려간다. 구성원들은 월급의 노예가 되어 자신의 인생이 저당 잡혀 있다고 느낀다.

사회적 기업과 NGO는 어떤가. 다음과 같은 문제의식으로부터 자유로울 수 있을까? 사회를 살기 좋은 곳으로 만들기 위해 일한다고 선언하면서, 정작 내부적으로는 경직되어 있고, 개인의 희생을 당연하게 여기기도 하는 것이 여러 사회적 기업과 NGO가 처한 현주소가 아닐까?

그런데 여기 '행복한 일터'를 만드는 게 제일 우선이라는 기업이 있다. "일단 재미가 있어야 해요. 돈이야 못 벌면 알바 하면 되죠, 뭐."라고 무심한 듯 말하는 사람들. 대표부터 직원까지 이렇게 말하니 정말 수상하다. 비즈니스에 대한 마인드가 없거나 세상 물정 모르고 하는 소리일 거라는 의구심이 자연스레 밀려온다. 하지만 그들은 이미 성과로 한국의 소셜 벤처를 대표하고 있는 헤드플로 아닌가.

헤드플로가 생각하는 좋은 기업의 답은 '직원이 행복한 일터'이다. 헤드플로는 이미 여러 기성 언론에 소개되어 왔다. 헤드플로는 수십 개의 사회적 기업을 인큐베이팅하고 청각 장애인을 위한 교육 프로그램 등을 운영하고 있다. 특히 헤드플로의 전하상 대표가 청각 장애라는 핸디캡으로 인해 어린 시절 겪었던 좌절과 이를 딛고 만들어낸 사업 모델은 모범 사례로 주목의 대상이 되어왔다.

하지만 우리는 이런 헤드플로의 비즈니스 모델이나 사업 포트폴리오보다 전하상 대표와 헤드플로가 내세운 '미치도록 행복한 배움과 일터'라는 슬로건에서부터 드러나는 그들이 추구하는 조직 문화와 사회적 기업에 대한 가치관이 더 궁금했다. 이것이 그를 찾아서 인터뷰하게 된 가장 큰 이유였다. 전하상 대표는 헤드플로(Head Flow)라는 이름에 대해 먼저 이야기했다.

이제 '돈의 흐름'보다 '사람의 흐름'이 중요하다는 거죠. Flow
에는 두 가지 뜻이 있습니다. '흐름'과 '몰입'이요. 저희한테는
Flow라는 단어가 지닌 이 두 가지 단어가 모두 저희가 추구하는
가치에 들어맞아요. 성과도 결국 저희가 몰입할 수 있을 정도로
재미있으면 자연스레 나오는 거 아닐까요?

전하상　Head Flow는 경제학의 Cash Flow(현금 흐름)에 대비되는 개념으로 차용해 왔어요. 이제 '돈의 흐름'보다 '사람의 흐름'이 중요하다는 거죠. Flow에는 두 가지 뜻이 있습니다. '흐름'과 '몰입'이요. 저희한테는 Flow라는 단어가 지닌 이 두 가지 단어가 모두 저희가 추구하는 가치에 들어맞아요. 성과도 결국 저희가 몰입할 수 있을 정도로 재미있으면 자연스레 나오는 거 아닐까요?

몰입할 만큼 재미있어야 성과가 나온다

전하상 대표는 회사 이름조차 내부 구성원을 중심에 두고 지은 것이다. 멋진 이름이라고 하자, 대뜸 끼어든다. "그렇죠? 사실 그냥 지었어요, 멋지잖아요? 하하." 역시 이 사람 괴짜다. 성과를 위한 몰입이 아닌, 몰입하면 성과가 자연히 따라온다는 말, 사소한 순서의 차이가 작지 않게 다가왔다.

다채로운 전씨의 표정은 보는 사람으로 하여금 웃음 짓게 하는 힘이 있었다. 흔히 '재미있다'는 말은 '내가 하고 싶은 것을 한다'와 일맥상통한다. 하고 싶지 않은 일을 하면서 재미를 못 느끼는 사람은 없을 테니까. 허나 조직이라는 게 어디 각자 하고 싶은 것만 할 수 있을까? 조직이란 일정 부분 개인의 희생을 전제로 할 수밖에 없지 않은가. 비록 같은 꿈으로 모였다고 할지라도 조직의 비전과 대표의 비전 그리고 각 구성원의 비전이 세부적인 부분과 방향성에서는 일부 차이가 있을 수밖에 없다. 그는 이 부분에 대해서 현실적으로 어떻게 생각하고 있을까.

전하상　물론 사람들이 하고 싶은 게 모두 같을 수는 없어요. 모든 구성원이 같은걸 하고 싶게 만들기보다는 '시너지'를 만들어야 한다고 생각합니다. 구성원들이 무엇을 하고 싶어 하고 재미있어 하는지 계속 이야기하며 소통하는 게 중요해요. 그 과정에서 서로가 서로에게 적절한 피드백을 제공하며 각자 방향을 잡을 수 있는 거죠. 재미있게 일한다는 것이 항상 웃으면서 일한다는 뜻은 절대 아닙니다. 개발을 많이 하다 보니까 죽겠는데 이 과정 자체가 큰 틀에서는 엄청 재미있어요. 졸려 죽겠고, 쉬고 싶고, 그렇지만 거기서 답을 실제로 찾아가는 과정도 재미있잖아요? 재미있게 하고자 하면 재미있는 겁니다. 저는 컴퓨터 전공도 아니고 높은 성과를 내기 위해서는 해야만 하는데 정말 어려워요. 그럴 땐 남들은 어떻게 하고 있을까 너무 궁금합니다. 과정이 쉽다는 게 절대 아니에요. 과정을 즐길 준비가 되어 있다. 이 말 안에 답이 있다고 생각합니다.

순간순간에 할 수 있는 것들을 한다는 그의 말에서는 긍정의 힘이 강하게 느껴졌다. 이야기를 나누면서 느낀 점은 전하상 대표의 성격부터 상당히 긍정적이라는 것이다. 청각 장애라는 핸디캡도 있는데, 어떤 과정을 거치면서 이처럼 긍정적인 사람이 될 수 있었을까? 전하상 대표는 기대치를 낮추고 즐기고자 하니 세상이 밝아졌다고 했다. 그리고 특별히 무언가를 해내야겠다는 목표가 강하지 않다고. 이는 어쩌면 그가 어린 시절의 좌절을 겪으며 터득한 교훈일 것이다.

전하상 그냥 이 시간에 할 수 있는 가장 좋은 걸 해야겠죠. 이 순간에 가장 후회하지 않을 것이요. 이 순간에 할 수 있는 최소한의 것들을 하는 거죠. 그래서인지 돌이켜보면 후회한 적은 거의 없어요.

송화준 제 주변에 사회적 기업 창업을 고민하는 사람들 중에는 전하상 대표를 롤모델로 생각하는 사람이 많습니다.

전하상 왜요? 저는 저라는 개인이 남들의 롤모델이 될 수 있다고 생각하지 않아요. 그보다는 우리 팀이 롤모델이 될 수 있는 거지요. 저 자신은 문제가 많아요. 그런데 팀으로서의 기능은 굉장히 특별하다고 생각해요. 팀을 재미있게 만드는 과정에서 시너지가 생기죠.

송화준 재미를 중시한다고 할지라도 기업을 운영하는 입장에서 '성과'를 무시할 수는 없을 것 같습니다. 대표님이 생각하시는 성과는 무엇인가요?

전하상 성과는 기본이죠. 굶어 죽잖아요. 그런데 재미도 기본이잖아요. 둘 다 없으면 괜히 여기서 일할 필요가 없는 거죠. 성과도 있으면서 동시에 재미까지 추구하는 겁니다. 재미가 없다면? 안 하죠. 하기 싫은 일을 억지로 하지는 않거든요.

그에게 성과와 재미는 선택의 문제라기보단 그조차도 적절한 조화를 찾아 극복해야 할 '놀이'처럼 느껴졌다. 그리고 그는 지금까지 성공적으로 그 놀이를 즐기고 있었다. 앞으로도 계속 그걸 증명해 나가는 게 그에게 주어진 숙제일 테지만, 그는 분명 이조차도 즐길 것이다.

그는 특별히 팀에 대한 애정이 많은 걸로 알려져 있다. 헤드플로가 가진 팀워크의 원동력이 궁금했다. 롤모델이 자신이 아니라 팀이라고 이야기할 정도로 그는 자신의 팀에 대해서 얘기할 때만큼은 겸손하지 않았다. 그에게 팀이라는 것은 어떤 의미일까?

전하상 팀이라는 건 신뢰예요. 쉽게 생각해 보면 사람들 사이에 갈등이 있을 필요가 없어요. 같이 의미있는 일을 하고 있다는 사실을 공유하고 있기 때문에 싸운다거나 할 필요가 없는 것이죠. 서로 비전이 같으니 반목할 이유도 없고, 힘든 과정도 다 같이 잘하기 위해서라는 것을 알고 있고, 그 신뢰를 바탕으로 서로 같은 배에 타고 있다는 것을 알고 있다는 것이죠.

송화준 대표님이 이토록 아끼는 사람들은 대체 어떻게 모인 건가요? 대부분이 창업 동지일 거라고 예상했는데, 모두 정식 채용 절차를 거쳐 함께하게 되었더군요. 특별한 채용 기준이 있는가요?

전하상 크게 두 가지를 봐요. 첫째는 '헌신도'예요. 하지만 헌신도를 절대 설득하거나 강요하지 말아야 해요. 이건 중요한 원칙입니다. 오히려 겁을 줘요. '이거 힘든 일이야'라고 말하죠. (웃음) 어려운 점에 대해서 얘길 많이 하고, 겉으로 보기엔 멋있어 보이지만 실제로는 다를 수도 있다고 말해요. 그리고 많은 것을 하려고 하기보다 꼭 하고 싶은 분야에 집중하고 다른 것은 기꺼이 포기할 수 있는 사람인가를 봐요. 다른 기회는 포기하고 이것만 해야겠다 해야 하는 마음이 있어야 해낼 수 있거든요.

둘째는 '능력'이죠. 저희에게 학력은 의미가 없어요. 일을 직접 실행할 수 있는 능력, 그리고 잠재력이 중요한 거죠. 큰 회사라면 학력이 높고 경력이 많으면 그 타이틀에 묻혀 갈 수 있을지 모르지만 저희는 달라요. 저희 같은 경우 IT개발이 50%를 넘기 때문에 한 사람의 실행력이 정말 중요합니다. 그런 면에서 얼마나 실행력을 갖추고 있느냐를 많이 볼 수밖에 없어요.

거기다 장애인인데 남들보다 더 능력이 뛰어나다 그러면 보물이죠. '그

많은 분들이 장애인과 관련된 사회적 기업을 하겠다 하면서 물어보시는데 제일 중요한 것은 장애인들의 정확한 니즈를 파악하는 것이겠죠. 정작 나는 장애인과 함께 해본 경험도 없으면서 그들에게 무엇이 필요한지 알고 해결해 줄 수 있다고 생각한다면 착각이죠.

럼에도 불구하고' 무언가 할 수 있다는 열정을 가진 건 정말 대단한 거예요. 장애인은 사실상 우리 사회에서 교육과 기회를 많이 접할 수 없거든요. 사회에서 제공하는 기회가 그렇게 부족한데도 열정이 뛰어나고 능력을 잘 발휘한다는 것은 그만큼 그 사람의 힘이 크다는 거죠. 저희가 추구하는 목적에 더 맞기도 하고요.

니즈를 파악하기 위해선 먼저 경험을

일전에 헤드플로에 면접을 봤던 구직자에게 얘기를 들은 적이 있다. 그는 전하상 대표의 인터뷰 방식이 매우 인상적이었다고 전했다. 면접보다는 같이 얘기를 나누는 것 같았고, 헤드플로에 맞는 사람을 찾는 것보다도 면접자의 비전을 찾아주려고 한다는 인상이 강했다고 말했다. 전하상 대표는 무조건 회사의 비전을 강요하고 그걸 전하려고 하기보다는 면접자의 비전에 더 집중한다. 그 사람의 비전과 헤드플로의 비전의 접점을 찾으려고 노력하는 것이다. 그리고 역량을 가졌지만 헤드플로와 비전이 불일치하는 구직자에게는 다른 곳을 소개해주기도 한다. 전하상 대표가 얼마나 한 사람 한 사람을 소중히 여기는지, 그리고 그 사람이 가진 비전을 중시하는지 알 수 있다.

송화준 헤드플로에 관심이 있는 사람들은 알겠지만, 헤드플로는 IT 쪽으로 많은 활동을 하고 있는 소셜 벤처인데요. 특별히 그쪽 분야에 가진 비전이 있는지 궁금하네요. 그리고 IT 개발에 역량을 집중하는 이유도 말씀해주세요.

전하상 홈페이지에도 나와 있지만 저희는 컨설팅에서부터 동기부여, 실기 실습 등을 진행하고 있는데요. 사실 직접적으로 많은 사람을 돕는 데는 한계가 많아요. 하지만 IT 기술의 경우 어떤 작은 기능 하나가 수많은 사람에게 혜택을 줄 수도 있죠. 그리고 청각 장애인이 교육을 받을 수 있는 기반을 만드는 것, 그게 또한 소프트웨어적인 일이죠.

소프트웨어는 구성 요소 등에서 경험을 느낄 수 있게 만든다는 건데, 청각 장애가 있음에도 똑같은 경험을 하게 해주는 게 중요해요. 도와주는 사람의 마인드와 소프트웨어의 프로세스가 모두 중요하죠.

그가 IT 개발에 집중하는 이유를 조금은 알 것 같았다. 그는 IT를 통해 더 많은 사람들이 배움의 기회를 갖는 환경을 조성하고 싶었다. 특히 장애가 배움의 기회를 박탈하는 사회 문제에 대해선 더 큰 관심을 갖고 있었다. 그리고 IT는 이를 해소하는 수단이었다. 이런 전하상 대표의 문제의식은 그가 바라보는 예비 사회적 기업가들로 이어졌다.

전하상 많은 분들이 장애인과 관련된 사회적 기업을 하겠다 하면서 물어보시는데 제일 중요한 것은 장애인들의 정확한 니즈를 파악하는 것이겠죠. 정작 나는 장애인과 함께 해본 경험도 없으면서 그들에게 무엇이 필요한지 알고 해결해 줄 수 있다고 생각한다면 착각이죠.

다른 일도 마찬가지예요. 적정 기술을 한다면서 아프리카나 남미를 한두 번 가보고는 그 세계에 대해 모든 것을 안다고 생각하고 접근하면 안 되겠죠. 내가 만약 저들과 같이 살아간다면 어떨까 고민하는 게 중요해요.

또 자기 스스로의 문제를 풀고자 하는 태도가 중요해요. 자기 스스로의 문제도 못 풀면서 다른 사람의 문제를 해결하겠다는 태도도 문제거든요. 사실 사회 구성원 각자가 모두 자기 문제만 해결할 수 있어도 사회적 기업은 필요없어요. 각자 알아서 자기 문제 해결하면 사회적 문제는 없어지거든요. 결국 내가 직접적으로 경험하는 문제를 해결하는 것이 중요합니다.

많은 청년들이 사회적 기업가를 꿈꾼다. 그리고 그들의 꿈은 분명 선량하다. 칭찬할 만하다. 하지만 탈북자 문제를 해결하고 싶다면서 탈북자와 생활해 본 적이 없고, 미혼모 문제를 해결하고 싶다면서 그들에 대해서 아는 것이 없는 경우가 많다. 대부분 문제의식은 피상적이고, 해결 방법은 현실적이지 않다. 그들의 선의를 그저 격려하고 있을 수만은 없는 이유가 여기에 있다. '선의가 선행을 낳지 않는다.'는 전하상 대표의 말을 곱씹어 보게 된다.

전하상 대표와의 인터뷰는 시종일관 유쾌하게 진행됐다. 그에게서는 어떤 그늘이나 좌절이 느껴지지 않았다. 그게 그를 더욱 돋보이게 했다. 분명 그에게도 그늘과 좌절이 있을 것이다. 그의 힘은 바로 그걸 극복하고 승화시킨 밝음과 열정에 있는 듯했다. 그래서 그는 더욱 매력적이었고, 그의 웃음은 더 빛났다.

소통하자,
돌보자,
같이 버티자

해답은 너와 내가 아닌, 우리 안에 있다

조한혜정 연세대 문화인류학과 교수

조한혜정
연세대학교 사학과를 졸업하고, UCLA 대학에서 인류학 박사를 수료했으며, 현재 연세대학교
인류학과 교수로 있다. '또 하나의 문화'를 통해 여성문화, 페미니즘 이론에 대한 구체적이고
실천적인 담론들을 제시하고 생산해 왔다. 하자센터에서 노리단, 오요리 등 청년 사회적
기업들을 인큐베이팅하는 일을 도왔다. 현재 서울시 마을공동체위원회 위원장을 맡고
있으며, 우정과 환대가 가득한 공동체 마을의 복원을 꿈꾸고 있다.

문화인류학자 조한혜정 교수는 자신을 현장 연구자(action researcher)라고 부른다. 항상 현장에서 답을 찾고, 현실 앞에 대안을 제시하기 때문이다. 그렇기 때문에 조한혜정 교수에게 글을 읽는다는 것은 우리의 삶을 읽는 것과 동일하다.

문화인류학이란 쉽게 말해서 일상의 지혜를 연구하는 학문이다. 지금까지 다양한 인간 사회에서 탄생하는 대화 및 행동 양식, 공동체의 구조 등을 학문적 소재로 삼는다. 이런 다양한 연구 주제를 꿰뚫는 연결 고리에는 사람들이 어떻게 새로운 환경에 적응하고 어떻게 같이 사회적으로 문제를 해결해 나가는지에 대한 근본적인 의문점이 자리하고 있다.

조한혜정 교수는 이 학문을 통하여 그동안 시대별로 한국 사회에서 날카롭게 대두되어 온 문제들을 항상 누구보다도 빨리 감지하고 학문적으로 문제제기 해왔다. 그래서 그녀의 글에는 '위기'가 많다. 공동체의 위기, 교실의 위기, 돌봄의 위기 등. 항상 폭넓은 사회적 대상을 토대로 조한혜정 교수는 재빨리 '위기'를 제기하며 이에 대한 대비를 촉구했다.

또한 실용적인 대안까지 항상 제시한다. 조한혜정 교수가 제시하는 대안들의 핵심에는 함께하는 공동체, 그리고 구성원 모두가 주도적으로 찾는 새로운 가치가 녹아 있다. 그래서 그녀는 사람들이 모여서 새로운 것을 실험해 보고 소통해 볼 수 있는 장을 만드는 작업을 즐긴다.

대표적으로 1999년에 설립한 하자센터(설립 당시 센터장으로 활동)와 현재 진행형인 서울시 마을공동체위원회가 있다. 1990년대 당시 경쟁과 입시 중심의 교육 아래 적응하지 못하는 청소년들을 연구하며 느낀 대안의 부재는 청소년을 위한 직업 체험 센터인 하자센터 설립으로 이어졌다. 그리고 그녀는 도시에서의 개인화된 삶, 또 그에 따른 협력과 소통의 부재에 대해 문제를 제기하며 서울시 마을공동체위원회 위원장으로 활동하고 있다.

인터뷰가 진행된 것은 조한혜정 교수가 서울시 마을공동체위원회 위원장이 되기 전인 2012년 여름이었다. 나는 그녀가 꿰뚫어보고 있는 우리 사회의 구조적 문제, 그리고 그녀가 제안하는 대안을 듣고자 했다. 그녀는 사회적 의식과 공동체의 가치에 대해 집중해서 말했다. 다소 퍽퍽한 주제임에도 불구하고 나의 이러한 질문에 대한 답을 술술 풀어나가는 조한혜정 교수의 이야기들은 나에게 많은 것을 던져주었다.

한솔　무지에서 비롯한 약간 부끄러운 질문일 수도 있지만 항상 궁금했던 게 있습니다. 교수님은 '문화인류학자'로 많이 불리시는데요, 인터넷 인물정보에는 연세대 사회학과에 소속된 걸로 나와 있었습니다. 쉽게 말해 사회학과 교수이신가요, 문화인류학과 교수이신가요? (웃음)

조한혜정　문화인류학 전공 교수가 맞죠. 예전에는 우리 학교(연세대학교)에 문화인류학과가 따로 없었어요. 1979년부터 2007년까지 사회학과 안

내가 진짜 알고 싶은 것은 '왜 우리가 이렇게 사는가, 어떻게 해야 우리가 더 괜찮은 삶을 살 수 있을 것인가'에 대한 답이었거든요. 거대한 실체 없는 허상을 그저 바라보기보단 대화와 공감을 통한 일상의 지식으로 찾는 답 말이죠. 인류학은 인간의 문화와 문명에 대해서 연구하는 데 아무 제약이 없으니 얼마나 좋아요. 즐겁게 아름다운 곳을 맘대로 갈 수 있고, 어떤 대화든 연구 주제가 되고······.

에서 25년 이상 더부살이했죠. 그러다가 국제화 시대에 문화인류학과를 분리해서 키워야 한다고 판단한 거죠. 워낙 기존 사회학이 정량적이고 통계 위주다 보니까. 올해 첫 졸업생이 배출될 거예요.

문화인류학. '인류의 생활 및 역사를 문화면에서 실증적으로 연구하는 인류학의 한 부문'(『문학비평용어사전』, 2006. 국학자료원). 대부분의 사람들에게 이 정의를 보여주더라도 낯선 단어가 아닐까 싶다. 사실 알고 보면 일상생활에 가장 밀접한 학문 중 하나인데 말이다. 문화인류학이란 현실 세계에서 어떤 의미를 지니는 학문인지, 그리고 왜 조한혜정 교수는 문화인류학을 가르치게 되었는지 궁금했다.

조한혜정 우선 개인적인 얘기부터 시작합시다. 학부 시절 전공은 역사였어요. 그런데 서양사를 해도, 한국사를 해도, 동양사를 해도 재미가 없는 거예요. 역사학과에서 고고학 발굴을 하러 다니기도 했었어요. 재밌을 줄 알았는데 옛 도구들을 캐내고 다듬는 과정이 힘들기만 하고 흥미가 붙질 않더라고요.

다만 발굴 작업을 위하여 여러 군데를 돌아다니는 게 좋았어요. 지역에 계신 마을 분들과 얘기를 정말 많이 했어요. 그게 정말 즐겁더라고요. 비록 짧은 시간이었지만, 사람들과 함께 생활하고, 공감하며 대화할 때가 가장 행복했어요. 그때 저절로 배우는 일상의 지식 속에 세상이 다 들어 있다고 많이 느꼈죠.

물론 그땐 역사를 공부하는 학생이었지만 '역사'라는 것이 따로 있는 게 아니라 사람들의 생활 속에 무수한 역사가 숨겨져 있다고 생각하였기에 석사과정은 문화인류학으로 했죠.

내가 진짜 알고 싶은 것은 '왜 우리가 이렇게 사는가, 어떻게 해야 우리가 더 괜찮은 삶을 살 수 있을 것인가'에 대한 답이었거든요. 거대한 실체 없는 허상을 그저 바라보기보단 대화와 공감을 통한 일상의 지식으로 찾는 답 말이죠. 인류학은 인간의 문화와 문명에 대해서 연구하는 데 아무 제약이 없으니 얼마나 좋아요. 즐겁게 아름다운 곳을 맘대로 갈 수 있고, 어떤 대화든 연구 주제가 되고…….

'다른 생각'을 가지기 힘든 시대

인류학은 끊임없는 타인과의 대화이고, 자신이 알던 것과 다른 형태의 공동체를 경험해 보는 것이 필수적이다. 폭넓은 새로운 대화와 경험이 뒷받침되어야 문화와 문명의 구조를 비평하는 데 있어서 날카로운 시각이 생기기 때문이다. 그런 의미에서, 조한혜정 교수의 모습은 정말 '인류학자'스러웠다. 딱딱하고 낯선 언어가 아니라, 실제 경험에 기반한 이야기로 풀어냈기 때문이다. 그녀는 인류학자의 시각으로, 현 세대 청년들의 문화를 어떻게 바라보는지에 대한 이야기로 자연스레 주제를 옮겨갔다.

조한혜정 유학 생활을 했었는데, 그땐 미국 전역에서 히피 운동이 한창 유행하던 시절이었어요. 굉장히 자유로운 분위기가 사회를 뒤덮었죠. 자유로운 문화를 열심히 관찰해 보기도 하고, 그 운동 안에 끼어서 놀기도 했어요. 그런데 흥미로운 사실은 그런 운동에 대한 강력한 반작용 또한 있었다는 점이에요. 보수적인 집안의 아이들은 갑작스러운 자유가 주어져서 혼란스럽다는 느낌에 더 보수적인 것을 찾게 되고, 자발적으로 부모들의 통제

속으로 들어가는 거예요. 그 안에서 안주하면서. 우리나라의 사회구조가 신자유주의 체제로 변모하면서 청년들이 공부만 하고 스펙만 쌓는 지배적 경향이 제가 경험했던 그 시절 보수적인 집안에서 오히려 더 통제를 강화하던 맥락과 비슷하다고 느껴요.

우리나라는 1990년대부터 자유롭고 진취적인 분위기가 피어나기 시작했는데, 2000년대 후반 이후 대다수의 청년들이 권위에 복종하는 그런 경향이 다시 찾아왔죠. 아마도 IMF로 상징되는 경제 상황의 급격한 변화에 의해 새로운 사회적 대안을 실험해 볼 수 있는 기회가 부족했던 거 같아요. 또한 지금의 청년들은 자유롭게 생활하던 1990년대의 선배들, 이른바 '서태지 세대'로 지칭되는 선배들이 이런저런 실험을 하다가 IMF가 닥치고 나서 급격하게 무너지는 것을 본 세대죠. 자신들이 본 선배들의 몰락 때문에 다른 길로 '외도'하는 것을 극도로 두려워하게 된 게 아닌가 판단하고 있어요.

인문학을 공부하는 이유가 '다른 생각' 즉, 사고의 확장을 통해 현실과의 간극을 제공하고 주체적으로 생각해서 행동하게 하는 것인데요. 요즘 친구들은 그런 인문학적 사고를 못하는 것 같아요. 그러다 보니 현상을 입체적으로 바라보지 못하고 결과적으로 극단적인 개인주의 경향을 띠게 되는 것이죠.

예를 들면 시위를 하는 것이 다른 사람들에게 피해를 주기 때문에 (시끄럽다든지, 길을 막는다든지 등) 무조건 하지 말아야 한다는 그런 생각을 많이들 하는 것 같아요. 이것은 사회와 구조에 대한 사고 없이 개인성만 극대화된 사고방식이라고 봐요. 일시적이고 개인적인 '불편'에는 굉장히 민감하지만, 집단적으로 풀 수밖에 없는 구조적 문제에 대해선 무관심하다는 것을 보여주는 거죠.

또한 원래 문화인류학/사회학의 힘은 자신의 삶을 언어화하고 주체적으로 기획할 수 있게 해주는 거예요. 그런데 잘 표현할 수 있는 언어적 능력을 가진 사람들도, 이제는 그 능력을 주체적 삶을 살기 위한 수단으로 잘 쓰지 않죠. 오히려 기존 사회가 정한 '성공'을 이루기 위한 개인적 도구로만 쓰이는 것 같고요.

해답은 '나'와 '너'가 아닌, '우리' 안에 있다.

개인 중심적인 사고는 극대화되고 사회적 구조에 대해서 사고할 수 있는 기회는 점점 줄어들고 있다. 사회적, 문화적, 정치적 현상의 맥락을 '구조'로써 사고하지 않고, 모든 것을 개인적인 문제로 치환해 버리면 어떤 문제가 따라올까? 아마 기존의 사회가 주입하는 사고의 틀을 벗어나기 힘들 것이다. 그리고 더 나아가 구조적으로 형성된 부조리함에서 그 경계를 벗어나기 힘들 것이다. 우리가 우리의 삶의 주인이 된다는 것은, 사회가 우리를 힘들게 하고 있는 구조적 틀에 대해서 이해하고 그 틀의 경계가 나와 맞지 않을 때, 창조적인 방식으로 뛰어넘는 것일 텐데 말이다.

그렇다면 우리는 어떻게 다시 '구조'에 대한 관심으로 복귀할 수 있을까? 어떻게 해야 많은 사람들이 자신이 느끼는 억압을 개인이 아닌 함께 해결해야 할 구조의 문제로 받아들이게 할 수 있을까?

조한혜정 때마다 방법이 다른 것 같아요. 1980년대에는 청년 세대가 나서서 사회적인 움직임을 주도했고 그것이 너무 강해서 혁명이라고도 했죠. 군부독재라는 하나의 뚜렷한 벽이 있었기 때문에 부조리한 사회적 틀을 뚜렷하게 인식할 수 있었고, 그 틀을 넘기 위해 단결하게 된 거죠.

하지만 그렇게 거대한 권위를 타파하기 위해 이루어진 조직은 너무나 커졌고 단일의 혁명을 추구했기 때문에 또 다른 경직성을 유발했죠. 그 때문에 거대한 하나의 권위는 깼을지 몰라도, 일상에 스며 있는 권위주의는 바꾸지 못했어요. 가장 중요한 것은 일상에서의 차별과 억압에 대한 개개인의 의식이 바뀌어야 되는 부분인데 말이죠.

안타깝게도 그 이후에 일상생활에서의 평등, 그리고 문화적 변화에 대한 이야기가 서서히 공론화되다가 IMF가 터지면서 다시 사그라졌어요. 모든 개개인들이 생활의 위기를 겪으면서 사회적 의식과 변화에 대한 열망도 식고 경제적 생존주의로 개개인들이 돌아섰어요. 경제적 기반과 가족 공동체 모두가 파괴되고, 개개인이 스펙만 쌓게 되는 그런 추세 말이에요.

또한 등록금이 점점 비싸지면서 돈의 올가미 속에 청년들이 갇힌 꼴이 된 거죠. 청춘이라면 계산 없이 자기 뜻대로 한번 해보아야 할 터인데 그런 실험의 간극이 거의 없어졌고. 아까 말했듯이 형 누나들이 노는 것, 혹은 새로운 것을 시도해 보는 태도에 대해서 안 좋은 시각으로 접근하는 세대가 나타난 거죠. 삶을 살아가면서 던지는 질문 자체가 달라지는 것 같아요. 어머니 말을 잘 들으면서 자기 생존을 최우선적인 가치로 살아야 하는 방어적인 세대가 탄생한 거예요.

'잉여질'을 하는 것이 젊음인데, 그 구도가 바뀌어버렸어요. 이전에는 청년들이 상당히 우회적인 방식으로 많은 실험을 해봤어요. 사회에서 '이 짓은' 하지 말라고 하면 '이 짓'만 뺀 모든 '딴'짓을 우회적으로 다 해보았는데, (웃음) 지금은 '이 짓만' 해야 돼 이러면 정말 시킨 '그 짓'만 하는 세대죠. 그 이외의 세상에 대해서는 아무것도 모르게 되는 거죠. 근시안적이고, 굉장히 자기 방어적이고, 자기 합리화에 빠질 가능성이 높아졌죠.

『감정 자본주의』를 쓴 에바 일루즈라는 사회학자는 이런 세대를 초이성적 바보(hyperrational fool)라고 표현해요. 앉아서 들은 것은 많기 때문에 계속 머리로만 계산을 해보는 게 특징이죠. 무엇이든 새로운 일을 한다는 것은 눈앞에 손해 볼 가능성, 그리고 위험성을 감수하겠다는 건데, 계산만 하고 직접 해보진 않지요. '이걸 해봐라'라고 새로운 도전 과제를 제시까지 해주어도 우선 그걸 하지 않을 이유부터 수백 가지를 먼저 생각해 내요. 그런데 이렇게 생각만 하다 보니 정작 뭘 해야되는지는 전혀 모르는 거죠.

욕망은 철저히 사회적인 것

우리 세대의 관심사는 어느새 '사회'에서 '개인'으로, 그리고 '도전'에서 '생존'으로 바뀌어 있다. '관계'가 인간에게 주는 무게가 사라졌다. 그런데 의문이 든다. 우리의 관심사가 급속도로 변한 기이한 현상, 그리고 도전하는 청년의 수가 급감한 현상의 원인은 단순히 경제적인 어려움 때문에 우리의 생계가 위협받고 있기 때문일까? 오히려 힘들수록 그 상황을 이겨내기 위해서 더 도전해야 하는 것 아닌가?

조한혜정 교수는 극대화된 자본주의를 '관계'의 상실에 또 다른 원인으로 꼽는다. 시장은 끊임없이 우리에게 소비를 통해 욕망을 채우라고 부추긴다. 그리고 이렇게 생성된 욕망은 존중받아야 할 개인적 취향으로 치부된다. 그 욕망이 사실은 자연적인 욕망이 아닌 주입된 욕망일지도 모르는데 말이다.

조한혜정 1990년대는 일상의 정치학이 대두되었어요. 그걸 1990년대 어떻게 해야 상호연관적인 삶, 타자와의 관계 속에서 나를 인식하게 할 거냐는 쉽지 않은 문제죠. 그래서 저는 우선 학생들보고 친구부터 잘 사귀라고 해요. 엄마의 울타리를 벗어나서 밖에 진정한 친구가 있는지 돌아보라고 말하고요.

를 이끈 한 축이라고 하면 다른 축은 사회가 소비 사회로 확 치우친 경향이에요. 예를 들면 명품 백을 든다든지, 새로운 브랜드의 신상을 입는다든지, 이런 행위 자체로 자기의 정체성이 달라진다고 생각하게 되는 거죠. 이렇게가면 정말 끝이에요. 멋진 광고를 보면서 자기를 그 광고의 인물과 동일화하고, 또 새로운 광고가 나오고, 또 그 새로움에 자신을 동일화하기 위해서또 소비를 반복하고……. 이런 과정에는 끝이 없잖아요. 그 속에서 사실 개인은 자신의 정체성을 어떻게 남과 다른 존재로 인식시킬 것인지에만 집중하게되죠. 관계는 지워지고……. 지속가능하지 못한 욕망을 부추기는 거예요.

그런데 이런 점에 대해서 위기를 제기하면, '개인적인 거니까 건드리지말라'고 해요. 그 사고가 가장 무서워요. 이런 사고 안에서는 '자기 중심적'인 것과 '자기 주도적'인 것이 혼동되죠. 사회 구조적인 이유로 그렇게 개인이 소외되고 점점 힘들어지는데도, 그 구조를 떠받치고 지지하는 자신의 취향, 욕망은 가장 개인적인 것으로 생각하죠.

지금까지 인간의 정체성은 항상 타자와의 관계 속에서 규정되어 왔어요. 항상 사회적인 존재로서 말이에요. 지금 시점에서는 '나는 나고 내 취향에 대해서 아무도 뭐라고 할 수 없다.'라는 생각을 가진 사람들이 모인 거죠. '내 삶은 내 거야' 하는. 일정 부분에선 자신이 '신'이 된 거죠. 그런데 아이러니한 것은, 그렇게 자신을 막상 세상에 홀로 던지고 나면 또 두려움을 느껴요. 그 때문에 '엄마'에게 기생하게 되는 존재가 될 확률이 커요.

요샌 '뒤늦게 깨달았다.'라고 말하는 학생들이 아주 많아요. 그래서 무엇을 깨달았느냐고 물어보면 똑바로 살아야겠다면서, '이제부터라도 부모님말씀 잘 듣고 살아야겠어요.'라고 말해요.

답은 함께하는 삶에 있다
····························

아주 신랄하다. 조한혜정 교수의 이야기를 듣는 내내 머리가 띵했다. 경제적 목
줄이 쥐인 청년들. 게다가 이것저것 계산하게 만들고, 구조적 틀에 대한 시야를
가려버리는 사회. 그 안에서 우리는 무엇을 할 수 있나. 항상 '위기' 앞에서 '대
안'을 제안하는 그녀의 생각은 무엇일까.

조한혜정 결국 혼자 해서 되는 것이 아니에요. 모여야 해요. 요샌 수업
시간에 학생들이 친해지기도 쉽지 않아요. 그렇기 때문에 제 수업 시간엔
서너 명 이상이 모여서 친해지게끔 만드는 게 가장 중요한 목표 중 하나죠.
'난 너희를 가르칠 능력이 없다.'고 일단 일방적으로 교사에 기대려는 학생
들을 무시를 해버리고. (웃음) 저는 질문만 많이 던져요. 일단 너희가 협력과
대화를 통해 내가 던진 질문에 대한 답을 찾아가야 한다고 말하죠. 사실 그
렇게 협력하고 토의하다 보면 답은 함께 찾을 수 있거든요.

일방적으로 가르치는 과외식, 주입식 교육은 한계가 있어요. 그래서 항
상 서너 명이 같이 배우고 공부하라고 학생들에게 강조하죠. 함께 무언가를
해나가는 데 익숙하지 않은 요즘 학생들에겐 힘들겠죠. 팀 프로젝트를 시켜
놓으면 '우리 팀이 왜 깨졌는지'와 같은 기괴한 주제로 발표를 하는 게 요즘
아이들이에요.

조금 더 깊이 들어가서 얘기해 보자면, 내가 인간이라는 존재로써 친구
와 있을 때 얼마나 든든하며, 개인적인 합리성만으로 설명되지 않는 영역이
있다는 것을 인식하는 게 중요해요. 종교의 사회적 역할도 그런 여유를 주
는 데 있는 것 같아요. 제사 같은 전통 의식도 그렇죠. 요즘 형식으로만 치부

되는데, 의식의 의미를 잘 새기며 지내봐요. 우리 할아버지가 나를 지켜보고 계신다. 삶이라는 것이 세대를 연이어 지속되고 있다. 할아버지와 내가 어떤 끈으로 연결되어 있다, 라고 생각하는 사람과 '내가 왕이다. 내 취향은 건들지 말고 불편하게 하지 마.'라고 생각하는 사람은 엄청난 차이가 있죠.

어떻게 해야 상호연관적인 삶, 타자와의 관계 속에서 나를 인식하게 할 거냐는 쉽지 않은 문제죠. 그래서 저는 우선 학생들보고 친구부터 잘 사귀라고 해요. 엄마의 울타리를 벗어나서 밖에 진정한 친구가 있는지 돌아보라고 말하고요.

개개인이 사회 속에서 자신들의 정체성을 인식할 기회를 가로막고 있는 것은 무엇일까? 조한혜정 교수는 신자유주의와 기술만능주의를 가리킨다. 신자유주의는 '소비할 수 있는 자유', '욕망할 수 있는 자유'라는 명목하에 주도적으로 생각하고 사회 변화의 주체가 될 수 있는 개인을 무력화한다. 그리고 기술만능주의는 단기적 '효율성'이라는 명목하에 '관계'를 배제시킨다. 관계의 결핍 그리고 소비를 통한 그릇된 욕망이 무한 반복되는 것이다. 이대로 과연 우리 사회는 지속가능할까?

조한혜정 패스트푸드 체인점들은 오로지 돈을 벌기 위해서 먹는 걸 장려하고 사람들을 비만으로 만들죠. 그들에게 음식을 먹는 사람들의 건강은 중요치 않아요. 또 제약 회사들은 돈을 벌기 위해서 사람들에게 우울증 약을 먹여요. 대부분의 우울증은 사회적인 병이기 때문에 약이 필요없을 수도 있는데 말이죠. 환자는 행복을 찾을 권리가 있는 개인이기 전에 그저 한 명의 소비자인 거죠.

사실 심적으로 지친 사람들(우리가 사회적으로 '환자'라는 레이블을 붙인 사람들)에게는 함께하는 대화를 통해 진행하는 그룹 테라피가 더 필요할 수도 있어요. 관계 속에 지탱과 치료가 필요한 거죠. 하지만 요새는 과학적인 것으로, 그리고 일시적으로만 해결하려고 한다는 거죠.

지금 대학 교육이 정말 심각한 이유는 이렇게 맹목적으로 과학과 자본의 힘을 믿는 사람들이 미래 세대를 지도하고 있다는 거예요. 파괴되는 우리의 몸과 공동체가 이렇게는 지속가능하지 않다고 말해 주고 있는데.

문득 좋아하는 웹툰 〈이말년 시리즈〉에 나오는 '잠은행' 에피소드가 떠올랐다. 바로 조한혜정 교수에게 보여주었다. 대강의 내용은 이렇다. 회사에 다니는 대리가 일에 치여 살다가 잠시 잠이 들어 꿈을 꾼다. 꿈에서는 '잠은행'이란 곳에서 잠을 대출해 주고 있다. 그는 일시적인 승진을 위하여 잠을 마구 대출하지만 나중에 대출한 잠을 상환하지 못하고 빚이 너무 커져서 영원히 잠을 자야 한다. 결국 저승사자에 의해 끌려간다.

조한혜정 이게 만화 속의 일만은 아니죠. 실제로 컨설팅 펌 같은 곳에 들어가서 죽어라 일만 하다가 식물인간 된 사람의 이야기도 들은 적이 있어요. 한병철 씨의 『피로 사회』라는 책이 있는데 상당히 읽어봄직해요. 성과주의에 빠진 현대인이 얼마나 '자기 착취'에 적응해서 자신의 몸을 혹사시키는지 말하고 있죠. 이 사람이 독일 입장에서 철학을 공부하고 썼는데 난 오히려 한국이 독일이나 미국보다 더 심각한 상황이라 생각해요. 그러다 보면 '떡실신' 하는 거지. 떡실신 하면 방법은 하나밖에 없어요. 힐링. 요새 밭을 가꾸거나 힐링 카페를 하든가, 〈힐링 캠프〉라는 TV 프로가 유행하는데 다 이유가 있죠.

하자센터에는 '심심모임'이라는 모임이 있는데요. 잘 돼요. 심심하고 시시콜콜하지만 서로 공감해 주고 나름 깊은 조언을 해주는 모임이죠. 솔직히 진짜로 심심하고 할 일 없어서 여기 온 사람은 없어요. 다 바쁘기 때문에. 하지만 모임에 목적을 만들고 집단 목표를 집어넣는 순간 가기가 싫어져요. 힐링이 아니라 또 하나의 '일'이 되는 거죠. 자기가 무엇을 꼭 해야 된다는 성과주의로 똘똘 무장한 모임보다, 이렇게 뚜렷한 목적 없지만 서로 공감해 주는 모임은 우리가 잃어버린 관계를 복원시켜 주는 것 같아요.

'도구'가 아닌 '사람'을 생각하자

과학과 자본에 대한 맹신으로 만들어진 현실 속 '잠은행'은 바로 '에너지 드링크'가 아닐까 생각해 보게 된다. 한국에서 최근에 도입된 에너지 드링크는 인공적으로 추출한 카페인이 들어 있다. 커피보다 훨씬 더 카페인이 많이 든 음료다. 그런데 사실, 이 음료수를 마시면 당장은 힘이 날지라도 몇 시간 이상 지나면 그만큼 에너지가 더 빠진다. 결국 우리는 '내일'의 잠과 에너지를 담보 잡힌 채 사는 것이다.

조한혜정　중요한 사실은 인류학과 사회학을 해보면 이렇게 '도구'로만 모든 문제를 해결하려 했던 적은 한 번도 없었다는 거죠. 되지도 않는다는 걸 역사가 증명해 주고 있고. 사회학자 뒤르켐의 집합의식(collective consciousness)의 개념에도 나오죠. 어떤 문제든 항상 사람이 모여서 협력함으로써 해결해 왔거든요.

그리고 그러한 협력의 과정 자체에서 인간의 기쁨이 오는데, 이것을 없애고 사람들이 기계적인 도구처럼 다루어지는 게 문제예요. 일시적으로 지치면 약을 주고, 그리고 다 쓰고 나선 힘 빠진 인간들, 경쟁에서 탈락한 인간들은 시스템에서 버려지고요. 그리고 이걸 본 아래 세대들은 더욱 불안해지기만 하죠.

우리 남편이 이과 교수예요. 후쿠시마 원전 사태가 터지고 나서 많이 반성을 하고 있는 것 같더라고요. 과학자인 자기네들이 너무 이용만 당해 왔다고. 그리고 그렇게 이용당하는 것에 대한 저항조차 안 해왔다고. 원전에 있던 사람들은 가치에 대한 질문을 안 했죠. 꼭 그런 가치 판단에 대해서는 면제받은 것처럼. '자신은 자신의 일만 할 뿐이다'라며. 하지만 그들은 결국 자본의 도구로 활용된 것일 뿐이죠.

독일의 사례를 보면, 그 나라에서는 윤리위원회라는 것을 구성하고, 2021년에 원전을 다 닫기로 결정했어요. 그 위원회에서 꺼낸 핵심이 '세대 간의 형평성' 문제 때문이죠. 우리의 지금 풍요를 위해 다음 세대를 엄청나게 희생시키고 있는데 말이 안 된다는 거죠.

한솔 장시간의 인터뷰로 온갖 이야기를 다 하게 되었네요. 말씀해 주신 부분에서 답이 나왔다고는 생각을 하긴 하지만 결론 맺는 의미에서 마지막으로 여쭈어 보겠습니다. 말씀 중 핵심은 일상생활에서 느끼는 것을 사회적으로 끄집어내는 인식, 그리고 대화와 소통이 가장 중요하다는 말씀이신 것 같은데요. 이것을 어떻게 잘 끌어낼 수 있을지요?

조한혜정 사회와 자신을 항상 연관 지어서 사고해 보고, 남을 돌보면서 같이 문제를 헤쳐 나가야 하지요. 인간은 만남이라고 생각해요. 누구와 만나서 무엇을 할지, 그리고 그 과정은 어떻게 함께 결정해 나갈지. 결국 둘러앉아야 돼요. 함께 앉아서 끊임없이 대화해 나가야죠.

제3부

청춘의 또 다른 도전: 꿈의 무게를 줄여라

음식을 통해
행복의 의미를 찾다

꿈과 건강을 잇는 먹을거리의 혁명

강보라 푸드 무브먼트 코리아 대표

강보라

지난 5월 막 결혼을 한 평범한 새댁이다. 전공인 디자인 공부를 위해 홀로 떠난 유학 기간 중
잘못된 식습관으로 인해 얻게 된 질병으로 실명의 위기를 경험하였다. 이를 극복한 후,
진정한 행복과 건강한 삶을 음식 문화를 통해 개선하기 위한 '푸드 무브먼트'를 하고 있다.
현재 'Food Movement Korea' 페이지를 통하여 국내외 페이스북 유저들을 통해 생활에
스며드는 건강한 정보를 꾸준히 공유하고 있다. 또, 전문성을 지니고 지속적으로 사회에
일조하기를 원하는 마음으로 뉴트리셔니스트 및 식생활 지도자가 되기 위한 배움의 과정을
밟고 있다.

푸드 무브먼트 코리아(이하 FMK)의 강보라 디렉터는 청년 사회적 기업가를 대상으로 하는 독서 모임에서 처음 만났다. 이목구비가 뚜렷한 외모와 대비되는 수수함, 거기에 침착하면서도 상대를 설득하는 논리 정연함이 더해져, 그녀는 많은 사람들 틈에서도 단연 돋보였다.

먹을거리에 남다른 애정을 가져서인지 강보라 디렉터는 음식에 대한 이야기를 꺼낼 때가 많았다. 학창 시절 잘못된 식습관으로 실명의 위기를 겪기도 했다는 그녀는 스스로 음식의 중요성을 느끼고, 사람들에게 이를 알리기 시작했다. 자신이 직접 겪은 경험을 통해 형성된 세상을 향한 따뜻한 시선이 그녀의 가장 큰 매력이리라.

인터뷰는 강 디렉터의 부친이 운영하는 인사동 골목의 한 식당에서 '맛있고 건강한 음식'을 앞에 두고 이야기를 나누었다. 당일 강 디렉터는 평소보다 들뜬 표정으로 약속 장소에 나타났다. 좋은 일이라도 있느냐고 물으니 잠시 숨을 고르고 흥분이 덜 가라앉은 목소리로 말했다. "북한 어린이들에게 양질의 영양을 공급하게 되었어요!" 그녀는 차근차근 자초지종을 설명해 나갔다.

얼마 전 푸른나무라는 한국의 NGO 단체가 북한 어린이를 돕기 위한 채널을 만들었다는 사실을 접하고, 메나릴리프(Manna Relief, 저개발 국가 아이들에게 영양소를 공급하는 국제 구호 단체——편집자)를 푸른나무에 연결해 줬는데, 긍정적으로 검토되고 있다는 것이다. "앞으로 푸른나무가 후원하는 북한 고아 원의 어린이들이 영양소 결핍을 해소할 수 있게 될 거예요. 일대일 방식이라 돈 이 엉뚱한 곳으로 세어나가는 일도 없을 거구요. 2,000명 넘는 아이들이 그 혜 택을 볼 수 있어요." 그녀의 얼굴에서 꿈을 하나하나 성취해 나가는 사람에게서 만 볼 수 있는 환희가 느껴졌다. 즐거운 분위기 속에서 조금씩 강보라의 이야기 를 풀어내 보기로 했다.

송화준 푸드 무브먼트 코리아(FMK)에 대해서 설명해 주세요.

강보라 기본적으로 인간에게 필요한 의식주가 있지요. 이 세 가지 중에 서도 먹는 게 가장 중요한 부분이라 생각해요. 그럼에도 현대 생활이라는 것이 워낙에 바쁘게 돌아가다 보니 소홀할 때가 많잖아요. 저도 그랬고요.

사람마다 차이야 있겠지만 잘못된 식습관이 누적되면 병치레를 하고 고 통을 받게 돼요. 그런데도 사람들은 먹을거리에 대해서 너무 소홀히 생각하 는 거 같아요. 어떤 게 좋은 음식이고 나쁜 음식인지 좀 더 유의해서 먹으면 내 몸과 삶이 달라질 텐데 말이죠. 그걸 시도조차 않는 게 정말 문제라고 느 꼈어요.

FMK는 바른 먹을거리에 대한 기준을 쉽게 제시하고, 음식을 통해 건강 한 삶을 구축할 수 있도록 돕고 있어요. 올바른 식생활 체험을 통해 자연스 럽게 스며들 수 있도록 하는 것이죠. 특히 젊은 층도 공감할 수 있도록 우리

조금씩 유학 생활에 적응하고 이젠 자유다 생각했을 때 예상치 못한 시련이 찾아왔어요. 포도막염이라는 병에 걸렸거든요. 의사가 영양 결핍으로 인해 포도막염이 더 악화됐다고 하더라고요. 빛을 못 봐서 집에서도 커튼을 치고 있어야 했어요. 이걸 잘못 관리하면 실명까지 갈 수 있다더군요.

세대 문화에 맞게 전달하는 흥미로운 방법들을 연구하고 아이디어를 내고 있어요.

아직까지는 FMK가 어떤 곳인지 자세히 알 수 없었다. 음식 정보를 제공하는 것으로 그치는 것은 아닐 터인데 말이다. 행복하고 건강한 삶을 위해 음식 문화를 어떻게 개선하겠다는 것인지. 궁금증은 계속 이어졌다.

송화준 아직까지 구체적으로 어떤 곳인지 잘 모르겠어요. 그럼 먼저 FMK를 시작하게 된 계기에 대해 설명해 주세요.

강보라 처음 시작은 음식 문화에 관심 있는 뉴욕의 청년들과 함께 모여서 음식을 먹으러 다니는 활동이었어요. FMK는 제가 2011년 한국에 들어오면서 시작했고요. 뉴욕에서 시작하던 초창기에는 무브먼트라는 개념보다는 친구들끼리 모여서 좋은 음식 먹고 노는 수준으로 그룹을 형성했어요. 하지만 시간이 지나자 친구들 사이에서 변화가 생겨났죠. 우리끼리만 나누기엔 아깝다. 다른 사람과도 정보를 나누자 한 거죠. 그렇게 우리끼리만 즐기던 모임이 생산적인 활동이 된 거죠.

잘 먹는 것이 중요하다는 것을 알게 된 후 이를 지지하는 청년들과 적극적인 활동을 하게 되었어요. 젊은 감각에 맞게 트렌디한 방법으로 건강의 중요성을 알렸죠. 파티 형식으로 만찬을 꾸며서 행사를 진행하다 보니 '건강한 음식'이라는, 다소 올드하게 느껴질 수 있는 주제를 더욱 재미있게 받아들여 주신 것 같아요.

이런저런 아이디어를 구상하고 있어요. 건강한 음식 문화를 어떻게 좀 더 트렌디하게, 재미있게 접목시킬 것인지를요. 결국은 어떻게 하면 음식과

함께 더 재미있게 놀까? 궁리하는 거죠. (웃음)

음식을 통해 행복의 의미를 찾다

강 디렉터는 처음에는 자기들끼리 맛있고 건강한 음식을 먹다가 다른 사람들에게 알려주기 위해 FMK를 시작했다. 그리고 그의 관심은 건강한 음식과 연관된 분야로 점차 확대되어 갔다.

송화준 처음 FMK를 접하고 강 디렉터 같은 젊은 사람이 건강한 음식 문화, 저개발 국가 아이들을 위한 영양 섭취 등에 관심을 갖는 게 흥미로웠어요. 보통 우리 나이대에 큰 관심을 갖지 않는 분야잖아요. 분위기 좋고 맛있으면 됐지. (웃음) 이 일을 시작하신 특별한 계기가 있었나요?

강보라 전 원래 디자인을 전공하는 대학생이었어요. 어릴 때부터 특이하다는 소리를 많이 듣고 자랐죠. 뭔가를 만들어 내고 창조해 내는 걸 좋아했어요. 그래서 별명이 항상 'C형'이었어요. 실제 혈액형은 O형이지만요.

고등학교 때까지는 공부도 열심히 해서 성적도 잘 나왔죠. 그런데 문제는, 수능을 망친 거예요. 스스로에게 실망해서 학교도 잘 안 갔어요. 제가 다니는 학교는 안 가고 남자친구 학교에 가서 수업 들었죠. 그렇게 10대 때 찾아오지 않은 사춘기를 대학 시절에 겪었어요. 심적으로 많이 힘들어하면서 타락의 길로 갔구요. 그때 정말 남들이 안 좋다고 하는 거 다 해봤어요. (웃음) 대부분의 과목에서 F를 받아 학교에서 잘릴 지경까지 갔어요. 마음이 잡히지 않으니까 그렇게 된 거죠.

그러다 더 이상 이렇게 살면 안 되겠다는 생각을 했죠. 한국에서 대학을 다시 가야 하나, 유학을 가야 하나 고민하다 유학으로 마음을 굳혔어요. 반은 도망치는 심정이었죠. 부모님께 디자인 쪽으로 관심도 있고 잘하는 편이니까 기회를 달라고 말씀드렸어요. 미국만 가면 변할 거라 생각했죠. 남들이 도피라고 해도 '뉴욕! 꿈의 도시! 거기만 가면 난 할 수 있어!' 이렇게 생각했어요. 사실 마음이 잡히지 않은 상태에서 도피 삼아 유학을 가는 건 굉장히 위험한 일이에요. 새로운 장소가 획기적으로 내 인생을 바꿔주는 건 절대 아니잖아요.

　조금씩 유학 생활에 적응하고 이젠 자유다 생각했을 때 예상치 못한 시련이 찾아왔어요. 포도막염이라는 병에 걸렸거든요. 증상은 전부터 조금씩 있었던 것 같은데, 전 누구나 그 정도는 눈이 아픈 줄 알았어요. 일종의 무감증이었겠죠. 의사가 영양결핍으로 인해 포도막염이 더 악화됐다고 하더라고요. 빛을 못 봐서 집에서도 커튼을 치고 있어야 했어요. 이걸 잘못 관리하면 실명까지 갈 수 있다더군요. 원인이 불분명해서 완벽하게 고칠 수도 없다고요.

　전 살면서 그런 병에 걸릴 거라고는 전혀 생각하지도 못했었어요. 그러다 보니 어떻게 병에 대처해야 할지 하나도 모르겠더라고요. 집값도 내야 하고, 공부도 해야 하고, 그림도 준비해야 하는데 눈이 아프니 아무것도 못 하는 거예요. 정말 뼈저리게 느꼈어요. 건강이 얼마나 중요한지를. 어른들이 하는 말 있잖아요. '건강이 제일 중요해.' 그런 말 한 귀로 듣고 흘리는 학생이었어요. 편식도 많이 하고, 정크 푸드, 인스턴트, 가공식품 등등, 다 나쁘다는 걸 알면서도 먹었죠. 섭취한다고 몸에 어떤 즉각적인 변화 있는 건 아니었으니까 신경 쓰지 않았고요. 그때 먹는 것이 정말 중요하다는 사실을 깨닫고 내가 섭취하는 먹거리부터 바꿔 가야겠다고 결심했죠.

포도막염은 자가면역 질환이에요. 정상적인 포도막을 내 면역체들이 공격하는 거죠. 아군이 아군을 제대로 못 알아보는 격이죠. 이건 속부터 치유되어야 하는 병이에요. 면역 체계가 정상화되어야 비로소 나을 수 있거든요. 세포 하나하나를 이루는 근간이 되는 것이 음식이잖아요. 자동차가 기름을 연료로 해서 달릴 수 있듯이 사람들은 먹는 것을 연료로 삼거든요. 음식을 제대로 섭취하지 않으면 세포 하나하나를 구성하는 영양소가 부족하게 되기 때문에 이상한 질병이 나타난다는 것을 알게 됐죠. 먹었던 음식들을 하나하나 바꿔 가기 시작했어요. 채식을 하기 시작했고, 밥도 현미밥으로 바꾸고, 주 영양소를 고려해서 채소를 색깔별로 챙겨서 먹기도 했죠.

2009년도 여름쯤부터 몸이 조금씩 좋아지기 시작했어요. 좋은 음식을 먹으면서 몸이 좋아지자 '이걸 혼자서만 알고 있어서는 안 되겠다'라고 생각했죠. 가을부터 친구들에게 "우리 좋은 거 찾아 먹으러 다니자."고 제안했어요. 계처럼 시작된 거죠.

실명의 위기에서 벗어나기 위해 강 디렉터는 섭식을 개선했다. 불규칙하고 건강하지 못한 식습관을 개선하고 각각의 음식을 구성하는 식재료에 관심을 쏟기 시작했다. 이렇게 조금씩 치유의 과정을 거치면서 그는 건강한 몸뿐만 아니라 새로운 꿈도 찾게 됐다. 하지만 꿈이 이루기 위해서는 동지가 필요한 법. 그녀는 어떻게 주위의 참여를 이끌어냈을까?

송화준　강 디렉터는 직접 자신의 몸으로 경험을 했으니까 그렇다 쳐도 친구들은 음식의 중요성을 쉽게 이해하지 못했을 것 같은데, 처음부터 다들 적극적으로 동참하던가요?

강보라 그건 아니죠. 사실 먹던 음식을 갑자기 바꾸는 게 쉽지 않잖아요. 그렇게 하도록 설득하는 일은 더 어렵고요. 친구들의 머릿속에 확 박히게 설명을 해줬어요. 초등학교 때부터 고등학교 때까지 줄곧 반장을 했던 리더 기질이 발휘되었죠. (웃음) 예를 들어 콜라를 너무 많이 먹는 친구에겐 이렇게 말해 주는 거예요.

"콜라 안에 인이라는 게 있어. 그거 너 먹으면 네 칼슘을 빼간다? 그게 0.1%만 빠져도 집중력이 흐려져서 네가 그렇게 매일 피곤하고 집중이 안 되는 거야. 계속 많이 마시면 정신이 더 흐려질 거야. 같은 시간 공부하고서도 더 큰 효과를 내고 싶지 않아? 그럼 콜라 정도는 끊어."

어떻게 보면 강하고 무서울 수 있지만 정확한 이유를 얘기해 주는 거죠. 친구들도 정당한 이유니까 행동을 바꾼 거고요. 하지만 먹을 때마다 이런 얘기 하기 쉬운 일이 아니었어요. 사람들이 안 좋은 얘기 계속 듣길 원하지 않거든요. 저 또한 부정적인 얘기를 계속 하니까 안 좋은 에너지가 계속 생기는 것 같았고요. 서로 힘든 거예요. 어떻게 하면 사람들에게 좀 더 효과적으로 다가갈 수 있을까 고민하게 됐죠. 친구들을 모아 놓고 〈Food, Inc.〉 같은 영상도 보여 주고, 육류 유통 과정의 문제점 등 신랄한 얘기를 해주기도 하고요. 제가 굳이 안 좋은 얘기를 하지 않아도 'Oh My God!' 하면서 충격을 받고 많은 친구들의 행동이 바뀌었죠. 그렇게 친구들에게 설득하다 보니 제 나름의 스킬이 생겼죠. 이런 과정이 반복되다 보니 프로그램이 체계적으로 잡히더라고요.

어느 순간부터 자연스레 우리나라의 청년들에게도 관심이 가더군요. 한국 청년들도 이 사실을 알고 있을까? 그들의 건강 상태는 어떨까? 그래서 건강 관련 세미나나 행사들을 많이 찾아다녔어요. 그런데 어르신들을 상대로 하는 프로그램이 대부분이었어요. 그것을 청년들에게 보여주기에는 적합하지 않다는 생각이 들었죠. 너무 재미가 없는 거예요. (웃음)

바로 여기에 내가 할 수 있는 일들이 있을 거란 생각이 들었죠. 사람들을 건강하게 만들어주고 싶은 사람. 이게 내가 할 일이라는 것을 알게 된 거예요. 어떻게 하면 재미있게, '트렌디'하게 메시지를 전달할 수 있을까 고민하게 되었어요. 현실화시킬 방안을 찾다 보니 가슴이 뛰더라고요. '그래, 젊은 세대를 위한 건강 프로그램을 만들자!'라고 결심했죠.

사람들을 건강하게 만들어주고 싶다. 트렌디하게!

쉽지 않은 일이다. 많은 사람들이 섭식을 개선해 건강을 찾았지만 주변에는 소극적으로 권유하는 경우가 많다. 생업은 생업대로 유지하면서 그저 주변 몇몇 사람들에게만 알리는 식이다. 강 디렉터는 FMK를 하기 전부터 이미 건강한 먹을거리를 적극적으로 알려왔다. 일종의 사명처럼 느껴졌다. FMK는 그 사명을 이어가기 위한 도구일 뿐인 것 같았다. 자신의 에너지를 쏟아 세상을 더 좋은 방향으로 변화시키려는 사람에게서 보이는 힘이 느껴졌다.

송화준 요즘은 어떤 프로젝트를 진행하고 있는지도 좀 공유해 주세요.

강보라 한동안 FMK 활동에 관심을 갖는 여러 매체에서 새로운 프로젝트에 대해서 문의가 많이 왔어요. 우리 활동을 한국에 알릴 수 있는 기회라 생각해서 큰 프로젝트를 기획하기도 했고요.

하지만 어느 순간 이목을 집중시키는 것보다 내 주위의 사람부터 변화

바로 여기에 내가 할 수 있는 일들이 있을 거란 생각이 들었죠. 사람들을 건강하게 만들어주고 싶은 사람. 이게 내가 할 일이라는 것을 알게 된 거예요. 어떻게 하면 재미있게, '트렌디'하게 메시지를 전달할 수 있을까 고민하게 되었어요. 현실화시킬 방안을 찾다 보니 가슴이 뛰더라고요.

시켜야 하지 않을까 싶더라고요. 아끼는 한 사람 한 사람씩 만나고 나누게 되었을 때 더 깊은 정성을 쏟아 전달할 수도 있고요. 이렇게 진심으로 한 명 한 명과 소통할 때 진짜 변화하는 게 느껴져요.

요즘은 'One Couple a Week'라는 제목으로 일주일에 한 팀의 커플과 건강한 식사를 나누면서 이야기를 하고 있어요. 꼭 이성이 아니더라도 서로 아낄 수 있는 사람들이 짝을 이루어 이런저런 관심사를 공유하면 서로를 더 잘 이끌어 줄 수 있잖아요. 참여자 중에 연예인 커플도 있어요. 이런 참여자들이 주변에 전파할 때 더 큰 영향력을 만들기도 하죠.

서로를 아끼고 사랑하는 커플들에게서 더 행복해지기 위해서 서로 노력하고 변화하고 있다는 얘기를 들을 때 행복하고 감사함을 느껴요. 이들을 통해서 다음 세대도 더 기대하게 되고요. 한동안은 이렇게 작지만 큰 감동이 있는 프로젝트를 지속하면서 실질적으로 적용될 수 있는 대안들을 발굴해 낼 예정이에요.

송화준 앞으로의 비전에 대해서도 얘기해 주세요.

강보라 지금까지는 음식 자체의 영양소 불균형에만 초점을 많이 뒀다면, 앞으로는 조직 리빌딩 과정을 거쳐서 비영리적인 것과 영리적인 것 두 가지를 함께 이끌어가려고 해요. 에이전트로서 영리적인 부분도 추구할 거예요. 핵심은 건강한 문화라는 이슈 아래 좋은 것과 좋은 것을 서로 잇는 거죠.

전 세계적으로 보았을 때, 개개인의 건강을 지키는 법에 대해선 아시아가 더 경쟁력이 있다고 생각해요. 탐스슈즈(소비자가 신발 한 켤레를 사면 오지에 신발 한 켤레를 기부하는 사회적 기업——편집자) 아시죠? 탐스슈즈는 신발

판매로 인해 생기는 가치와 의미가 좋기도 하지만, 그 이전에 디자인도 훌륭하잖아요. 아무래도 세계 시장에서 패션을 선도하는 건 서양이에요. 저희가 만약 사회적 가치를 추구하기 위해 서양 아이들과 같은 아이템을 이용했다면 지금과 같은 결과는 힘들었을 거예요.

하지만 아시아, 혹은 한국이 세계적으로 앞서갈 수 있는 건 뭐지, 하고 고민해 봐야죠. 그리고 제가 개인적으로 생각하기에 그게 바로 '건강'이에요. 각종 가공식품으로 인해 질병이 만연한 현대인들을 치료하기에 서양 의학은 한계에 이르렀어요. '의학으로 안 되면 무엇으로 내 몸을 건강하게 하지?' 그 물음에 대한 답 중 하나로 나온 것이 '건강한 음식'이었어요. 그럼 대체 건강한 음식은 어디에 있느냐? 바로 '한국 음식'이죠.

한식은 대표적인 저지방식이면서 조리 방법도 영양적으로 우수해요. 음식 재료가 다양하고 혼합 비율이 적합한 장점도 가지고 있고요. 대부분의 동양 음식이 서양 음식보다 훨씬 건강한 면이 많아요. 한국 음식만 우수하다는 건 아니지만, 충분히 지키고 알려야 할 가치가 있어요.

요새는 영화나 매스컴에도 동양 음식이 많이 등장해요. 서양인들도 동양 음식이 건전하다는 사실을 많이 깨닫고 있죠. 서양 사람들이 패션으로 주름을 잡았다면, 한국 청년들은 음식과 건강으로 바꿔볼 수 있겠다는 생각이 들어요.

자신의 아픔에서 세상의 아픔을 발견한 사람, 고난을 통해 자신의 꿈을 찾은 사람, 강보라 디렉터는 꿈을 잃고 방황하고 있었고, 자신을 지키는 데도 실패했다. 그러나 아이러니하게도 많은 것을 잃어버린 바로 그 순간, 진정한 자신과 마주할 수 있었고, 꿈과 건강을 다시 운명에게 선물받았다.

청춘, 당신도 방황하고 있는가. 난관 앞에 좌절하고 있는가. 어쩌면 바로 이 순간이 진정 당신의 꿈과 마주할 시기인지도 모른다. 당신의 꿈이 '왜 나를 못 알아보느냐'고 외치며 당신의 곁을 맴돌고 있을지도 모른다. 고난의 벽에 부딪쳐 몸부림치고 있는가. 눈을 뜨고 귀를 열면 평생토록 몸서리치도록 이루고픈 꿈을 만날 수 있을지도 모른다. 지금 이 순간.

지속가능한
딴따라질을 향해 달리다

하고 싶은 것을 하려면 꿈의 무게를 줄여라

고건혁 봉가봉가 레코드 대표

고건혁

인디레이블 '봉가봉가 레코드'의 대표. 서울대학교에서 심리학을 전공하였고, 현재 카이스트
문화기술대학원 문화기술 박사과정을 밟고 있다. 대학교에서 같은 동아리 멤버, 그리고
신림-봉천 지역 음악인들과 함께 밴드를 하다가, 2005년 '봉가봉가 레코드'라는 독립
음반사를 탄생시키게 되었다. '지속가능한 딴따라질'을 모토로 내건 '봉가봉가 레코드'는
독특하고 간결하면서도 중독성 있는 사운드가 특징이다. 대표적인 소속 뮤지션은 '장기하와
얼굴들', '술탄 오브 더 디스코', '눈뜨고 코베인' 등이 있다.

밴드 '장기하와 얼굴들'로 유명한 붕가붕가 레코드. 레이블을 차릴 때부터 지금까지 그들의 주된 관심사는 생계 때문에 음악을 포기하지 않는 것, 즉 '지속가능한 딴따라질'을 하는 것이었다. 그리고 그는 치열하고 창의적인 방식으로 그 길을 개척해 나갔다.

음악 작업이 너무 재밌는데 돈이 없다고? 그들에겐 음악을 못할 이유가 아니다. 키워줄 회사가 없기 때문에 그들은 직접 레이블을 차렸다. 스튜디오를 빌릴 돈이 없기 때문에 자취방에서 방문과 창문을 틀어막고 녹음했다. 그리고 정규 음반을 만들 돈이 없기 때문에 개인 PC를 이용해 음반을 제작하고 음악 활동을 시작했다. 그들은 '손'으로 음반을 만들었다고 말한다.

열악한 환경은 치열한 실험 정신의 발판이 되었다. 강력하고 카리스마 있는 어조의 선언보다 '지속가능한 딴따라질' 등에서 풍기는 특유의 능청스러움과, 손으로 만들었기 때문에 '손 맛' 나는 앨범들은 초라하다는 인상을 풍기기보다는 정감이 간다.

그들은 말한다. '안 하는 것보다 하는 게 무조건 낫다.'고. 자본이 없으면 생산에 드는 비용을 최소화하면 된다. 그렇게 자연스럽게 음반 시장에 뛰어들었다.

규모가 작다는 것이 위축될 이유도 아니었다. 오히려 규모가 작기 때문에, 잃을 것이 크게 없기 때문에 항상 실험을 해보고 성공적인 것은 밀고 나가고 실패한 것은 고쳤다. 그러다 보면 '지속가능한 딴따라질'을 할 수 있다.

소심하지만 치열한 이 음악 작업 뒤에는 '곰사장'이라는 칭호로 더 유명한 고건혁 사장이 있었다. 끊임없는 혁신과 창조의 에너지를 아티스트들에게 불어넣고, 또한 음반 제작 작업에 수반되는 잡다한 일을 견디면서 그는 붕가붕가 레코드의 아티스트들이 정말 자신이 좋아하는 음악을 지속적으로 하며 대중들과 호흡할 수 있게 지원해 주었다. 또한 그만의 특유한 프로아마추어 정신으로 무장하여 다양한 실험을 항상 진행하며 정말 재미있으면서도 창조적인 자립적 음악 활동을 하고 있다.

인터뷰를 진행한 것은 2012년 여름, 그는 당시 박사과정과 붕가붕가 레코드 사장을 병행하고 있었다. 그가 공부하고 있는 대전 KAIST 캠퍼스 인근에서 만남이 이루어졌다. 서울에서 대전까지 먼 길이었지만, 붕가붕가 레코드의 음악을 사랑하는 사심 어린 팬심으로 망설임 없이 달려갔다.

한솔 현재 카이스트 박사과정을 밟고 계신 걸로 알고 있는데요, 어떤 분야를 공부하고 계시죠? 붕가붕가 레코드의 사장님으로서 하시는 활동과 관련이 있나요?

고건혁 '문화 기술'이란 분야를 전공하고 있습니다. 솔직하게 말하면 처음 시작했을 때 레이블 사장직과 제 학업은 그렇게 큰 상관관계는 없었어요. 다시 말해, 붕가붕가 레코드를 잘 경영하려는 생각에 이 전공을 선택한 것은 아니었죠. 원래 박사과정을 널널하게 밟으려고 했어요. (웃음)

사실 제가 박사과정에 들어오고 나서 장기하와 얼굴들이 성공을 했어요. 의도치 않은, 그리고 예상도 잘 못한 결과였죠. 레이블이 생각보다 더 커지면서 지금은 제 전공에서 배운 것을 레이블을 꾸려 가는 데 있어서 적용해 보려는 부분이 있죠. 약간 구체적으로 말씀드리자면, 연구하는 부분이 소셜 미디어, 문화적 콘텐츠의 유통 및 홍보와 관련되었어요. 연구는 제가 종사하고 있는 한국 음악계에 대한 정보를 이용해서 진행하고 있고요. 아마 결과가 예쁘게 나오면 사업하는 데도 도움이 되지 않을까 생각하고 있어요.

한솔 곰사장님 개인적으로 학창 생활은 어떠셨죠? 음악 외에 열정을 가진 활동이 있었나요? 그리고 학창 생활이 지금 인디 레이블 사장으로 활동하실 때 어떻게 근간이 되고 있나요?

고건혁 학부 시절이 기억에 많이 남아요. 그때는 정말 이것저것 많이 해 보았어요. 처음 학교에서 학업 이외에 시작한 활동은 아마 '학회'가 처음이었을걸요. 지금은 대학생들이 주로 하는 활동이 어떤 건지 잘 상상이 안 되는데, 제가 학교에 다닐 땐 학회에서 학생 운동에 관련한 이론들을 학습하고, 또 끝나면 술 먹고 했어요.

2001년에 학교에 '인터넷 매체'라는 것이 처음 생겼어요. 지금이야 인터넷이 워낙 보편화되었기 때문에 인터넷을 기반으로 한 여러 활동들이 너무 당연하게 여겨지죠. 그리고 지금 제가 말하는 '인터넷 매체'라는 단어는 너무 구식같이 들리기까지 하고요. (웃음) 하지만 그때는 인터넷이 본격적으로 시민/학생들의 소통의 매체가 되어가던 시절이었어요. 다음 카페, 오마이뉴스 등이 그때 처음 생겼어요. 오마이뉴스를 보고 우리 학교에도 저런 매체가 있으면 좋겠다고 생각했어요. 학교 당국을 중심으로 한 목소리에 개의치 않고 학생들의 생각을 서로 전할 수 있는 그런 매체가 말이죠. 그래서 오마이뉴스적 성격과 문화 잡지로써의 성격이 합쳐진 매체를 저희 학과 사람들이 함께 창간했어요.

새로운 매체와 관련된 그 일이 제가 맡았던 가장 큰 일 중 하나였고요. 그 이외에 학생회 운동도 병행하고, 과 학생회장도 했고, 축제 기획장, 총학생회 문학장 등등…… 다른 많은 일들도 맡아서 했어요. 당연히 바쁘게 활동하다 보니 자연스레 공부는 열심히 안 했죠. (웃음)

학업이 '메인'이고, 이외의 활동은 '취미'라는 생각은 편견!

이 사람, 들어보면 들어볼수록 재밌다. '서울대' 하면 떠오르게 되는 모범생 이미지가 없다. 그런데 학생 활동으로는 정말 안 해본 게 없는 사람이라는 인상이 풍겼다. 그는 이런 여러 활동들에서 도대체 무엇을 얻었을까?

고건혁 '사람'이 제일 크죠. 그 시절 같이 일했던 사람들과 지금도 지속적으로 일을 하고 있어요. 붕가붕가 레코드에서, 혹은 그 주위에서 일하고 있죠. 예를 들면 저희 레이블에서 같이 일하고 있는 '눈뜨고 코베인'이라는 밴드가 있는데요. 그 밴드의 보컬인 '깜악귀' 씨는 제 학과 선배였어요. 그 선배를 통해서 인터넷 매체 활동을 시작한 건데, 지금도 지속적으로 같이 일하고 있는 거죠. 신기하게도 말이죠.

열심히 활동하면서 가장 크게 배웠던 점은, 아마 태도의 문제였던 것 같아요. 처음에 인터넷 매체 활동을 시작하면서 그 매체의 편집장으로 계셨던 분의 말을 듣고 충격받았어요. 그는 '비록 우리가 프로페셔널한 일을 하면서 돈을 벌고 있는 것은 아니다. 하지만 프로페셔널한 정신으로 일하여, 다른 프로 못지않을 정도의 퀄리티가 나올 각오를 해야 한다.'고 말하더라고요.

건성으로 들으면 그렇게 충격적인 말이 아닐 수도 있어요. 하지만 당시 저에게는 충격이었죠. 제가 예전에는 학생으로서 잘 상상하지 못하던 생각의 틀을 처음 접했다고 할까요? 보통 사람들은 학업이 있고 학업 이외의 활동이 있다고 할 때 학업 이외 활동은 무조건 취미로 생각하죠. 그리고 학업 활동에 기반을 두어 스펙을 쌓은 후 취업을 하는 것을 기본적인 삶의 룰이라고 생각하잖아요? 그런데 저희는 반대였던 거죠. 저희가 즐거워하는 일을 더 '빡세게' 했죠. 그리고 그걸 커리어로 삼아 대학을 나와서 활동을 해도 꾸준하게 이어갈 수 있었지 않을까 생각을 했었죠.

이런 태도를 저희끼리는 프로마추어(promateur: 프로페셔널(professional) + 아마추어(amateur)──편집자) 정신이라고 일컬었어요. 아마 그런 태도가 대학이 끝나고 난 후에도 붕가붕가 레코드를 계속 지속해서 이끌고 나갈 수 있었던 원동력이 되지 않았나 싶어요.

모든 문제의 답은 그 문제를 품은 개인에게 있다

다양한 활동을 통해 다양한 사람을 만났고, 그 사람들과 결국 일까지 같이하게 되었다고 그는 말했다. 하지만 사실 다양한 사람들을 학창 시절에 만났다고 해도, 그들과 나중에 일까지 같이 하게 된다는 것은 완전 다른 차원이 아닐까 싶다. 자연스레 그의 능력에 주목하게 되었다. 그는 자신이 남들을 '꼬드기는' 일을 잘한다고 말한다. 그가 말하는 '꼬드기는' 능력은 붕가붕가 레코드에서 동료들에게 동기를 부여해 주고, 함께 새로운 일에 동참하게끔 설득을 잘한다는 말을 겸손히 표현한 게 아닐까 싶다. 그의 이런 능력이 뒷받침되어 그가 학창 시절에 만났던 인연이 함께 붕가붕가 레코드로 이어진 게 아닐까.

그렇다면 그의 '꼬드기는' 능력은 어디에서 나오는 것일까? 물론 기질적인 면모가 가장 클 것이다. 하지만 필자는 그의 전공에 주목해 봤다. 그의 전공은 심리학이다. 인간의 습관과 사고를 파고드는 학문인 것이다. 그에게 심리학을 전공해서 가진 특유한 강점이 붕가붕가 레코드를 운영할 때도 작동하지 않았는지 물어보았다.

고건혁 아마 심리학을 하든 경영을 하든 그렇게 열심히는 안 했을 거라고 생각하기 때문에 큰 차이는 없다고 생각하지만……. (웃음) 심리학을 했기 때문에 가지는 특유의 강점이 있는 것은 사실이에요. 심리학 중에서도 가장 인상 깊었던 부분은 사회심리학이었어요. 사회심리학을 처음 배울 때 시작하는 개념이 자신(self)이에요.

사회심리학은 두 사람 이상의 상호작용에 대해 말하는 것이지만, 그 전에 자신에 대해 어떻게 파악하는지부터 배운다는 거죠. 그리고 가장 기본적이고 핵심적인 개념은 '자기 본위 편향(self-serving bias)'이라는 개념인데요. 다른 말로 '자신에게 봉사하는 편향'이라고도 해요. 쉽게 말해, 세상의 모든 것을 자기 유리한 대로 해석하는 경향을 말하죠. '잘 풀리면 내 탓, 못 풀리면 네 탓'이라는 거죠.

저의 내면적 생각이 조금만 방심하면 얼마나 편협해질 수 있는지, 그리고 제 편의에 따라서 얼마나 사고가 바뀔 수 있는가 하는 점을 끊임없이 생각하게 해줬죠. 그런 부분들이 나중에 사업을 할 때 있어서 수많은 결정들을 할 때 많은 도움이 되었던 것 같아요. 제가 하고 있는 사업이 위험부담이 크잖아요. 그런 사업에 임할 때 스스로 객관적으로 볼 수 있게끔 하는 그런 스킬을 배웠죠. 사업이 안 될 때 과도하게 절망하지도 않고, 잘 될 때 과도하게 맹신하지 않게 되고요.

상담심리학도 재밌었어요. 상담심리학의 기본적 패러다임은 사람을 가르치는 데에 있지 않아요. 오히려 개개인이 가진 정신적 문제점이나 답은 개인에게 있다는 거죠. 그렇기 때문에 개인의 가능성을 극대화하는 것이 최종 목적이에요. 레이블을 이끌어 나갈 때 이걸 항상 염두에 두고, 가급적이면 아티스트에게 제가 생각하는 옳은 것을 주입 안 하려 노력해요. 그 사람들 내에서 답을 내게끔 이끌어주려고만 노력을 하죠. 그 사람들이 스스로 이루려는 바를 이룰 수 있게 하는 거죠. 또한 저희 붕가붕가 레코드의 존립 근거가 아닐까 생각을 합니다.

한솔 질문의 초점을 바꿔볼게요. 곰사장님 개인에 대한 얘기서부터 '저희', 즉 20대에 대한 이야기로요. 제 개인적으론 지금의 20대가 굉장히 다양한 취향을 가진 세대라고 생각해요. 그런데 지금의 20대만큼 자기가 하고 싶은 것을 시도하지 않는 사람이 많았던 시절도 없는 것 같아요. 주위에 보면 '하고 싶었던' 것이나 '좋아했던 것'은 상당히 많은데 대부분 안 하고 그냥 넘어가더라고요. 이유를 물어보면 '하지 못할 이유'가 너무 많다는 것이죠.

너무 늦었다고 생각하는 사람, 돈이 없어서 못한다는 사람, 학과를 잘못 와서 돌이킬 수 없다고 생각하는 사람, 세상이 알아주지 않을 거라 생각하는 사람들이 제 주위에도 참 많거든요. 안타까워요. 그런 말을 들을수록 제

자신도 더 불안해지기도 하구요. 어떻게 생각하세요?

고건혁 취향이 다양한 세대인 건 맞죠. 그런데 이 현상이 전무후무한 것인지는 잘 모르겠네요. 제가 20대로 사는 것은 아니지만 개인적인 체감으로는 어떤 세대들 간에 '하는 사람'이 있고 '안 하는 사람'이 있는 것 같아요. 다만 평균적으로 하고 싶은 것을 '안 하는' 경향이 다른 세대와 비교해서 취약해진 편이라고 느껴요.

제가 현재 세대들처럼 과도한 등록금을 내고 다녔으면 힘들었겠죠. 최소한의 생계 유지를 위해서 돈은 벌어야 하겠고, 그러면 원하는 일을 할 시간이 줄어드는 것은 사실이죠. 다만 그럼에도 불구하고 하고 싶은 게 무엇이든 간에 그것이 할 가치가 있고 의지가 있다면, 할 수 있는 것은 사실이라고 생각해요.

하고 싶은 것을 하려면, 꿈의 무게를 줄여라?

고건혁 '꿈의 무게를 줄여라'는 말을 제가 많이 하는데요. 부연 설명을 좀 해보자면 이렇게 말할 수 있을 것 같아요. 보통 '내가 꿈을 열정적으로 쫓아가면 무조건 잘 되어야 한다.'고 생각을 많이들 하세요. 한번 결단을 내려서 '칼을 뽑고' 꿈을 실현하면 바로 무라도 썰어질 것이라는 기대죠. 쉽게 말하면 결심 한번 제대로 하고 뛰어들면 '잘 될 것'이고, '잘 되어야'만 한다는 말을 하죠. 전자와 후자, 즉 '당위'와 '희망사항'이 너무 쉽게 혼동되기도 하고요. 그런데 사실 '잘 된다는 것'의 의미가 무엇인지에 대한 문제를 차치하더라도, 어떤 의미에서든지 '잘 되는 것', 정말 쉽지 않거든요.

그런데, 상당수의 분들을 보면 각오를 상당히 추상적으로 하는 것 같아요. '불안'에 관련한 문제도 추상적인 경우가 많죠.

예컨대 우리가 미래에 평생 소득을 생각하면서 살아간다고 하는데……. 그 수치를 객관적으로 정확히 생각해 봤냐는 거죠. 노후에 돈이 정확히 얼마나 필요한지, 이런 문제 말이죠. 물론 관점의 차이지만, 제가 보기엔 삶을 지속적으로 유지하기 위하여 벌어야 될 돈의 총액수가 우리가 벌벌 떨면서 추상적으로 생각하는 것에 비해선 그렇게 많지 않을 수도 있어요. 미래에 닥쳐올 두려움이 되게 추상적이라는 거죠. 그리고 그렇게 추상적으로 생각하면 내가 헤쳐 나가야 할 꿈을 향한 길을 직면할 수가 없죠.

솔직히 저도 성격상 그렇게 구체적이진 않아요. (웃음) 하지만 서른 중반 되었을 때 얼추 3,000만 원에서 4,000만 원 사이의 돈은 벌었으면 좋겠다고 생각을 하면서 살아요. 현재는 2,000만 원대 정도가 되고 있고요.

제가 서울대를 나왔는데, 서울대 나온 다른 사람들의 평균 연봉보다 훨씬 적은 것이 사실이죠. 그리고 이 돈으로 서울에서 집을 살 순 없다고 각오하고 있어요. 그런데 저는 '동기생들과의 비교우위', 그리고 '서울의 집' 같은 것들을 포기할 수 있어요. 왜냐면 그만큼 제가 재밌어 하고 좋아하는 일을 하기 때문이죠. 좋아하는 일을 하는 데 있어서는 '비교우위'가 있는 거겠죠.

약간 더 구체적으로 생각해 보면 아마 15평짜리 임대 아파트에서 생활을 오래 하게 될 것 같고, 서울 외곽에 집을 사겠죠. 이렇게 구체적으로 생각하게 되면 답이 좀 보이죠.

즉, 세 가지 요소가 맞아 떨어져야 한다는 거죠. 첫째, 자기가 간절히 원하는 것이 있다. 둘째, 원하는 것에 최소한 돈을 버는 길이 있다. 셋째, 자기가 맞추어 살 수 있는 구체적 방법이 있다. 이 세 가지 요소가 충족된다면 지속가능하게 자신이 하고 싶은 일을 할 수 있다는 거죠. 쉽지는 않겠지만, 필요 이상으로 두려워할 필요는 없고요.

이렇게 자신의 능력이 뭔지에 대해서 객관적인 생각을 해보고, 또 자신이 하고 싶은 것을 지탱하는 삶에는 돈이 얼마나 필요한지도 치열하게 생각해 봐야죠. 미래에 대한 추상적 고민에서 나온 꿈은 그 무게만 대책 없이 커지거든요. 그리고 그렇게 대책 없이 커진 꿈의 무게를 감당할 수 있는 사람은 아무도 없겠지요.

한솔 보통 창작, 인디를 생각하면 우리는 음악가나 작곡가의 창작만을 생각하는 것 같아요. 저도 깊이 알기 전에는 뮤지션에만 열광을 했지 레이블에 대해서는 크게 생각해 본 적이 없었어요. 하지만 레이블을 운영하는 것도 엄청난 창작 활동이 아닐까 싶은데요. 특히 붕가붕가 레코드는 차별화 전략이 아주 강한 것 같고요.

고건혁 차별화 전략이라면 어떤 부분을 구체적으로 말씀하시는 거죠?

필자는 그에게 직접 붕가붕가 레코드 콘서트에서 구입한 공연 실황 DVD를 보여주었다. 2009년에 구입한 제품인데, DVD곽 제작 형태가 아주 특이해서 신선한 충격을 받았다. DVD곽이 미리 만들어진 게 아니라, 소비자가 직접 조립해야 했다. 박스같이 생긴 두꺼운 종이에서 뜯어낸 후 직접 풀칠까지 해야 했다. 게다가 장기하의 공연 직전 짧게 상영된 티저 영상에서는 장기하가 출현해 이 제품을 직접 조립하는 모습이 나와 관객들의 웃음을 자아내게 했다. 필자는 이 앨범에 붕가붕가의 정신이 상징적으로 담겨 있는 것 같다고 생각했다.

한솔 앨범만 봐도 '손맛'이 나잖아요. (웃음) 그리고 여기서 풍겨 나오는 '손맛'은 이 앨범에만 있는 게 아니죠. 붕가붕가 레코드의 정신에도 '손맛' 냄새가 나요. 우선 '가내 수공업 소형 음반'으로 시작을 하셨잖아요? 집에서 손으로 CD를 직접 구어서 파셨던 거죠. 그렇게 생산 비용을 최대한 줄이셨죠.

게다가 작은 규모의 약점을 나름의 콘셉트, 센스, 그리고 디자인을 통해 강점으로 바꾸는 것 같아요. 살짝 능청스럽지만 뭔가 멋있다 이런 생각이 들게끔 말이죠. '가내 수공업 소형 음반'이란 말도 사실 말이 재밌고 '손맛'이 나서 그렇지, 사실 '자본이 없다'라는 말과 동의어일 수도 있을 텐데요. 그걸 부담되게 들리게 하지 않으면서, 소비자/청취자로 하여금 끌리게 하는, 그런 매력이 있지요.

창작이란 기존의 것을 베껴 오더라도 완전 다른 새로운 맥락에 집어넣는 것

고건혁 아티스트한테도 정말 미안하고 부끄러웠던 앨범을 칭찬해 주시니 고맙네요. 사실 지금 보여주신 공연 실황 DVD는 제작 시간이 많이 부족해서 낸 아이디어였거든요. (웃음)

음……. 차별화 전략이라고 말씀하셨는데, 저도 그렇고 스태프 분들도 이런 생각을 가지고 있어요. 남이 했던 건 피하자. 물론 이런 생각이 철저히 계산적인 계획 때문에 이루어지는 건 아니고요. 그냥 저희 레이블 구성원들의 성격 자체가 남이 했던 것을 똑같이 해보는 것을 되게 심심해해요. 우리가 해봤던 것을 다시 되풀이하는 것은 더 싫어하구요. 그래서 항상 저희가 가지고 있는 음악을 어떻게 다르게 제시할 수 있을지에 대한 고민을 자연스럽게 해보는 것 같아요.

한편으로, 제가 창의적인 인간은 못 돼요. 이쪽 일을 시작한 것도 선배가 음반 만드는 프로젝트를 우연히 따라서 지속적으로 발전시켰을 뿐이에요. 하지만 전 창작이라는 말을 기존에 일반적으로 이해되는 것과는 약간 다른 맥락으로 이해해 볼 수 있다고 생각해요.

보통 창작은 '무에서 유를 일궈내는 것'이라고 생각하죠. 하지만 이 세상에 완전 새로운 것이 어디 있겠어요. 다만 기존의 것을 베껴 오더라도 완전 다른 새로운 맥락에 집어넣으면, 그게 창작 아닐까요? 사람마다 정의가 다르겠지만, 저는 그런 맥락의 창작을 하면서 일을 지속하고 있지요.

소형 가내 수공업 음반이라는 것 자체는 사실 데모 음반의 일종이죠. 데모 음반이 가지고 있는 장점은 부담 없이 찍어내는 것이구요. 상품이 가진 장점은 수익을 가질 수 있고 그것을 기반으로 해서 계속 음악 활동을 지속할 수 있는 것이겠죠. 저희는 그리고 그 두 가지를 동시에 취해 보려고 한 것이죠. 그 두 가지가 합쳐져서 붕가붕가 레코드의 방향성을 부여해 주었죠. 그리고 우리의 국지적 정체성이 되었고요.

지속가능한 음악을 위해서 고민한 끝에 두 마리 토끼를 잡으려고 했었고, 항상 잘 되진 않았지만 크게 잃은 것은 없으니 계속 성공과 실패를 반복하면서 지속가능하게 갈 수 있죠.

제가 학생이라서 그럴지 몰라도 모든 게 일종의 실험이라고 생각하면서 아직도 일을 하고 있어요. 실험이라는 게 통제된 상황에서 규모를 작게 하면서 조금씩 바꿔가고 결과를 검토하는 거죠. 그리고 다시 피드백을 받고, 성공적인 요소를 반영해서 다시 실험을 하는 것, 그런 정신이 우리 레이블의 독특한 방식이 아닌가 생각해요.

세 가지 요소가 맞아 떨어져야 한다는 거죠. 첫째, 자기가 간절히 원하는 것이 있다. 둘째, 원하는 것에 최소한 돈을 버는 길이 있다. 셋째, 자기가 맞추어 살 수 있는 구체적 방법이 있다. 이 세 가지 요소가 충족된다면 지속가능하게 자신이 하고 싶은 일을 할 수 있다는 거죠. 쉽지는 않겠지만, 필요이상으로 두려워할 필요는 없고요.

지속가능한 규모를 지향하되 끊임없이 실험하면서 새로운 길을 모색하는 태도가 붕가붕가 레코드의 강점일 것이다. 녹음실 빌릴 돈이 없으면 집에서 녹음하면 되고, 공장에서 찍어낼 돈이 없으면 손과 기계로 직접 만들어낸다. 그리고 그 사이사이에 새로운 실험으로 레이블이 더 커질 수 있는 발판을 마련한다는 것이다. 비로소 '꿈의 무게를 줄여라'는 말이 온전히 이해된다. 그렇다면 그는 어떤 방식으로 붕가붕가 레코드의 실험을 이끌고 있을까?

고건혁 우선 회사의 어떤 구성원이든 아이디어가 생각날 때 바로 표출할 수 있는 환경을 만들어주는 게 가장 중요한 것 같아요. 머릿속에 굳혀놓기보다는 바로 실현하고 실험할 수 있게 말이죠. 제한적인 상황을 임시로 만들어주는 것도 아이디어를 잘 발현할 수 있게 해주는 것 같아요. 우리 구성원에게서 어떤 아이디어가 번뜩 나왔을 때 제가 보통 하는 일은 그 아이디어를 언제까지 구현해야 하는지 데드라인을 정해 주는 거예요. 그럼 죽이 되든 밥이 되든 정해진 그 날짜까지 완성하게 되겠죠. 그리고 하나의 디자인, 제품으로 제작되었을 때 같이 머리 모아 결정해요. 그냥 새로운 아이디어를 낼 것인지, 개선시켜서 쓸 것인지, 아니면 바로 쓸 것인지 말이죠. 이렇게 아이디어의 흐름을 역동적으로 돌리면서 끊임없이 만들어 나가면 돼요.

구성원들이랑 이렇게 같이 아이디어 짜고 논의하면 자극이 돼요. 서로가 서로를 잡아주기 때문이죠. 그리고 이렇게 같이 재밌게, 그리고 함께 일하는 환경이 근본적으로 동기부여의 원천이 되는 것 같아요. 사실 붕가붕가 레코드 운영하면서 쉽지만은 않거든요. 감정이 극단적인 날은 하루에도 몇 번씩 '내가 이 일을 왜 하지', '내가 여기 왜 있지'라는 생각이 머릿속을 왔다 갔다 할 때도 있어요. 그런데 제가 흥미를 잃을 때는 다른 사람의 번뜩이는 작업이 저를 다시 불붙게 해요. 또 다른 아티스트들이 힘들어 할 때 제가 새로 방향을 제시해 주기도 하고요. 그래서 서로를 버틸 수 있게 하지요.

록 혹은 인디 음악을 조금이라도 듣는 사람은 록의 전설이 된 너바나 (Nirvana)의 리더인 커트 코베인의 유언을 들어보았을 것이다. '스멀스멀 사라지는 것보다는 타오르는 것이 낫다(It is better to burn out than to fade away).' 록 하는 사람, 인디 음악 하는 사람은 앞뒤 가리지 말고 상황이 어떻든 간에 열정을 불살라 보라는 말이다.

하지만 정말 그럴까? 정말 하고 싶다면, 조금 쪽팔리더라도, 조금 안 되더라도, 조금 구질구질해 보이더라도 계속 해나갈 수 있게끔 자신의 힘으로 그 환경을 개척해 나가는 것이 더 우선 아닐까? 자신이 추구하는 음악의 정신과 내용을 훼손하지 않는 범위라면 오히려 난 그게 더 멋진 길일 수도 있겠다는 생각이 든다.

'뭐라도 재밌는 것을 해보자'라면서도 그 재밌는 것을 지속적으로 할 수 있게 만들어주는 환경을 동시에 만드는 것. 그게 진정한 열정이 아닐까. '어떻게든, 지속가능한 음악을 해보자'라며 무에서 시작한 붕가붕가 레코드. 그들은 작지만 끊임없는 실험과 도전의 결과로 특이하고 재밌는 정체성을 얻게 되었다. 스스로 음악 할 수 있는 환경을 개척하는 데서 나온 산물이라는 생각이 든다. 좋은 음악은 단순히 좋은 창작자 개인에게서만 나오는 게 아닌 것 같다. 시대와 소통하고 때론 씨름하기도 하면서 창작할 때, 비로소 좋은 창작물이 나오는 것이 아닐까?

브랜딩을 통해
세상의 변화를 꿈꾸다

매일매일 부르고 싶은 아름다운 이름, 매아리

최장순 공익 브랜딩 그룹 매아리 대표

최장순
세계 최초의 토탈 브랜드 컨설팅 에이전시인 Brand&Company의 크리에이티브 디렉터이자,
공익 브랜딩 그룹 '매아리'의 설립자 및 대표이다. 40여 명의 프로보노들이 활동하고 있는
매아리를 통해 많은 사회복지 단체 및 사회적 기업들의 브랜딩/비즈니스 기획/
커뮤니케이션을 도왔다. Tedx 강연, LG 디스플레이, E-mart, AIA, 고려대,
한국문화예술교육진흥원 등 기업인, 공무원, 대학생들을 위한 활발한 브랜드 강의를 진행
중이다.

이 글을 읽는 독자는 '최장순'이라는 세 글자를 들어본 적 있는가. 아마 대부분의 독자에게 생소한 이름일 것이다. 하지만 그는 전혀 생소하지 않은, 우리가 한번쯤은 접해 봤을 국내 유수의 기업 브랜드를 컨설팅하고 만들어낸 최고의 브랜더 중에 한 명이기도 하다. 공익 브랜딩 그룹 매아리의 최장순 대표의 본업은 한국 최초의 브랜드 컨설팅 회사, Brand & Company의 크리에이티브 디렉터다. 현대자동차, 삼성생명, 한국야쿠르트 등의 수많은 브랜드들이 그의 손을 거쳐갔다.

"단지 토익 점수를 위해 도서관에 처박혀 있어야 하는 현실이 싫었습니다. 그래서 토익 시험을 한 번도 본 적이 없습니다. 언어는 최소한의 의사소통 수단일 뿐이잖아요." 최장순 대표는 자신의 소신을 지키면서 실력을 증명하기 위해, 굳이 입사 서류를 전부 영어로 써서 제출했다. 영어 잘하니까 하는 소리가 아닐까 또는 소위 '엄친아'가 아닐까 생각한다면 오산이다. 그는 순수 국내파에 지금도 집안의 빚을 갚기 위해 일할 만큼 여유롭지 못한 환경에서 자랐다.

그렇게 토익 점수 없이 당당히 국내 최고의 브랜드 컨설팅 회사에 입사해 지금은 30대 초반의 젊은 나이에 이미 국내 최고의 브랜딩 전문가 중 한 명으로 활

중요한 건, 사람들이 '부지런해져야 한다!'는 게 아니라, 사람들이 인간답게 살 수 있는 구조적 토대를 구축하는 것이라 생각합니다. 롱테일 법칙을 따라, 저 같은 미미한 개인들이 많이 모여 하나의 경향성을 만들어간다면, 그래서 그 경향성이 흐름을 만들고, 우리를 둘러싼 사회적 사실들을 바꿔갈 수 있는 의미있는 움직임, '무브먼트'를 만들어 갈 수 있겠죠.

동하고 있다. 스스로도 '반골 기질'이 있다고 말하는 사람, 공익 브랜딩 그룹의
'매아리'의 공동 설립자 최장순. 그가 궁금해졌다.

100여 명의 브랜딩 관련 프로보노가 활동하는 비영리 커뮤니티, 매아리

매아리는 '매일매일 부르고 싶은 아름다운 이름'의 줄임말이다. 활동을 시작한
지는 3년 정도 됐고, 100여 명의 프로보노들이 활동하고 있다. 지금까지 30여
개 사회복지 단체/사회적 기업의 브랜딩을 도왔다. 최장순 대표와 인터뷰하러
갔을 때, 그는 일이 많아 며칠 동안 잠을 제대로 못 잤다고 했다. 하지만 필자를
반기는 그의 목소리엔 피곤함보다는 행복한 일을 하는 사람의 열정이 느껴졌
다. 그런 면에서 최장순 대표는 캐내고 싶은 욕구를 불러일으키는 사람이었다.
집엔 일주일에 두세 번 정도밖에 못 들어가고, 주말에도 일하는 경우가 비일비
재한 바쁜 스케줄을 소화하면서 어떻게 저런 에너지를 낼 수 있을까? 인터뷰에
응하는 최 씨의 태도는 시종일관 진지하고 열정에 넘쳤다.
첫 번째 질문은 '회사 업무만으로도 이렇게 바쁜 사람이 무슨 시간이 있길래,
어떤 동기로 비영리 단체를 조직해서 이끌고 있을까'라는 당연한 의문에서 시
작됐다.

송화준 이렇게 격무에 시달리는데 짬을 내어 단체를 이끌고 있다는 게
믿어지지 않네요. 매아리를 하게 된 특별한 이유가 있을까요?

최장순 어느 날이었어요. 회사의 팀원들이 다 같이 봉사활동을 하면 어
떻겠냐고 제안을 했죠. 몇 번 같이 가기도 했고요. 하지만 주말 잔업이 많은

분야에 종사하다 보니 정기적으로 참여하기가 힘들었어요. 불규칙하면 오히려 방해가 된다는 생각에 많이 고민했죠. 그러던 중 지금 매아리를 함께 이끌고 있는 브랜드폴의 진근용 씨를 만나게 됐죠. "그래, 우리 같이 한번 해보자." 이렇게 시작된 거죠.

가난한 것은 부지런하지 못하기 때문이라는 접근 방식 옳지 않아

최장순 대표는 겸손하게 대답했다. 자신이 이 일을 하게 된 공을 모두 자신의 팀원과 공동 설립자인 진근용 씨에게 돌렸다. 하지만 하루에 두세 시간밖에 못 자고, 시간이 아까워 퇴근도 일주일에 한두 번 한다는 사람이, 그냥 우연히 그것도 3년씩이나 한 가지 일에 열정을 바칠 수 있을까? 보통 사람이라면 주말에 잠자기도 바쁠 텐데 말이다. 그의 겸손함은 익히 들어온지라, 그의 진짜 생각을 듣고 싶어 몇 가지 질문을 던졌다. 그는 때론 거침없이, 때론 오프더레코드를 전제로 자신의 어린 시절부터 대학 생활 중에 있었던 일까지 다양한 에피소드를 들려줬다.

최 씨는 대학 시절 구조주의에 심취하여 다양한 고전을 읽었다고 한다. 그리고 좋은 비전을 공유하기도 부족한 많은 대학생 조직이 내부적으로 부조리와 불합리한 요소를 가지고 있는 것을 보며 고민을 해왔다고 한다.

최장순 저는 구조주의자입니다. 개인의 주체성을 강조해 온 서양의 근대적 인간관은 개인적 역량을 극대화시키기 위한 이론적 토대를 구성했지요. 하지만 이러한 이론은 개인을 구속하는 사회적 구조들의 거대한 힘을 다소 간과하는 경향이 있었어요. 여기서 나온 모순을 극복하기 위해 등장한 게 구조주의예요. 학부 시절부터 제 관심사는 개인 개인이 저마다 불공평하게 주어지는 조건 아래서 어떻게 하면 인간성을 회복할 수 있을까 하는 방법에 관한 것이었습니다. 그때 읽었던 사상가들의 세계를 읽는 시각들은 지금까지도 저의 세계관에 큰 영향을 미치고 있습니다.

지금은 마치 민주주의가 굉장히 진보하여, 개인이 노력만 하면 잘살 수 있다는 식의 생각이 주입되어 있어요. 그래서 근대 교육의 틀에 속박된 학생과 그 속에서 평생을 벗어나지 못하는 직장인을 포함한 시민들이 무한 경쟁에 내몰려 있죠. 전제는 이런 겁니다. 개인이 열심히만 하면 잘 살 수 있다. 정치 지도자는 이러한 생각을 달동네 소녀 가장에게까지 전파하며, 자신의 성공을 일반화하고, '네가 지금 힘든 건 다 극복할 수 있는 것이고, 네가 못 사는 건 네가 덜 부지런하기 때문'이라는 식으로 말해요. 하지만 제 관점에서 보면, 이는 우리를 둘러싼 다양한 사회적 사실들의 구속력을 무시하는 태도입니다. 우리를 태생적으로 한계 짓는 구조의 힘을 모른 채 말하는 기만이지요. 구조 자체가 특정 권력을 지닌 사람들 위주로 편성되어 있어서, 그 권력에서 소외된 사람들은 하루에 12시간을 노동하더라도, 라면만 먹으며 월세 내기도 빠듯한 생활을 하게 되지요.

중요한 건, 사람들이 '부지런해져야 한다!'는 게 아니라, 사람들이 사람답게 살 수 있는 구조적 토대를 구축하는 것이라 생각합니다. 물론, 이는 말처럼 쉽지 않습니다. 저 같은 미미한 개인이 바꿀 수 있는 성질의 것도 아니고요. 다만, 롱테일 법칙을 따라, 저 같은 미미한 개인들이 많이 모여 하나의 경향성을 만들어간다면, 그래서 그 경향성이 흐름을 만들고, 우리를 둘러싼 사회적 사실들을 바꿔갈 수 있는 의미 있는 움직임, '무브먼트'를 만들어 갈 수 있겠죠. 그러면 구조는 인간답게 변혁 혹은 진화해 가지 않을까 하는 생각을 해왔습니다.

그는 거침없이 말을 이어가더니 잠시 숨을 골랐다. 고민의 기색이 스쳤다. 이내 다시 힘을 얻은 듯 말을 이었다.

최장순 4대강 사업에 22조 원을 쏟아 부은 이명박 정부에서 교육 예산을 제외하고 보육시설 미이용 아동 양육지원, 기초노령연금, 보육돌봄 서비스, 장애인연금 등 복지 예산을 1조 원가량 삭감했습니다. 복지 예산이 삭감되면서 복지 단체들에게 지원되는 후원금 역시 하늘에 별 따기처럼 인식되고 있고, 서로 후원금을 획득하기 위한 마케팅이 필요하게 되었습니다. 어떤 단체에 복지 후원금을 더 분배하는 문제는 매우 어렵고 곤란한 일인데, 당장 노인들의 식사와 숙박에 어려움을 겪는 단체들의 경우, 돈 한 푼이 아쉽게 된 상황이지요.

저희는 이런 단체들을 가려 후원 비즈니스 생태계에 잘 적응할 수 있는 브랜딩을 해주고자 했습니다. 브랜드의 철학과 가치를 잘 구축해 놓는다면, 일반 시민들의 마음을 더 잘 움직일 수 있을 거라는 생각이 들었습니다. 결국, 사람들의 인식을 조금씩 바꿀 수만 있다면, 저와 같은 소시민들의 생각과 행동이 바뀔 것이고, 그렇게 된다면, 서로 나누며 살아야겠다는 공감대가 형성될 수도 있겠다 싶은 거죠. 그래서 그러한 멘탈이 일종의 흐름을 형성한다면 구조가 조금씩 진화할 수 있겠다는 소박한 생각으로 시작한 것이 바로 매아리의 브랜드 컨설팅입니다. 지금 필요한 건 돈이 많든 적든, 배웠든 못 배웠든 모두가 인간답게 살 수 있는 최소한의 생물학적 필연성을 기반으로 인간성을 회복하는 일이 아닌가 하는 생각이 듭니다.

내가 잘할 수 있는 것을 통해 사람들의 인식을 바꿔 보고 싶었다

그의 이야기는 자연스럽게 매아리를 하게 된 이유로 흘러갔다. 표면적 이유가 아닌 그의 내부에서 끓어오른 진짜 이유 말이다.

최장순 제가 잘 할 수 있는 능력을 나누어 사람들의 인식을 바꿔 보고 싶었습니다. 그중 하나가 매아리라는 조직이지요. 매아리의 초기 관심사는 후원금 양극화 현상이 발생하고 있는 복지 비즈니스였습니다. 어지간한 중소기업보다 잘 나가는 복지 단체들이 있는가 하면, 후원 비즈니스의 주도권을 잡지 못해 무료급식을 중단한 단체도 상당히 많은 게 현 복지 시장의 현실입니다. 복지를 시장이라고 표현해서 뉘앙스가 좋지는 않지만, 제 기본적인 생각은 복지 사업은 분배의 미덕을 잘 살려야 하는 후원 비즈니스이고, 후원의 형식을 보다 세련되게 마케팅하여 후원 투자자들의 마음을 사로잡아야 하는 마음 비즈니스이기도 하다는 것입니다. 그래서 복지 사업을 활발히 하기 위해서는 일반 시민들의 '마음의 시장'에서 후원을 해야만 하겠다는 명분을 만들어줄 필요가 있다고 생각하고요. 이 명분을 한 마디로 압축하는 것이 바로 브랜드 네임이나 슬로건 같은 것입니다.

최 씨는 그런 단체들을 골라 후원 비즈니스 생태계에 잘 적응할 수 있는 브랜딩을 해주고 싶었다고 한다. 브랜드의 철학과 가치를 잘 구축해 놓는다면, 일반 시민들의 마음을 더 잘 움직일 수 있을 거라는 최 씨의 신념에 절로 고개가 끄덕여졌다. 그의 말처럼 바람직한 브랜딩을 통해 '사람들의 인식'을 바꿀 수만 있다면, 일반 대중의 생각과 행동에 영향을 끼치고, 서로 나누는 문화를 형성할 수도 있을 것이다.

그는 3년 여간 매아리 활동을 하면서 느낀 소회도 함께 밝혔다. 자연스럽게 인터뷰는 매아리의 미래, 그리고 우리의 미래로 나아갔다.

최장순 처음에는 사회복지협의회를 통해 브랜딩이 필요한 단체를 소개받았습니다. 그러면서 '브랜딩이 필요한 단체는 어떤 곳인가'에 대해서 많은 생각을 하게 되었죠. 때론 부유한 복지 단체가 비용 절감의 수단으로 저희를 악용하는 경우도 있었고, 반대로 아주 영세한 단체는 브랜딩에 대해서 아직 고민을 하지 않았습니다.

최 씨는 요즘 브랜딩이 가진 한계를 느낀다고 했다. 좀 더 세상을 변화시키는 방법으로 문화 캠페인을 생각하고 있다고 했다. 이는 필자의 생각과도 일치했다. 구상 중인 책 캠페인에 대해 귀띔하자 반색하며 기뻐했다. "그런 거라면 매아리 식구들도 엄청 신나게 할 것 같은데요." 순간 어린아이의 표정이 스쳐갔다. 그리고 자신이 생각하는 문화 캠페인에 대한 이야기를 풀어갔다.

최장순 브랜드는 문화를 만들 수 있는 거라고 생각해요. 앞으로는 공익적인 문화 캠페인을 하고 싶습니다. 한번은 친구들과 홍대 앞에 주차장을 빌렸습니다. 갖고 있던 물건들을 모아서 조그만 매장을 연 거죠. 앞에는 'Long Life Products'라고 써붙이고요. 공급자들은 물건을 너무 많이 찍어내고, 사람들은 디자인에 너무 쉽게 질려버립니다. 이렇게 물건의 수명은 점점 짧아지고, 우리는 물건을 버리거나 창고에 방치하죠. 그러면서 계속해서 새로운 것을 갈구해요. 이는 심각한 환경 공해를 유발합니다. 당시 저희는 문화 캠페인을 통해 '사물 자체를 사랑하는 방법'을 배워야 한다고 이야기하고 싶었습니다.

그가 구조주의자로서 자신에게 주어진 사회적 몫을 하려는 의도가 무엇인지 알 것 같았다. 자신이 가지고 있는 재능을 바탕으로 사회에 기여할 수 있는 방법을 찾다 보니 그에게 브랜드가 다가온 것이다.

송화준 사회복지 단체나 사회적 기업 등이 굳이 브랜딩까지 신경 쓸 필요가 있을까요? 조직이 가지고 있는 본질적인 사회적 미션을 추구하는 것만으로도 벅찰 텐데 말이죠.

최장순 일반 기업이 브랜드를 필요로 하는 이유와 같다고 봅니다. 가령, 어머니께서 아들에게 이런 심부름을 시킵니다. "세제 하나 사와라." 저는 어릴 적에 세제 사오라는 어머니 말씀을 듣고는 슈퍼에 가서 "하이타이 주세요"라고 말을 했죠. 제 머릿속에 세제는 하이타이라는 브랜드밖에 없었으니까요. 브랜드 네임이 머릿속에 각인되면, 다른 브랜드를 찾지 않습니다. 이를 브랜드에서는 상기도(recall)이라고 부릅니다. 특정 카테고리를 생각했을 때 떠오르는 브랜드가 있느냐는 거죠. 그때 떠오르면 구매 고려군에 들어오게 되고, 그렇지 않으면 영원히 소비자의 지갑을 열지 못하는 브랜드가 되는 것이지요.

정확한 집계는 아닐 것 같고 제가 알기로는 우리나라에 복지 관련 단체가 대략 8,000개가량 되는 것으로 알고 있습니다. 많은 것도 사실인데, 이 중 대다수가 재정난에 허덕이고 있습니다. 물론 빌딩을 몇 개씩 소유하고 있는 부자 단체도 있습니다. 어쨌든, 예를 들어 장애인을 돕는 복지 단체가 100곳이라고 할 때, 복지 단체들은 '장애인을 도와야 합니다. 도움의 손길이 필요합니다'라는 식으로 후원금을 '구걸'하지요. 제 생각엔 '구걸'이라는 게 정확한 표현입니다.

구걸하지 말고 당당히 돈을 받아내기 위해서는 각 복지 단체들만의 고유한 철학과 색깔이 있어야 합니다. 그러한 철학과 고유한 아우라에 감동한 시민들이 자발적으로 도움을 줄 것입니다. 물론 쉽지 않은 일입니다. 만일 어떤 사람이 '나도 좋은 일 해야겠다, 후원금 내야지'라고 생각했다고 칩시다. 그런데 복지 단체가 너무 많습니다. 대다수 사람들은 돈 1만 원을 기부할 때, 공신력 있고, 이름 있는 단체에 돈을 기부합니다. 믿을 수 있으니까요. 이렇게 되면, 후원금의 양극화 현상이 일어나죠. 훌륭한 철학을 바탕으로 훌륭한 일을 하고 있음에도 가난하고 이미지 관리 못하는 복지 단체는 끝끝내 후원금을 받아내지 못하는 경우도 있습니다.

저희가 브랜드 컨설팅을 한 단체 중에 근 28년간 노인 무료 급식을 해온 한길봉사회가 있습니다. 세제에서 하이타이가 구매 고려군에 들어왔듯이, 무료급식 하면 '한길봉사회', '한길밥상'이 떠오를 수 있어야 한다는 이야기는 그래서 중요합니다. 사람들의 인식에 각인될 수 있는 브랜드 네임은 그래서 필요합니다. 일단, 사람들 머릿속에 떠오를 수 있어야 후원을 하든, 봉사를 하든 뭐든 할 수 있으니까요.

송화준 그럼 근본적인 질문을 드릴게요. 브랜딩이란 무엇이죠?

최장순 브랜딩은 마케팅을 불필요하게 하는 행위입니다. 마케팅은 내가 너보다 낫다는 지점에서 출발해야 합니다. 내가 파는 물건이 타사의 것보다 낫고, 내가 제공하는 서비스가 다른 사람이 제공하는 것보다 나아야 선택받을 수 있으니까요. 제가 알고 있는 수준에서는, 마케팅에는 철학이

구걸하지 말고 당당히 돈을 받아내기 위해서는 각 복지 단체들만의 고유한 철학과 색깔이 있어야 합니다. 그러한 철학과 고유한 아우라에 감동한 시민들이 자발적으로 도움을 줄 것입니다.

없습니다. 하지만, 브랜드는 철학을 가지고 있지요.

앞서 언급한 한길봉사회의 김종은 회장님은 본인께서 굶고 못 먹던 시절을 생각하며, 최소한 인간답게 살기 위해서 기본적인 식사는 할 수 있어야 한다는 생각이 '한길'이라는 브랜드 네임으로 표현되어 왔고, 지금까지 주욱 한길만 걸어오신 분입니다. 예를 들어 마케팅의 관점으로 보자면, '우리는 다른 무료급식 단체보다 더 영양가 있고 맛있는 음식을 드립니다'는 식으로 접근하겠죠. 하지만, 복지 단체의 맥락은 이와 다릅니다.

못 먹는 사람이 있다는 것이고, 그 사람들이 못 먹는 상황엔 우리 모두의 책임이 있다는 것이죠. 자본과 자원은 한정되어 있는데다가 누군가는 누군가를 밟고 올라서야만 하는 경쟁의 시대에 살고 있기 때문에, 누군가가 많이 가지면 누군가는 갖지 못하게 되고, 누군가가 배불리 먹으면 누군가는 굶게 되지요. 김종은 회장님은 그저 모두가 끼니를 거르지 않는 세상을 꿈꾸셨을 뿐입니다. 굉장히 소박하고 단순하지만, 우리가 죽을 때까지 무시할 수 없는 철학이 바로 '밥'으로 표현된 것이죠. 그래서 저희는 무료급식 브랜드로 '한길밥상'이라는 네임을 만들어드리고, 너무 튀지 않으면서 보다 세련된, 그러면서도 직관성이 있는 디자인을 만들어드렸습니다. 그 브랜드 안에 한길봉사회의 철학을 모두 압축하여 전달하고자 했던 것이고요.

물론, 네임과 디자인만 만들어놨다고 해서 바로 후원금이 들어온다거나, 사람들의 인식이 바뀌지는 않습니다. 브랜드를 관리하는 노력도 필요하고, 실질적인 봉사의 방식도 진화시켜야겠지요. 브랜드는 모든 활동의 에너지를 한데 묶어 사람들의 마음에 노크하는 하나의 수단입니다. 그런 수단이 없을 때에는 아무리 열심히 노력한다 해도, 사람들의 마음이 안착되기 어렵습니다. 그래서 하나의 브랜드가 공고히 구축되면, 브랜드는 브랜드의 소유자가 이야기하는 것이 아니라, 일반 시민들이 스스로 이야기하며 다양한 스토리를 만들어가는 풍부한 이야깃거리가 되는 것이지요. 모두에게 행복을 울려 퍼뜨릴 수 있는 진정성 있는 이야깃거리를 만드는 것이 매아리의 목표입니다.

그가 문화 캠페인에 매력을 느끼는 이유를 조금은 알 것 같았다. 이 인터뷰는 2011년 말에 이루어졌다. 그리고 필자가 말했던 책 캠페인은 매아리와의 공동 프로젝트로 2012년에 준비를 시작하여 2013년에 '책읽는지하철'이라는 결실을 맺었다. 지하철에서 책을 함께 읽는다는 구상은 한국의 대표 소설가인 신경숙 작가, 이외수 작가와 박원순 서울시장 등이 참여하고 여러 매체에서 앞 다투어 취재할 정도로 큰 반향을 일으켰다.

최장순 대표는 여전히 격무에 시달리면서도 새로운 프로젝트를 차곡차곡 준비해 나가고 있다. 그는 자신이 꿈꾸는 세상을 위해 사회 구조적인 문제를 바꾸고자 노력하고 있다. 그렇다면 우리는 어떤가. 당신이 꿈꾸는 미래는 어떤 모습인가. 그것을 위해 어떤 노력을 하고 있는가.

청년들이여!
뛰어라!
놀아라!

실패도 끌어안는 사회가 혁신하는 사회이다

전효관 서울시 청년일자리허브 센터장

전효관
사회학 박사(연세대학교). 전남대 교수, 하자센터 센터장을 거쳐 현재 서울시 청년허브
센터장을 맡고 있다. 삶에 밀착되어서 혁신적인 해결책을 제시해 주는 팀, 프로젝트, 모델을
찾고 그들이 즐겁게 노는 장을 만드는 데 주력하고 있다.

도저히 치유할 수 없을 것같이 보이는 사회가 벽처럼 청년의 눈앞을 가로막고 있다. 수많은 청년 실업자들, 고독사한 청년들의 이야기 등. 진정으로 아픈 이웃 청년들의 이야기를 접하고 나면 우리가 스스로를 치유할 수 있는 기회마저 박탈당한 게 아닌가 싶을 때도 있다. 하지만 역설적으로 위기는 치열함을 낳고, 치열함은 대안을 낳는다.

'사회 혁신', '사회적 기업', '협동조합' 등, 사회에 새로운 대안이 쏟아지고 있다. 그리고 많은 청년들이 새로운 혁신의 흐름에 뛰어들고 있다. 그들은 척박한 현실 앞에 도피하지 않고 그대로 대면한다. 자신이 꿈꾸는 사회상과 현실 사회의 간극을 보고, 그 간극을 혁신으로 메우려는 노력에 뛰어들고 있는 것이다.

그런 청년 혁신 활동가들이 협력하며, 새로운 기회를 창출해 보고, 도전할 수 있는 생태계를 조성하기 위한 공간들이 하나둘씩 생겨나고 있다. 서울시 청년 일자리허브(이하 청년허브)는 그중 대표적인 공간이다. 청년허브는 혁신적인 청년들을 다양한 방식으로 '놀아볼 수 있도록' 돕고 있다.

전효관 센터장은 젊은 세대가 사회 혁신, 문화 혁신의 새로운 주체로 성장할 수 있도록 돕는 일에 평생 헌신해 왔다. '실직자를 양산하는 일을 하고 싶지 않다.'

며 전남대학교 문화전문대학원 교수직을 그만두고 하자센터로 옮긴 게 대표적인 일화다.

한솔 센터장님에 대한 정보를 찾아보는 과정에서, 놀란 점이 있었는데요. 전남대학교 문화전문대학원에서 교수님을 하시다가 갑자기 그만두셨지요. 그리고 청소년들을 위한 직업 체험 센터인 하자센터로 가시게 되셨잖아요? 그때 뭔가 깊은 고민, 문제의식이 있었기 때문에 갑자기 그만두시고 새로운 길로 가셨으리라 미리 짐작을 하게 됩니다. 어떤 동기로 가게 되었는지, 그 당시 상황은 어땠는지 궁금합니다.

전효관 꼭 고민이나 문제의식이라고 할 것까지도 없고요. 제가 사실 '공부'에 꼭 맞는 사람이 아니에요. 당시에 가르치는 곳도 전문대학원이었죠. 대학원에 있으면서 진행했던 프로젝트도 '광주 아시아 문화 중심 도시 조성 사업'이라는 게 있었는데요. 그때 연구진으로 활동했었고요. 실용적인 것을 가르치고, 실용적인 일을 계속 해왔던 거지요. 단지 제가 몸담고 있는 곳이 대학이었단 말이죠.

아무튼 제가 그 당시 한국의 대학 사회/커뮤니티에 대해서 강렬하게 느꼈던 점이 뭐냐면요, 풀어야 할 문제를 외면한다는 거예요. 예를 들면 제가 몸담고 있던 전남대 문화전문대학원에서 제가 가르치는 학생들은 대부분 졸업하고 나면 바로 실직자가 돼요.

그런데, 결과가 어떻든 간에 일단은 이 문제를 어떻게 풀 것인지 머리를 맞대고 이야기를 할 수 있어야 하는데……. 대학에선 그 현실에 대해서 한 번도 말하려고 하질 않아요.

삶을 좀 돌이켜보면, 무언가 '만드는' 일을 좋아했던 것 같아요. 좀 더 구체적으로 말하면, 기획하고, 새로운 단체를 설립하는 등의 활동 말이죠. 문화전문대학원에 있으면서 기획했던 문화예술 관련 사업도 그렇고, 하자센터도 제가 초창기에 단체 설립에 많이 관여를 했었구요. 무엇이든 만들 때 행복함을 많이 느꼈던 거지요. 지금 운영하고 있는 청년허브도 그런 맥락에서 제가 '만드는' 과정에 개입하고 있잖아요.

저는 지역 대학이라면 지역 대학에 맞는 양성 방법과 전략, 그리고 정체성이 있어야 한다고 생각해요. 그런데 지역 대학의 상당수가 서울에 있는 대학과 교육과정, 정체성을 똑같이 따라갈 뿐이죠. 똑같이 따라가다 보면 뒤처지기 마련이고요.

하자센터와 한국의 대학을 비교해 보았을 때, 적어도 하자센터에서는 '청소년 문제'라는 이슈를 놓고 그 문제를 대면하고, 이야기하며, 같이 행동해 보자는 문화가 있었죠. 잘 푼다, 못 푼다를 떠나서 우선 문제가 있으면 이렇게 대면을 해야죠. 그런데 그 당시 대학은 모든 게 그냥 교수의 개인 권한에 달려 있고, 학생들은 교수들이 시키는 대로 이것저것 따라하다가, 졸업하면 진짜 중요한 문제는 대면조차 못해 보고 끝나는 경우를 너무 많이 봤어요.

물론 교수직을 그만두면서 고민이 없었다면 거짓말이겠죠. 그런데 날 막는 요소가 딱 두 가지밖에 없는 거예요. '편함', 그리고 연금. 첫째, 교수면 공무원이잖아요? 편하다. 이게 첫 느낌이에요. 제가 지금 하는 일에 비하면 대학에서 했었던 일의 양은 딱 10분의 1 정도였어요. 물론 학교의 주요 행정적인 일을 담당하거나, 학생들과 정말 기를 쓰고 소통하려고 하거나, 따로 거대한 프로젝트를 했다면 다를 수는 있겠죠. 그렇게 열심히 활동하시는 훌륭한 교수님도 많지만……. 아무튼 기본적으로는 제가 일주일에 수업 딱 두세 번 하면 끝나는 거잖아요. 둘째, 연금. 제가 그만둘 때 어떤 주위 사람이 어리석다고 만류하면서 이런 얘기를 했어요. '너 그만두면 10억 한꺼번에 날리는 거다.' (웃음)

물론 무시 못하는 요소들이지만, 저한테는 아무리 생각해도 이 두 요소들 이외에 대학에 몸담는다는 사실이 저에게 의미가 없다는 게 너무 허탈한 거예요. 결핍처럼 느껴지고. 그래서 일단 문제를 대면할 수 있고, 같이 툭 터놓고 얘기할 수 있는 하자센터로 옮긴 것 같네요.

다양한 사람들의 존재를 안다는 것 자체가 나에게 큰 힘을 준다

전효관 센터장은 교수라는 직업이 청년 실직자를 양산하는 일 같았다고 했다. 그의 이런 고민은 하자센터와 청년허브로 이어지고 있다. 안정적인 미래를 뒤로한 채 새로운 도전을 한다는 게 불안하지는 않았을까?

전효관 그런데 사실 전 그렇게 불안하지는 않았던 것 같아요. 제가 한 3, 4년에 한 번씩 남들이 보기에 의외의 방향으로 가는 '이상한' 성향이 있어요. (웃음) 교수직에서 하자센터로 옮길 때도 그랬고. 또 그전에는 사회학 쪽으로 쭉 공부하다가 문화 쪽으로 방향을 틀어서 공부했었거든요.

이렇게 약간 '이상한' 선택을 가끔 하다 보니 다양하게 사는 사람들을 많이 봤던 거죠. 그래서 남들보단 상대적으로 불안감이 덜했겠지요. 내가 다양한 학문, 다양한 체험을 다 해보진 않았어도, 다양한 사람들의 존재를 안다는 것 자체가 힘이 되거든요.

삶을 좀 돌이켜보면, 무언가 '만드는' 일을 좋아했던 것 같아요. 좀 더 구체적으로 말하면, 기획하고, 새로운 단체를 설립하는 등의 활동 말이죠. 문화전문대학원에 있으면서 기획했던 문화예술 관련 사업도 그렇고, 하자센터도 제가 초창기에 단체 설립에 많이 관여를 했었구요. 무엇이든 만들 때 행복함을 많이 느꼈던 거지요. 지금 운영하고 있는 청년허브도 그런 맥락에서 제가 '만드는' 과정에 개입하고 있잖아요.

재밌는 사실은 제가 이런 일에 '커리어'를 쌓아야겠다고 생각해서 지금 이 시점에 도달한 게 아니라는 사실이죠. 또 그런 마인드로 일했으면 여기까지 올 수 있었을지도 의문이고. 그냥 '만드는' 일 자체가 좋으니까, 여기까지 온 거죠.

그걸 하자센터에 있을 때 느꼈는데요. 이런 적이 있었어요. 하자센터 직원들과 워크숍을 갔는데, 직원들이 센터에서 일을 하면 커리어 개발이 안 될 것 같다는 고민을 털어놓은 거예요. 그런데 그 얘기를 듣다가 제가 깨닫게 된 거죠. '내가 평생 동안 커리어라는 것을 계발하겠다고 강한 의지를 가지고 행동한 적이 있나?'라고 자문해 보니 그런 적이 없었던 거예요. 그냥 부딪치고, 만들다 보니 '커리어'라는 것이 생긴 거죠.

스펙과 혁신의 차이는 선택하느냐, 선택 당하느냐의 차이

공감하면서도 다른 한편으로 불안감이 엄습한다. 이렇듯 '스펙'은 우리 청년을 옥죄는 도구이면서도 한편으로 어떻게라도 손에 쥐어야 하는 동아줄 같은 존재이다. 스펙이라는 허상이라도 붙들려고 몸부림치고 그래야만 조금이나마 안심이 되는 게 불안한 시대를 살고 있는 우리 청년들의 자화상 아닌가. 과연 '스펙'이란 무엇인가부터 다시 생각해 보게 된다. 스펙에 대해서 좀 더 물어보기로 했다.

전효관 난 이렇게 받아들여지는데요? 스펙을 쌓는다는 얘기는, 다시 말하면 타인에게 내가 선택 당하겠다는 전략이거든요. 보여주기 위한 거죠. 남들의 시선에 의해서 나라는 존재가 쉽게 정의 내려지고, 쓰임 받는 것을 지향하는 태도에서 비롯된 거죠. 내가 하고 싶은 일을 할 때는, 보여주려고 하는 건 아니잖아요. 물론 누구나 최종적으로 자기가 열정을 가지고 했었던 일을 보여줄 때 느끼는 기쁨도 있지요. 하지만 이것 자체가 목적은 아니라는 거죠.

청년허브에서 계속 청년들의 '혁신'을 지원한다고 말하잖아요. 그런데 혁신을 하겠다는 건, 사실 그렇게 쉽게 설명되지 않아요. 기존에 있던 길을 개선하거나, 큰 도로의 일부분으로 새로운 샛길을 내겠다는 태도가 아니기 때문이죠. 완전 새로운 길을 내는 과정이잖아요. 새로운 길을 내려면 어떻게 해야 돼요? 물론 지금까지 깔려 있는 도로가 어디까지 가는지를 파악하는 과정도 중요하지만, 더 중요한 것은 내가 어떤 지점에 도달할 것인가를 설정하는 일이죠.

그렇기 때문에 스펙을 쌓는 청년이 아닌, 혁신하는 청년은 우선 자신이 개인적으로 가고 싶은 지점, 혹은 바꾸고 싶은 사회의 '상'을 먼저 설정하는 거죠. 그리고 그 지점에 도달하기 위하여 도로를 새로 깔고, 그 길을 걸어가면 되잖아요. 방법은 사실 이런 지점을 설정한 이후의 문제지요. 치열하게 생각하면 웬만하면 방법이 찾아지거든요. 시간이 적게 걸리냐 많이 걸리냐, 효과적이냐 아니냐의 부차적인 문제는 있지만요. 그래도 안 찾아진다면 보통 그 설정한 지점이 잘못된 지점일 가능성이 높죠.

그런데 정말 안타까운 문제는 쉽게 말해 두 가지예요. 첫째, 우리 사회는 하고 싶은 게 무엇인지조차 잘 찾을 수 없는 환경이라는 거죠. 쉽게 말해서 막연히 사회적으로 좋다고 여겨지는 직업, 혹은 TV에서 본 직업들 외에는 잘 모르죠. 둘째, 그리고 정말 도전해 보고 싶은 사람들에게 버틸 수 있게 최소한의 지원을 해주는 장이 있어야 하잖아요. 그런 장이 아직도 부족해요.

청년허브는 그런 장을 제공하고, 혁신의 움직임을 열망하는 청년들을 지원해 주기 위해 있는 거죠. 나름 희망적인 사실은, 지금 청년들을 보면 대안을 위한 자발적 움직임들이 많이 생기고 있는 것은 확실해요. 시켜서 하는 게 아닌, 진짜 혁신을 위해서 뛰는 청년들 말이죠. 그러면 쓰러지지 않게 도와줘야죠.

스펙은 '타인에게 선택 당하기 위한 전략'이라는 말이 송곳이 되어 가슴을 푹 찔렀다. 우리 세대는 끊임없이 기성 세대에게 어떻게 하면 '예쁘게' 보일까를 고민하면서 살아오지 않았나. 흙밭에서 놀아야 할 유년 시절부터 우리는 수많은 학원을 섭렵하며 어른들이 원하는 어른으로 잘하기 위해 충실하게 사육을 받아왔다. 그리고 이제는 기업이 원하는 사람이 되기 위해 스펙을 쌓는다. 나는 어떤 사람인가, 나는 무엇을 할 때 행복한 사람인가 하는 질문이 결여된 채 직무역량이니 다양한 경험이니 하는 스펙의 허상에 우리는 사로잡혀 있다.

그래서인지 전효관 센터장이 말하는 '혁신'에서도 보통과는 다른 결이 느껴졌다. 청년허브의 '혁신'은 '놀이'와 맞닿아 있다는 생각이 들었다. 우리가 어릴 적 빼앗겼던 놀이 말이다. 청년허브에 처음 와본 사람은 두 번 놀란다. 이렇게 멋진 곳이 있다는 것에 놀라고, 공공기관임에도 청년들의 발걸음이 끊이지 않고 또 그들의 표정이 참으로 자유롭다는 사실에 또 한번 놀란다. 청년허브 내에는 '창문카페'라는 청년들이 단돈 천 원에 이용할 수 있는 카페가 있고, 언제나 와서 쉬고 놀 수 있도록 수면실과 다양한 책과 다트 같은 놀이 기구들이 구비되어 있다.

공유하고 협력하면 파워가 생겨난다

한솔 그런데 '혁신'에 대해서 사유하면서 항상 느끼는 건데요. 아까 혁신에 대해서 말씀하시면서 '새로운 길을 만드는 과정'이라고 하셨지요. 그런데 이 과정은 혼자로는 절대 안 되는 것 같아요. 같이 해야겠지요. 협력해야겠지요. 그런데 우리나라는 협력할 수 있는 환경이 잘 갖추어지지 못한 것 같아요. 소통하는 법을 많이 잊어버렸고요, 또 머리를 맞대고 문제를 해결할 수 있는 습관이 많이 사라진 것 같고요.

센터장님께서는 기회가 있을 때마다 '협력'을 강조하시는 것으로 알고 있어요. 청년허브에서는 청년들이 협력할 수 있는 환경과 분위기를 조성하기 위하여 어떤 일을 하고 계시는지 궁금하네요.

전효관 난 이렇게 생각해요. 굳이 혁신에만 협력이 필요한 건 아니다. 세상 모든 일에 협력을 빼놓고 할 수 있는 일은 없어요. 제가 봤을 때 한국에서는 많은 청년들의 성장 과정 자체가 너무 부모님에게 주조되어진 경우가 많아요. 사회에서 강요하는 경쟁 구도가 너무 편협하고 심하죠. 이런 구조에선, '내'가 아닌, '우리'라는 외부에 대해서 생각하기가 너무 어렵다는 거지요. 생각도 협소해지고. 그래서 어딜 가든 '협력'에 대해 문제제기하게 되는 것 같아요.

협력이 왜 중요한지는 옛날에 있었던 창업 팀들을 봐도 알아요. 요새도 그런지는 잘 모르겠는데 한 5년 전만 해도 소셜 벤처라든지, IT 분야 스타트업이라든지, 그런 분야에 뛰어든 창업팀들을 보면 아이디어 공개를 많이 꺼려했어요. 다들 아이디어 발표하라고 말하면, 자기 아이디어를 뺏길 거라는 두려움이 가득한 거예요. 그런데 혼자 가지고 있는 아이디어가 발전이 될까요? 불가능하죠. 서로 열어놓고 고민할 때 놓쳤던 부분도 보이고 동지도 만나는 거죠.

협력의 파워를 하자센터 운영할 때도 많이 느꼈어요. 사실 하자센터에는 기업 육성 노하우나 비즈니스 모델에 대한 체계적인 교육이 별로 없어요. 그런데 센터에 있는 사람들의 여러 인적, 물적 자원을 끊임없이 공유시켜 보는 전략은 있죠.

그런데, 이게 얼마나 파워풀한 전략이냐면요, 사실 한 사람이 자신과 정말 친하면서, 자신이 추구하는 일에 도움 받을 수 있는 사람은 별로 안 돼요. 한 사람당 백 명 정도? 백 명이라는 것도 도움을 요청했을 때, 도와줄 수 있는 사람을 뜻하는 거지, 자기가 하고 있는 일이랑 완전 무관할 수도 있잖아요. 그런데 한 사람이 아니라, 백 명의 사람들이 자신이 도움 받을 수 있는 백 명을 내놓으면, 백 곱하기 백, 만 명이 되잖아요. 이 만 명이라는 인적 풀에서는 해결 안 되는 문제들이 별로 없어요. 쉽게 말해 공유시키면 파워가 나온다는 거지요. 이런 것들이 하자센터가 성공적으로 사회적 기업을 인큐베이팅 해내는 데 중요한 역할을 해왔다고 봐요.

요새 정부나 지자체에서 '공유 경제'를 키워드로 많은 사업을 시도하려고 하잖아요. 그런데 사람들이 착각할 수도 있는 게, '공유가 좋은 가치이기 때문에 하는 것이다.'라고 말할 수도 있는데요. 저는 공유 경제의 활성화가 오로지 이런 좋은 가치 지향성만의 문제는 아니라고 봐요. 공유하면 사회적 파워가 생겨요.

그는 공유와 협력에서 나오는 힘을 강조하며 말했다. 그렇다면 청년허브에서는 어떻게 청년들이 협력하도록 유도하고 있을까?

전효관 청년허브에서도 공유하는 사무실, 공유하는 '공장'을 만든다는 기분으로 모임과 공간을 디자인하고 있고요. 아직은 우리가 협력에 대한 '훈련'이 덜 되어 있는 단계라고 보기 때문에 아주 가벼운 모임에서부터 만들어 가고 싶은 거죠.

요새 청년허브에서 시도하는 것 중에 '심야식당'과 '둥근책상' 등이 있는데요. 심야식당은 밥을 같이 먹으면서 같은 주제에 대해서 나누는 모임이고, 둥근책상은 미리 정한 질문에 맞는 주제 도서를 읽고 와서 질문에 대한 답을 찾아보는 모임이에요. 작은 것 같지만 사실 이런 기회는 중요한 것 같아요. 다양한 경험과 생각이 있는 사람들이 모일 수 있는 장을 만들어주는 거니까요. 그리고 이렇게 관계를 맺은 청년에게 '청년참' 같은 지원사업을 통해 생각한 것들을 서로 협력해서 시도해 볼 수 있는 기회를 주는 거죠.

소셜 벤처에서 성공했거나, 심사 쪽에 있는 사람들이 이렇게들 많이 말해요. 대부분 벤처 팀들이 처음에 써놓은 기획서 그대로 가는 경우가 거의 없다는 거예요. 물론 처음에 기획하고 계획서 작성하는 것, 참 중요하죠. 사고 체계나 흐름을 하나의 정리된 문서로 남긴다는 것 자체가 소중한 경험이거든요.

그런데, 열심히 짜놓은 기획서가 그대로 실행된다는 보장은 없어요. 끊임없는 피드백과 우연적인 시너지가 더해지면서, 사업 모델이 발전해 나가는 건데, 협업 혹은 공유는 이를 가장 잘 실현시켜 줄 수 있다는 거죠.

혁신의 밑거름, 실패도 끌어안는 사회에서 찾아야

한솔 약간 주제를 옮겨서 '지속가능성'에 대해서 여쭤보고 싶어요. '지속가능성'은 제 삶의 화두 중 하나인 것 같아요. 저는 '지속가능성'이라는 단어가 크게 두 가지 의미로 나눠질 수 있다고 봐요. 사회의 지속가능성과, 시장에서의 지속가능성으로요. 그런데 우리 사회든, 전 세계적으로든 전자와 후자의 밸런스가 너무 안 맞죠. 우선 먹고 살아야 하기 때문에 모두 후자를 얘기하는데, 사회는 계속 와해되는 과정에 있고요. 환경, 노동, 마을 및 커뮤니티, 돌봄 및 가족, 지속가능한 방식의 욕망과 소통 등등……. 참 많은 것을 잃어버리고 있죠.

제가 '사회적 기업'이나 '사회 혁신' 같은 것에 관심이 많은 이유는 이런 사회적 맥락에서예요. 우선 시장에서 지속가능하기 위해 '기업' 활동을 하지만 지속가능한 사회를 복원시키는 데 이바지할 수 있는 형태의 조직이잖아요. 그런데 사실 시장에서 지속가능하려면 비즈니스 모델이 있어야 하는데, 참 많은 실패 사례들도 나오고 있고, 쉽지 않은 일이지요.

조금만 더 좋은 환경이라면 실패하지 않았을 팀들도 많이 본 것 같고요. 그런 점이 너무 안타까운 것 같아요.

전효관 열악한 게 사실이죠. 어떤 환경에서는 똑같은 비즈니스라도 돼요. 그런데 어떤 환경에서는 안 돼요. 비즈니스 모델이 사회와 무관한 독립적 모델이 아니거든요.

유럽에 가면 적어도 사회적 연대, 그리고 안전보장망이 있어서 실패를 하더라도 아주 비참해지지는 않아요. 사회가 최소한은 보장을 해준다는 신

넘이 있고, 그렇기 때문에 더 많은 청년들이 도전할 수 있죠. 반면에, 미국 사회는 안전보장망은 취약하긴 하지만, 아이디어에 대한 투자 시장은 나름대로 있어요. 사람들이 좋은 아이디어가 있을 때 돈을 잘 빌려주기 때문에 도전의 환경이 나름대로 있긴 있죠.

한국은 두 가지 다 없어요. 한국에서의 투자는 엄청난 담보를 요구해요. 이건 솔직히 순수한 의미의 투자라기보다는 그냥 담보 때문에 투자하는 거죠. 그렇기 때문에 개개인들은 아까 말한 시장에서의 지속가능성에만 매달릴 수밖에 없고, 그것도 엄청 어렵죠. 유럽과 미국의 사례를 말했을 때 이미 눈치 챘겠지만, 아무리 좋은 아이디어가 있고 진취적인 청년이 있더라도, 사회적 환경이 뒷받침해 주지 않으면 실현될 수 없겠죠. 실패 사례들의 많은 실패 요소가 개인의 추진력이나 역량의 책임은 아니라고 생각해요.

요즘 가끔 사회적 기업이라든지, 청년 혁신 활동가를 뽑는 심사에 나가 보면 느끼는 건데요. 개개인에게 너무 심하게 많은 요구를 하고 잣대를 들이대는 거예요. '이게 검증된 모델이냐?'라고 묻는 심사관들을 보면 '저 사람들은 다 알까'라는 생각까지 들 만큼. (웃음) 그런데 제가 봤을 땐 과도한 경쟁 절차를 주고 탈락시키려 하는 것보다, 키워주는 환경을 제공해 주는 게 중요하거든요.

보잉 사 부사장이 펴낸 자서전을 읽어본 적이 있어요. 자서전에 이런 내용이 나와요. 이 친구가 어렸을 때 초등학교에 다니는데, 수학 시간에 선생님이 속도에 관련한 문제를 낸 거예요. 이런 문제들 우리 많이 풀어봤잖아요. '50km/h를 달리는 기차가 있는데, 20km를 가려면 몇 시간이 걸리나'와 같은…….

그런데 이 친구가 몇 시간이 걸린다고 문제에 답한 게 아니고, 손을 들어서 선생님에게 질문을 한 거예요. '어떻게 기차가 처음부터 시속 50km로 달릴 수 있냐'고 말이죠. 그러니까 선생님이 다그치지 않고, '정말 뛰어난 생각을 했다'고 칭찬을 해줬대요. '어떤 물체도 처음부터 시속 50km로 달릴 수는 없지'라고 말이죠. 또 격려해 주면서 이렇게 덧붙였대요. '너는 움직이는 물체에 대해서 통찰력이 있고 관심이 많아 보이니, 옆 대학에 있는 물리학과에서 진행하는 프로그램을 한번 찾아가 보라'고.

이 친구가 그때부터 움직이는 물체의 동력에 관심이 생긴 거예요. 그 사람 자서전을 읽어 보면 자신이 보잉 사에서 일을 하다가 '내가 왜 비행기에 관심이 있었을까' 하며 과거를 돌이켜보니 그때가 시작이었다고 회상하는 부분이 나와요.

진부하고 작은 예시일 수 있겠죠. 그런데 우리가 지금 봤을 때 굉장히 위대해 보이는 일들도 처음엔 정말 작은 생각에서 시작되었거든요. 그라민 은행의 유누스 총재를 보면, 사실 은행을 만들기 전에 제기했던 문제는 정말 간단하죠. '왜 필요로 하는 사람에게 은행이 돈을 빌려주지 않나'라고 물은 거잖아요. 당시 청년 유누스의 시선으로 봤을 땐 정말 웃긴 거죠. 가장 돈이 필요한 사람이 돈을 가장 못 받는다는 현실이 말이죠. 이 사람이 던진 다음 질문은 이런 것이겠죠. 일반적인 통념. 즉, '가난한 사람은 돈을 잘 안 갚을 것이다.'라는 가정이 맞냐는 거죠. 그래서 한번 빌려줘 보자라고 생각한 거잖아요.

그런데 만약 우리가 처음부터 유누스에게 '이게 검증된 비즈니스 모델이냐'라고 묻고 엄정한 잣대를 들이댔다면, 유누스도 가능했을지 모르겠어요. 제가 봤을 때 한국에서라면 서류 심사에서부터 이미 탈락했을 것 같아요. (웃음) '이런 걸 해보면 좋겠다.'는 문제의식을 가지고 굴려보면 되는 거죠. 이게 검증된 비즈니스 모델이냐라고 질문하는 게 타당한지 모르겠어요. 우리가 좀 더 다른 생각에 대해서 용인적으로 바라보면 더 많은 혁신이 나올 거라고 생각하거든요.

물론 심사에서 '풀고 싶은 문제가 도대체 있는가?'라는 질문은 엄정하게 하는 게 맞는 것 같아요. 그런데 수많은 다른 부수적인 질문들이 쏟아졌을 때 도대체 혁신이 가능할까라는 생각이 많이 들어요.

최근 청년 세대를 보면 상당히 재밌게 보고 있고, 많은 혁신이 나올 수 있다고 생각해요. 요란한 마케팅에 집중하기보다는, 훨씬 더 차분해져 있어요. 사람들끼리의 '관계'를 중요시하는 흐름들이 생기고 있고요. 전 아주 좋은 부분이라고 생각하고, 청년허브도 이들이 혁신할 수 있는 환경을 제공해주고 싶은 거죠.

혁신할 수 있는 환경의 핵심은 그가 유럽 사회를 말하며 언급했듯이 '사회안전망'에 있을 것이다. 진짜 도전적인 사람은 퇴로를 끊는다는 정신으로 도전한다. 하지만 역설적으로 퇴로를 끊는다는 마음으로 도전한 사람들이 처참하게 실패했을 때, 퇴로를 슬그머니 줄 수 있는 사회가 좋은 사회일 것이다. 그래야 다시 도전할 수 있을 것이고, 더 많은 사람들이 이를 보고 또 색다른 도전으로 뛰어들 것이다.

삶의 현장을 직접 대면해 보는 경험이 중요하다

그렇다면 도전할 수 있는 혁신의 생태계를 만드는 데 어떤 방식으로 참여해야 하는 걸까? 그리고 무엇부터 해야 할까. 크게 두 가지 방식이 있을 것이다. 집단적으로 문제를 제기하고, 연대를 통해 끊임없이 사회를 바꾸는 의사결정권자들에게 요구하는 활동. 혹은 사회적 기업이나 협동조합같이, 대안을 꾸준히 조금 조금씩 만들어나가는 노력. 그는 어떻게 생각할까?

전효관 역사적으로 봤을 때도 답이 있는 것 같진 않고요. 새에 비유하면 양 날개라고 볼 수 있겠죠. 제도나 정부를 바꾼다는 게 하나의 날개라면, 다른 날개는 자주적인 모델, 샘플, 공동체를 만들어보고 사람들에게 제시하는 것. 역사적으로도 사회를 바꾸는 데에 공존하는 두 축이지요.

장단점이 있죠. 제도나 체제가 바뀐다고 하더라도, 그 바뀐 체제가 무엇을 의미할까라는 치열한 고민이 없다면 어떤 변화든 실패하게 마련이지요. 앙드레 고르라는 프랑스의 사상가를 보면 '기술 관료성'에 대한 비판이 있거든요? 쉽게 말하면, 사람들이 체제의 변화에만 집중하다 보면, 좋은 제도가 나올 수는 있겠지만, 그 제도를 만드는 정부와 체제의 힘은 한없이 강화되는데, 개인의 힘은 약화된다는 비판이에요. 결국 중요한 것은 그 두 가지 날개가 얼마나 유기적으로 잘 연결되어 있냐는 점이죠.

약간 대화의 맥락이 다를 수도 있지만, 저는 좋은 공무원 한 사람이 정말 많은 변화를 이끌어낼 수 있다고 생각해요. 그런데 청년기에는 조금 더 현장과 현실을 대면해 보고 부딪치는 것이 더 중요하지 않나 생각해요. 그때 쌓아본 경험이 나중에 뭘 하든 정말 중요하거든요.

후에 제도권에 항상 무엇인가 요구하는 일을 하든, 새로운 대안을 제시하는 일을 하든, 혹은 아예 제도권 안에서 일을 하든 그 중요성은 간과할 수 없어요. 삶의 현장에서 무엇인가 부딪쳐보고 밀고 나간 경험이 없다면 주체성과 구체성을 가지고 활동하기 힘들어요. 제도를 바꿀 수 있는 힘을 가지게 되더라도, 그 위치에 올라서, 진짜 '어떻게' 바꿀지 방법을 몰라요. 그래서 저는 청년기에는 삶의 현장을 대면해 볼 수 있는 장들이 많았으면 좋겠어요. 그런데 지금은 당연히 있어야 할 그런 장이 없으니까 그런 장을 만드는 작업을 지원하고 있는 건지도 몰라요.

소비자로서의 정체성을 넘어서 주체적인 생산자로서의 경험을 가져보자

한솔 문화에 대해서 얘기해 보고 싶은데요. 저는 문화의 역할도 상당히 중요하다고 생각해요. 청년과 문화가 맞물리는 부분에서, 상당히 보수성이 생겨날 여지가 많고요.

우리 사회는 이미지로 둘러싸였죠. 컴퓨터를 켜며, TV를 켜며, 지하철을 지나가며 접하는 것은 무한히 덮여 있는 시각적 이미지입니다. 그런데 대부분이 소비를 자극하는 이미지지요. 자신의 고유한 욕망보다는 남들도 다 소중히 여기는 하나의 욕망, 소비의 욕망을 부추기지요. 여기서, 우리가 그 이미지를 받아들이기만 한다면 보수적인, 수동적인 소비자로 남을 수밖에 없겠지요.

아까도 같이 대화를 나누었지만, 센터장님께서는 문화 쪽을 공부하셨잖아요. 그리고 스튜어트 홀(1980년대 대표적인 문화정치학자. 문화와 권력, 대중문화, 주류문화에 대한 저항 등의 새로운 연구의 장을 개척한 학자──편집자)의 책도 번역하셨고요. 센터장님은 청년들과 문화에 대해서 어떤 생각을 가지고 계신지요.

전효관 사회 혁신의 잠재력이 폭발하려면 문화적 기반이 정말 넓어져야 한다고 생각해요. 왜냐하면 정말 위대한 예술, 우리를 삶의 주인으로 만드는 문화는 항상 기존 현상에 대한 '전복성'이 있어요. 사람들이 원래 있는 것을 뒤집어서 볼 수 있고, 생각할 수 있게끔 해준다는 거죠.

예술에 보면 그런 사례들이 많잖아요. 새로운 미술가가 나오고, 미술의 새로운 사조가 나오고, 새로운 관념이 제시될 때마다 인간이 사유의 혁신을 한 거거든요. 그런데 우리가 사유하는 틀이 '타자의 욕망'에 의해서 대체 되고 있다면, 사회 혁신도 그 안에서는 그냥 트렌드가 될 가능성이 높지요.

그렇기 때문에 저는 청년들이 자신의 소비자의 정체성을 넘어서 생산자로서의 경험을 가져보았으면 좋겠어요. 생산 경험을 가지는 것은 정말 중요하다고 생각해요. 쉽게 말해 남들이 만든 것을 소비하는 게 아니라, 자신도 새로운 걸 만들어보는 경험 말이죠.

직접 무언가를 실질적으로 '만들어' 보는 경험. 정말 소중하다. 하지만 많은 청년들의 주위에는 그런 경험을 가지기 쉽지 않다. 그렇다면 청년허브에서는 어떤 사례가 있을까?

전효관 전 여기 있으면서 가장 좋았던 사례 중 하나는 '손때 묻은 책장'이에요. 청년허브를 처음 지었을 때 엄청나게 큰 텅 빈 책장이 있었어요. 물론 제 역량으로 채울 수도 있었겠지요. 엄청난 비용을 정부에 요구하면서 말이지요. 그런데 저는 이걸 채우는 과정도 '만들어가는' 과정이라고 생각한 거죠. 그리고 그 과정에 청년들을 동참시키고 싶었기 때문에, 페이스북에다 텅 빈 책장 사진을 올려놓았어요.

한 청년이 이런 제안을 했어요. '원하는 사람에 한해서 책장 한 칸당 한 사람에게 배정해 주자. 그리고 나눠 읽고 싶은 책을 가져다 놓게 하자.' 그래서 수많은 책들이 순식간에 수많은 칸들을 채웠지요. 기부도 아니고 공유하는 형태로 말이에요. 공유하는 청년들은 어차피 여기 와서 자기가 읽어야 될 책들을 가지고 왔기 때문에 큰 부담이 안 됐고, 다른 사람들이 가장 소중히 여기는 다른 수많은 책들도 읽을 수 있게 되었죠.

아까도 제가 공유의 힘을 얘기했지만, 공유라는 것도 어떻게 만들어 나가는지가 중요하죠. '공유가 중요해!', 혹은 '공유가 좋으니 이걸 하자!' 이렇게 말할 수도 있지만, 공유 모델을 만들어가는 과정에 청년들이 자연스레 동참할 수 있는 장을 만들어 주는 게 더 중요하다는 거죠.

한솔 부족한 환경에서 치열하게 생각해 자발적으로 만드는 청년들이 생산한 것을 보면, 오히려 그런 조건이 생산과정에서 창의성을 극대화한다는 생각을 하게 돼요. 앞서 인터뷰한 붕가붕가 레코드의 사례인데요. 붕가붕가 레코드의 공연을 보러 갔을 때, 판매하는 공연 실황DVD를 보고 많이 놀랐어요. 보통은 앨범을 사면 만들어진 CD곽 안에 CD가 있죠. 그런데 이 앨범은 박스같이 생긴 두꺼운 종이에서 직접 자기가 뜯어낸 후, CD곽을 조립하게 만들어진 거예요. 디자인된 이미지도 스티커로 되어 있어서 자기가 알아서 붙이게끔요. 사람들은 정말 참신한 아이디어라면서 아주 좋아했고, 레이블 입장에서는 제작비가 훨씬 더 절약되었죠.

전효관 그렇죠. 요새는 그런 게 더 '먹히는' 거예요. 제작비 부족하고, 완벽하지 않다는 걸 남들이 다 아는데, 어설프게 완벽한 척하면 뭐해요. 그런 걸 창의적으로 보여주는 생산과정이 더 중요한 거죠.

개인적으로 좋아하는 홍대 카페집 중에서 이런 곳이 있어요. 거기에 가면, 손님들에게 바로 감자 칼과 감자를 줘요. 카레 기다리면서 심심하게 멍 때리지 말고 카레에 들어갈 감자나 깎아달라는 거죠. (웃음) 그런데 의외로 재밌거든요.

그 사람도 처음엔 그냥 단순히 카레 만들면서 들어갈 감자 일일이 다 자기가 깎기 귀찮으니까, 손님들이 와서 깎으면 좋겠다고 생각한 거겠죠. 손님들도 기다리기 심심하니까 재밌게 해주는데, 그게 '노동력'이 된 거죠. (웃음)

한솔 앞으로 청년허브가 해야 할 일이 많다는 생각을 하게 됩니다. 마지막으로 앞으로의 계획에 대해서 얘기해 주세요.

전효관 지금까지 청년허브는 청년들과 관계를 맺는 과정, 즉 '탐색기'를 거쳐 왔다고 생각해요.

앞으로도 허브와 청년 간의 관계를 맺는 과정에서는 방향을 고정시키고 싶은 마음이 없어요. 청년들이 자유로운 환경에서 혁신을 위한 다양한 실험을 해볼 수 있는 공간을 열어두려고 노력해야 되죠. 현실적인 조건은 쉽지 않죠.

아까도 지속가능성을 얘기했지만, 지속가능한 사회적 기업, 사회 혁신 모델이 되려면, 삶에 밀착한 모델이 되어야 한다고 요새 많이 느끼고 있어요. 수많은 공모전들 때문에 청년들이 너무 많은 영향을 받아서인데요, 너무 '아이템' 중심적인 것만 찾는 것은 위험하지 않나 싶어요. 오히려 정말 삶의 현실을 직면하고, 중요한 문제를 푸는 데 더 집중하는 게, 장기적으로 보았을 때 오래 가거든요. 그렇기 때문에 청년허브는 삶에 밀착되어서 혁신적인 해결책을 제시해 주는 팀, 프로젝트, 모델을 찾고 그들이 즐겁게 노는 장을 만드는 데 주력할 거예요.

그리고 다양한 청년들이 모일 수 있게 해주는 것도 중요한 것 같아요. '복제'는 별로 의미 없는 시대잖아요. 생각도 복제하면 안 돼요. 우리 삶의 형태, 존재를 한 측면으로 바라보면 도저히 해결책이 안 나오거든요. '이종교배'를 할 수 있는 기회가 필요하죠. 다른 경험을 가진 사람들끼리 섞여보는 경험이 중요하죠. 자기랑 비슷한 생각을 가진 사람들끼리만 뭉치면 뭐해요.

이런 점은 청년허브가 도와줄 수 있는 부분이라고 생각하고, 다양한 청년들을 이끌어내는 데 주력할 거예요. 생각과 행동의 이종성, 다종성, 혼합성, 이러한 것들을 허브에서 더 많이 이끌어낼 수 있으면 좋겠다고 생각해요.

우리에게는 또 다른 영토가 있다

1판 1쇄 발행 | 2014년 1월 2일

기획/엮은이 | 송화준, 한솔
인터뷰 | 강보라 · 강성태 · 고건혁 · 김정태 · 김종휘 · 김형수 · 도현명 · 박인 · 서현주
　　　 송주희 · 전하상 · 전효관 · 정선희 · 조한혜정 · 진은아 · 최장순 · 한동헌 · 한상엽
펴낸이 | 조영남
펴낸곳 | 알렙

출판등록 | 2009년 11월 19일 제313-2010-132호
주소 | 서울시 마포구 합정동 373-4 성지빌딩 615호
전자우편 | alephbook@naver.com
전화 | 02-325-2015
팩스 | 02-325-2016

ISBN 978-89-97779-33-8 03330

이 도서의 국립중앙도서관 출판시도서목록(CIP)은 서지정보유통지원시스템 홈페이지(http://
seoji.nl.go.kr)와 국가자료공동목록시스템(http://www.nl.go.kr/kolisnet)에서 이용하실 수 있습
니다.(CIP제어번호: CIP2013028006)